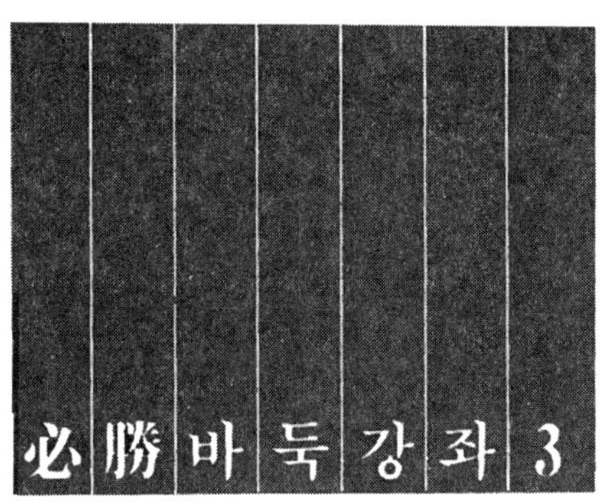

모양의 침투 삭감

침투·파괴·삭감의 착안점 및 공방

5段 沈宗植 校閱

일신서적출판사

머 리 말

"아무리 견고하게 구축을 한다고 하더라도 침투를 당하면 금새 허물어지고 만다." "잡힐 것 같다. 공격을 받을 것 같다라고 하는 불안한 마음에 모처럼의 침투나 파괴의 기회를 놓쳐버린다."

"약한 사람에게는 침투의 위력이 발군이지만, 강한 사람을 만나면 당장에 불리해지므로 보다 적절한 펀치력과 응접력을 기르고 싶다."

이처럼 고민하는 분들께, 실전에서 이것저것 걱정하지 않아도 되도록 모양 및 구축에 대하여 "침투", "파괴", "삭감" 등 기본적인 패턴을 엄선하고 대표적인 착안점이나 공방의 요령을 익히기 쉽도록 구성한 것이 이 책의 특징이다.

실전에서는 보다 복잡한 조건이 가해지기 때문에 해설에서 제시한 착점 이외의 수단도 고려할 필요가 있을 것이고, 모든 것은 전국적 배치에 의해 선택하고 결정할 수밖에 없지만 이의 요리방법은 독자의 자유로운 영역이다. 이 책을 응용하여 즐거운 바둑을 창출하여 주기 바란다.

또 한 가지 중요한 것은 바둑은 쌍방이 교대로 두는 균형의 게임이라는 점이다. 손을 빼서 이미 다른 곳에서 실리를 차지하고 있는 경우에, 이를 잊고, 아군의 돌수가 적은 곳에서의 싸움도 호전될 것이라고 생각한다면 순식간의 균형이 무너진다. 또한 침투를 하고 집을 차지하면 상대는 외세를 구축한다. 이런 식으로 무엇인가 대상이 있으므로 항상 상대방 돌과의 강약관계에 따라서 그 국면의 균형을 생각하고 일단락된 결과를 예상하며 이를 판정해 주었으면 한다.

차 례

일러두기

◆ 기본형 실전에서 자주 나오는 45형을 3장으로 나누어 구성하였다. 과제도의 장면에서 어떤 자리에 돌입하면 어떻게 되는가, 상대는 어떤 자리를 방어하며 모양을 완성시키는가 하는 것을 우선 생각하고 나서 해설도로 옮겨주기 바란다.

◆ 해설 바둑판을 보지 않고도 이해할 수 있도록 수수를 분해하고 주요점만 해설하고 있다. 그 형의 특징 및 응용의 방법 등에 대해서는 "포인트"항목에서 소개하고 있다.

◆ *은 수많은 변화도 중에서 최소한 이 그림만은 익혀 두었으면 바라는 중요한 것에 표시하고 있다.

◆ 이 책의 앞머리에 대표적인 침투 파괴 삭감의 수를 소개하는 페이지를 설정하고 있다.

● 눈으로 익히는 침투와 삭감의 급소 45형 ●

- 자기가 조사하고 싶은 형을 즉시 알 수 있다.
- 침투와 삭감의 급소를 즉시 알 수 있다.
- 앞으로 어떻게 될 것인가? 공격과 처리를 읽을 수 있는 훈련에 사용한다.
- 본문의 이해도를 체크하는데 도움이 된다.

⊙제 1 장　정석 다음의 침투

⊙제1형

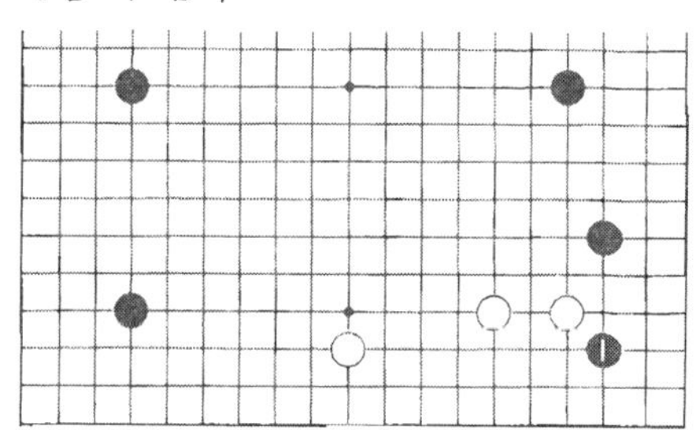

19

⊙제2형

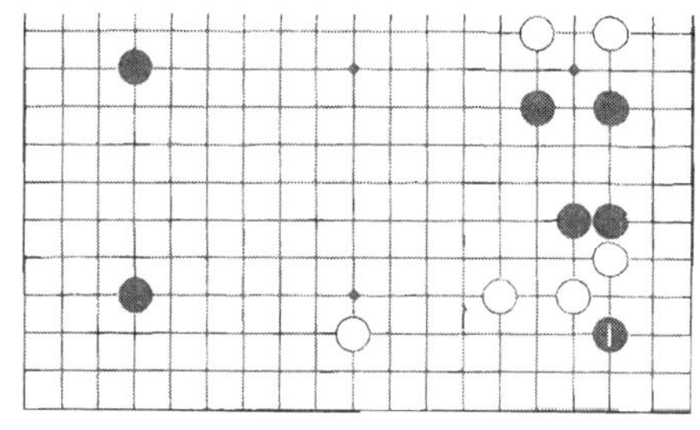

23

⊙제3형

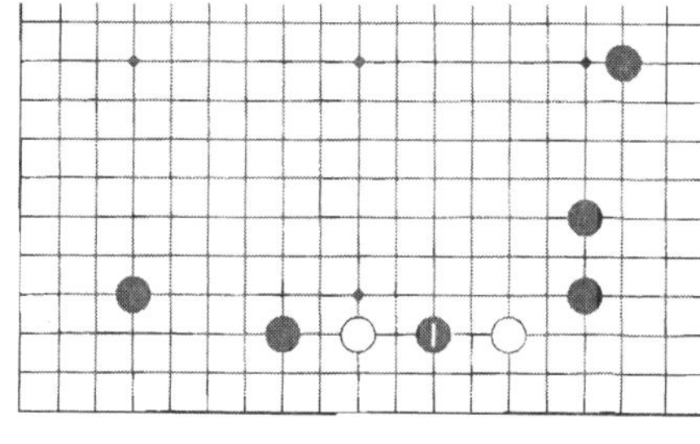

27

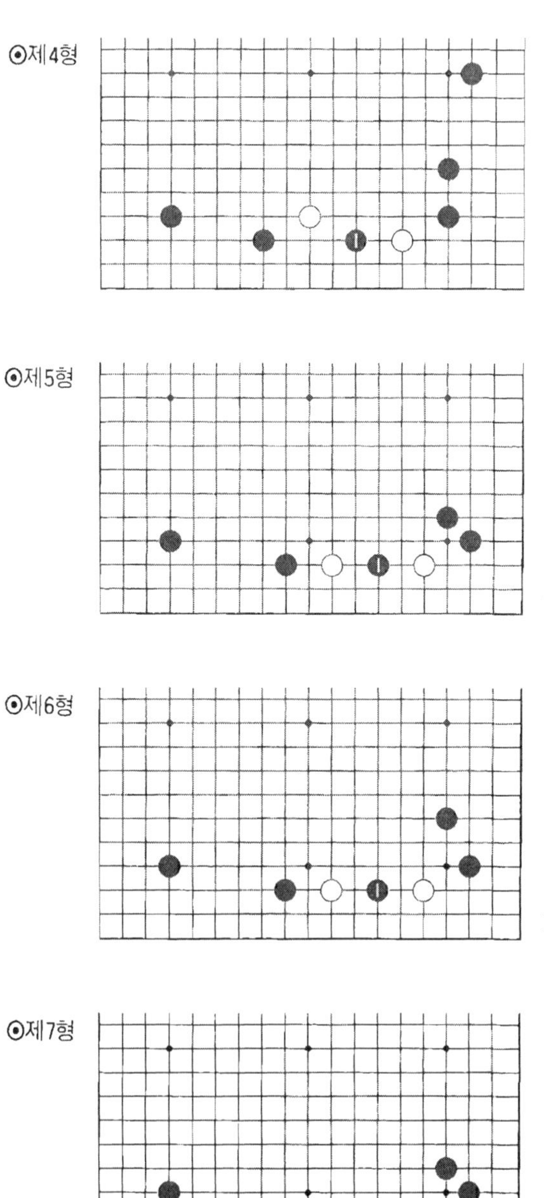

33
37
41
45

⊙제8형

〈49〉

⊙제9형

〈53〉

⊙제10형

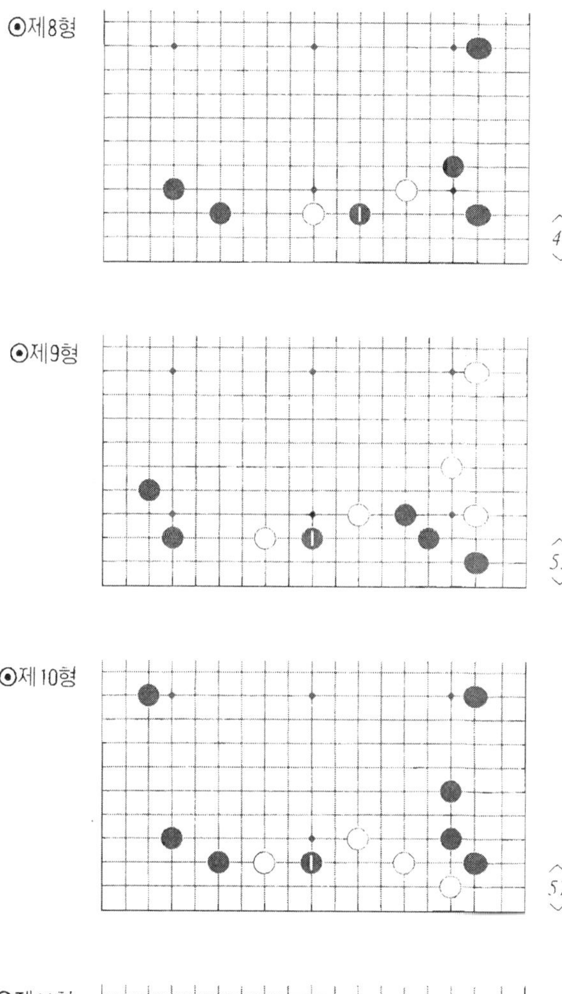

〈57〉

⊙제11형

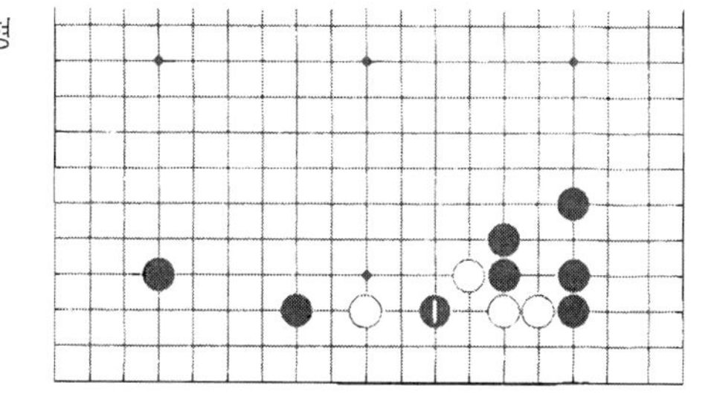

〈61〉

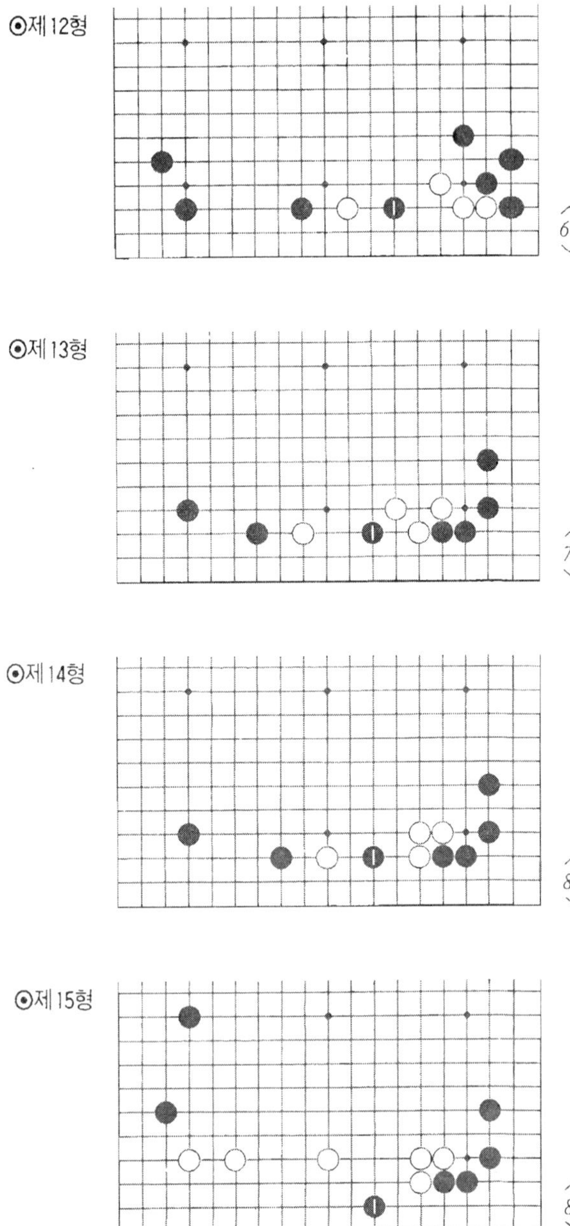
⊙제12형
67
⊙제13형
71
⊙제14형
80
⊙제15형
85

⊙제 2 장 세력권의 침투와 삭감

⊙제1형

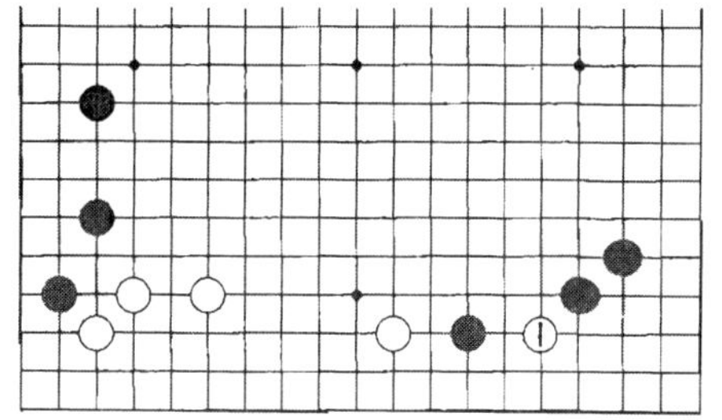

〈91〉

⊙제2형

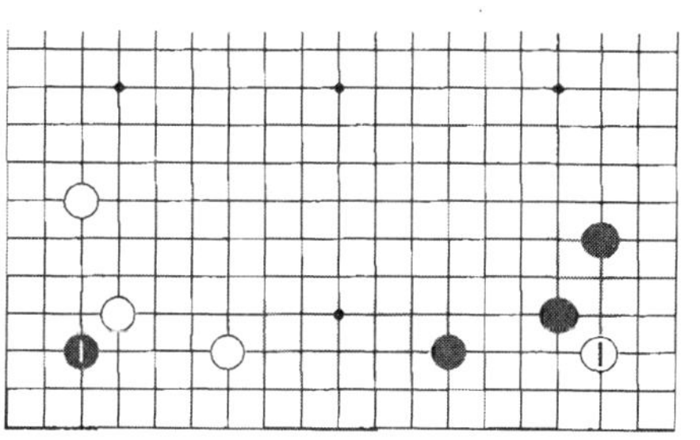

〈97〉

⊙제3형

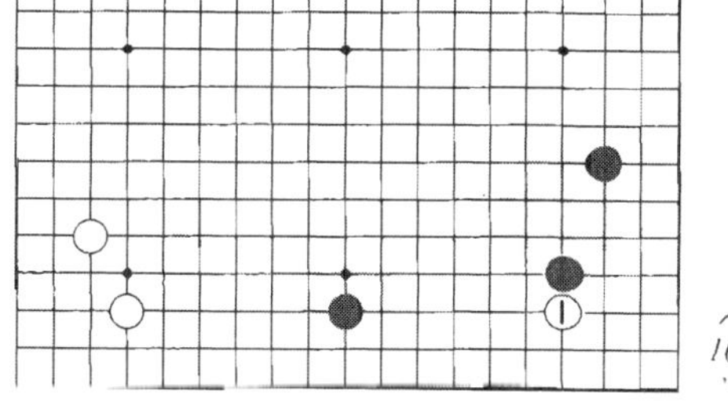

〈102〉

⊙제4형

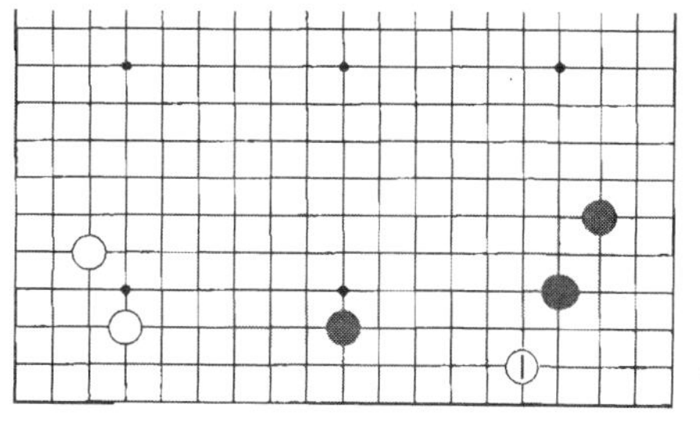

〈108〉

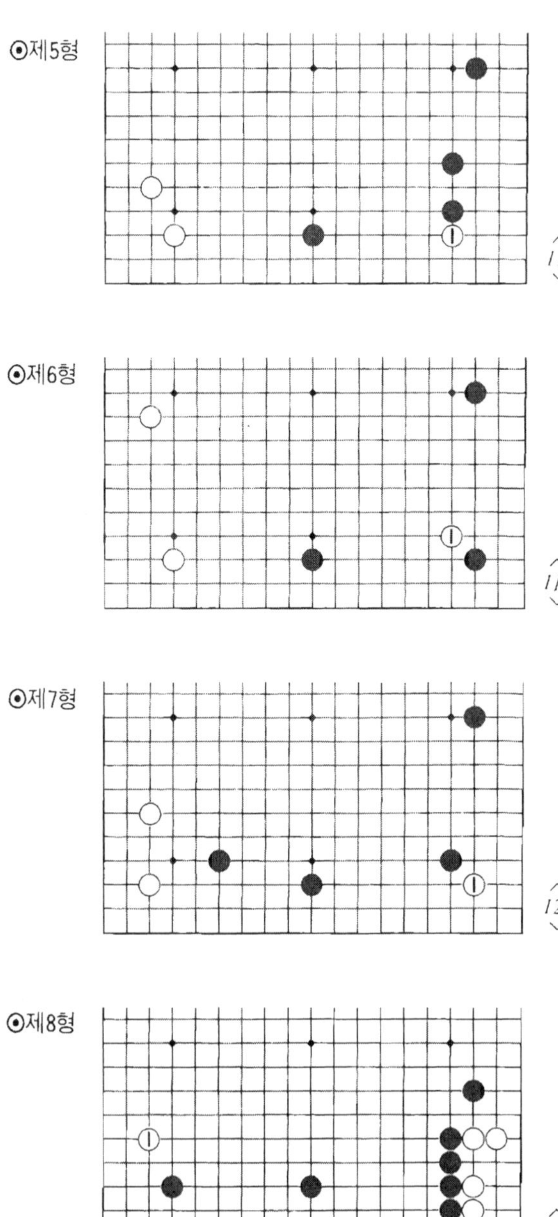
⊙제5형
1
113
⊙제6형
1
118
⊙제7형
1
121
⊙제8형
1
125

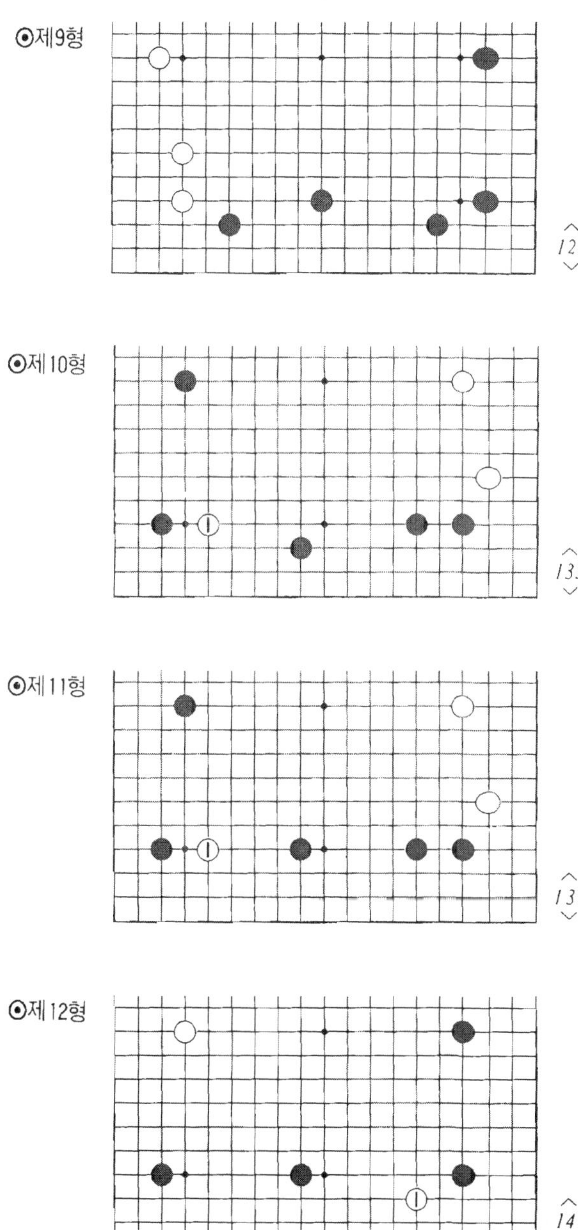
⊙제9형
129
⊙제10형
133
⊙제11형
137
⊙제12형
141

⊙제 3 장　침투와 삭감을 둘러싼 공방

⊙제1형

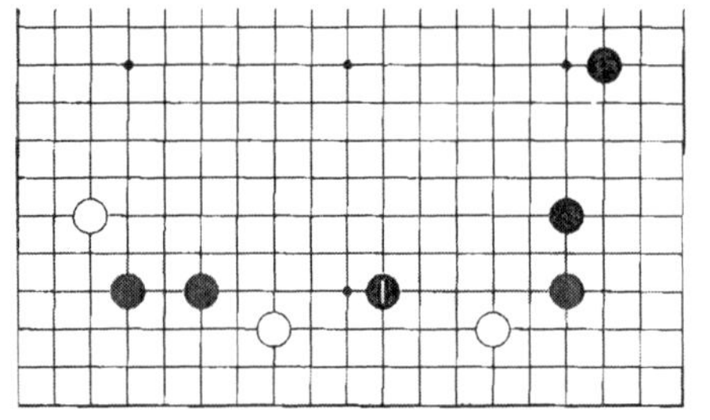

147

⊙제2형

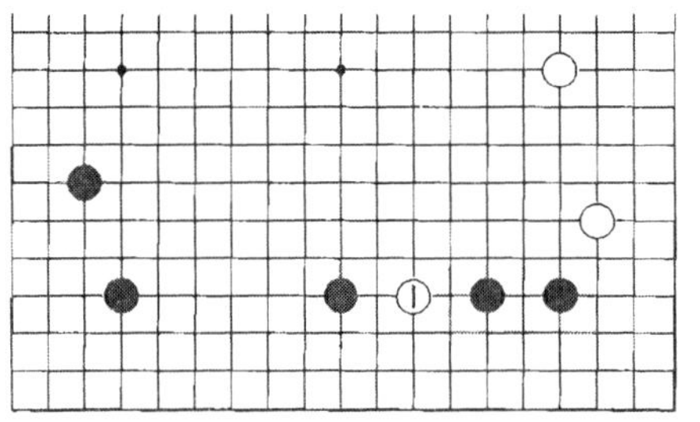

152

⊙제3형

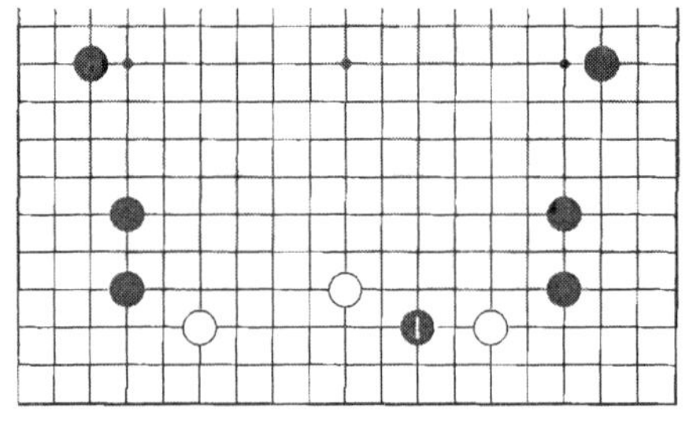

155

⊙제4형

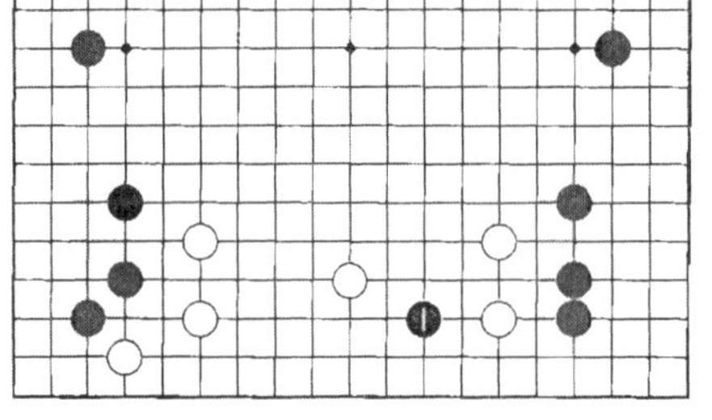

159

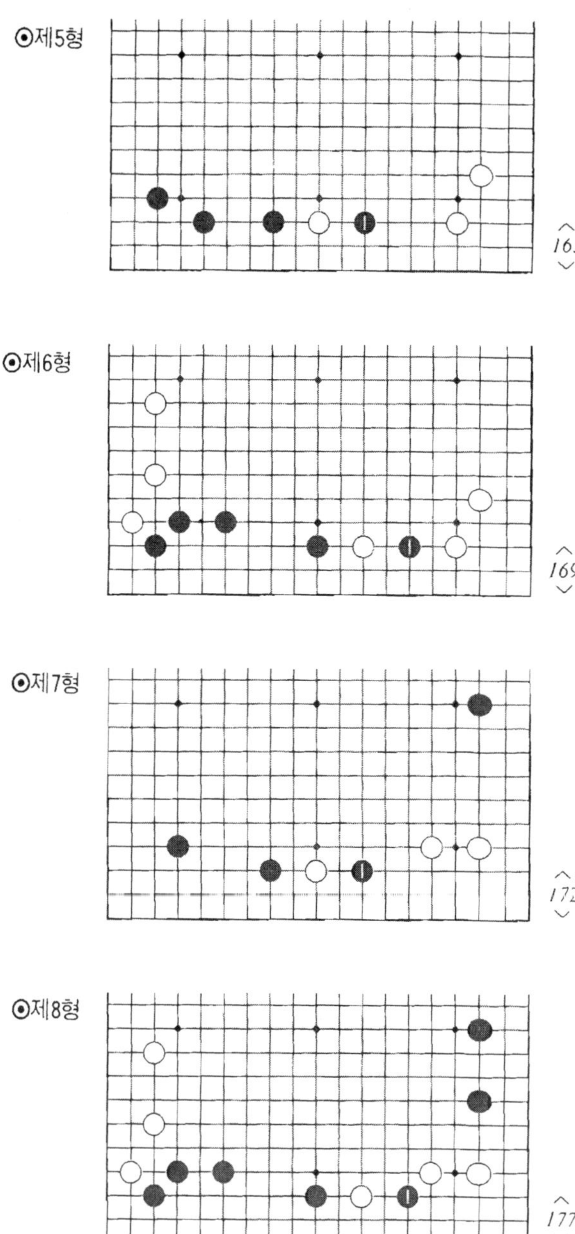

⊙제5형

165

⊙제6형

169

⊙제7형

172

⊙제8형

177

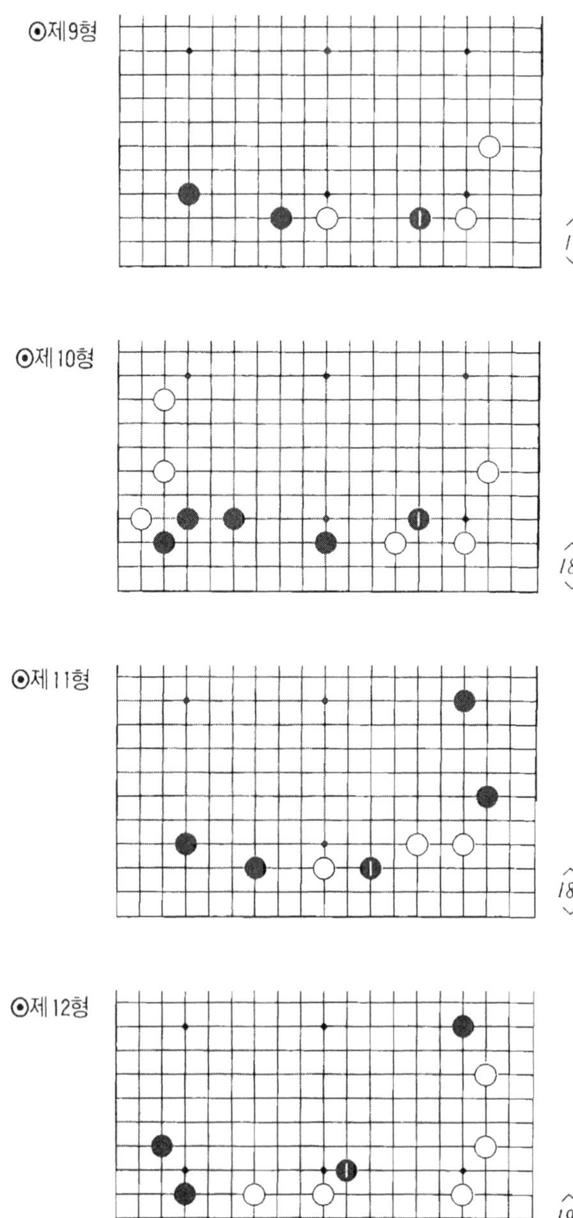
⊙제9형
181
⊙제10형
185
⊙제11형
189
⊙제12형
195

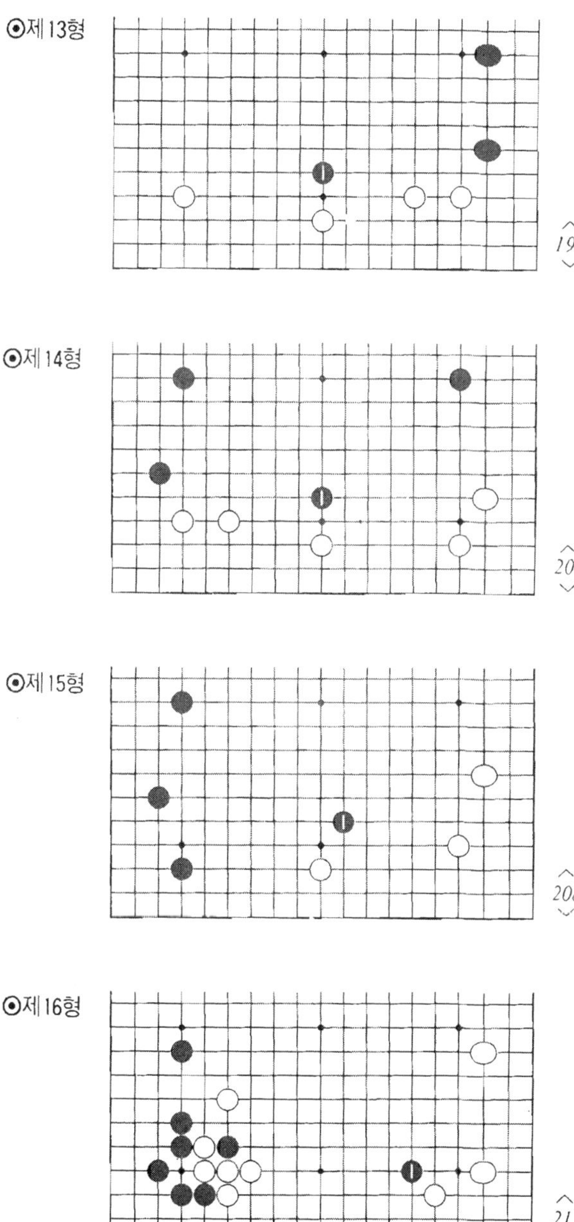
⊙제13형
199
⊙제14형
203
⊙제15형
208
⊙제16형
211

⊙제17형

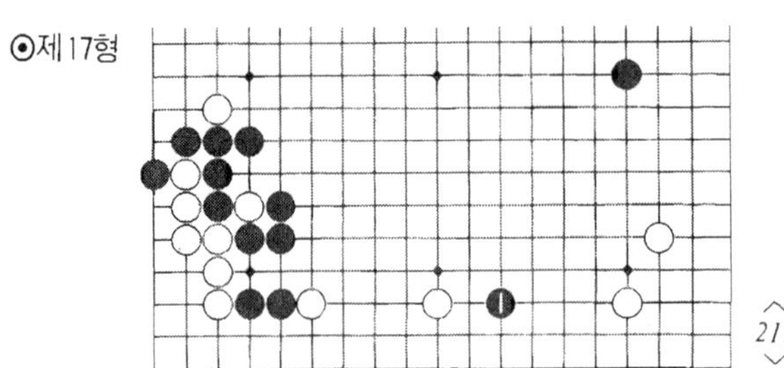

215

⊙제18형

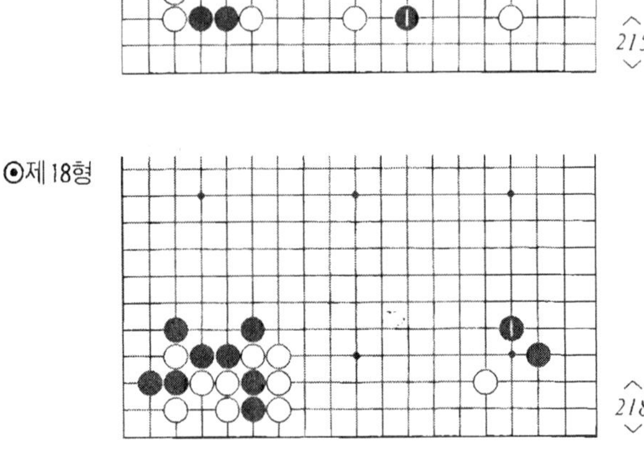

218

〔주〕 여기서는 가장 대표적인 침투, 파괴, 삭감의 예를 한수씩 소개한 것이다. "이 한수가 절대"라고 하는 것이 있는가 하면 그 한수가 분명치 않고 몇 종류나 생각할 수 있는 모양이 있으므로 주의하기 바란다.

숫자는 이 형이 나와 있는 본문의 페이지를 나타내고 있다.

제 1 장

정석 다음의 침투

《침투와 삭감을 익히는 방법①》

◈ 침투와 삭감의 적절한 기회는 앞으로 한수를 더 구축하면 영역화할 수 있다, 아니면 착수할 수 없다고 하는 바로 일보직전에 결행하는 것이 좋다. 역으로 수습할 자신이 있을 경우에는 일부러 손을 빼고 침투를 기다리는 경우도 있을 것이다. 요점은 전국적인 균형을 보고 그 시기를 결정할 수밖에 없다.

기본형의 침투

정석의 침투는 주위의 상황에 따라서 달라진다. 정석이 이루어질 때에는 괜찮았지만 국면이 진행됨에 따라 관심사가 되는 침투도 있다.

그림 1 黑a의 침투는 白b로 육박하는 여지가 있는 한 두렵지 않다.

그림 2 그러나 ▲이 육박하면 黑a의 침투는 매우 준엄해진다. 그러나 黑a로 침투하여도 白에는 그나름대로 처리가 가능하다. 이러한 기본적인 침투를 제1장에서 다루기로 한다. 모두가 기본적인 형에서의 침투이므로 이의 공방은 실전에 응용할 수 있다.

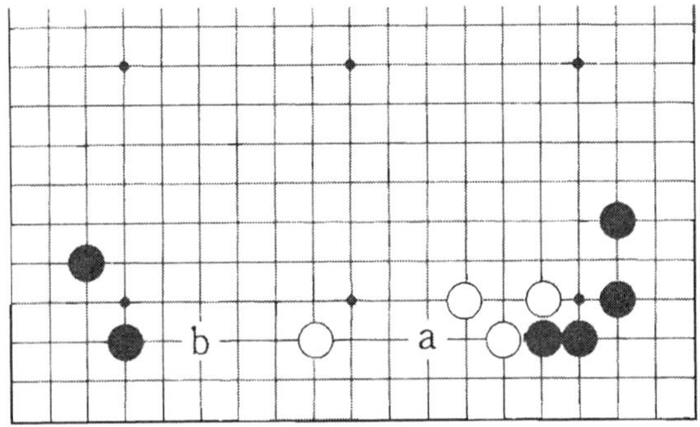

그림 1

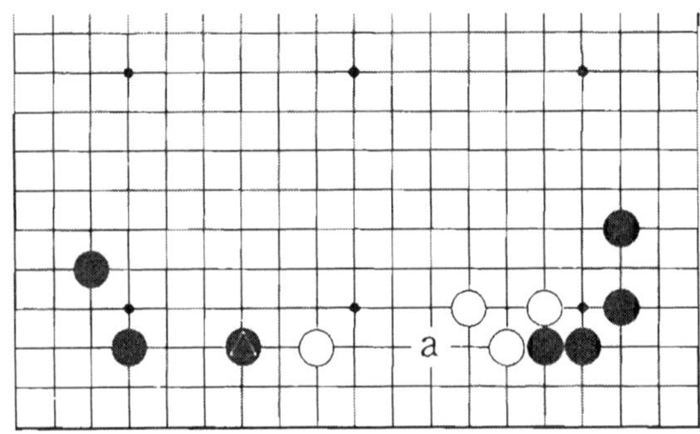

그림 2

제 1 형

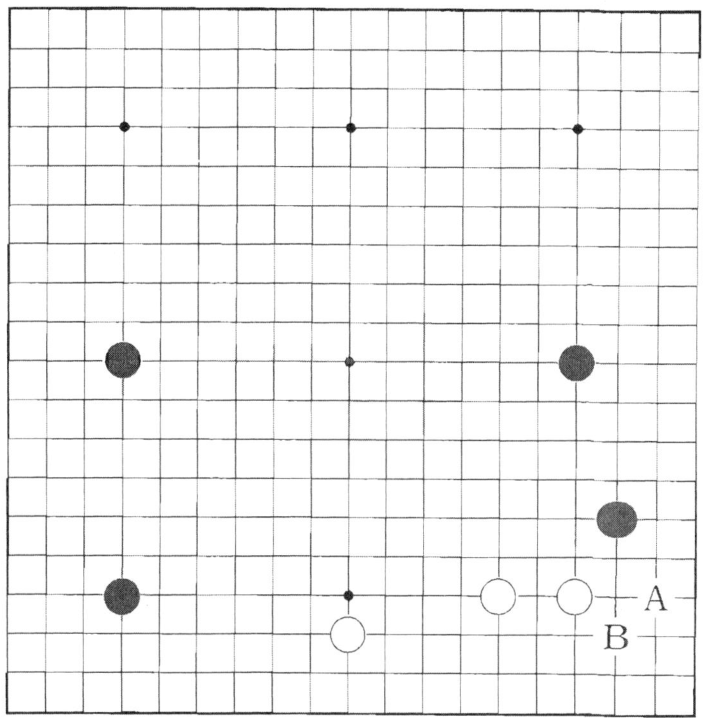

黑번

黑의 대표정석이다.

왼쪽은 염두에 두지 않고 우하귀만 생각한다. 黑이 걸치고 白의 한칸 받기, 黑이 변의 화점에 벌린 정석은 이 다음에 白은 A가, 黑은 B의 3三 침투가 큰 문제가 된다.

黑B의 3三 침투이후의 여러 가지 변화에 대해서 알아보기로 하자. 이 변화는 "정석후의 정석"이라고 할 수 있다.

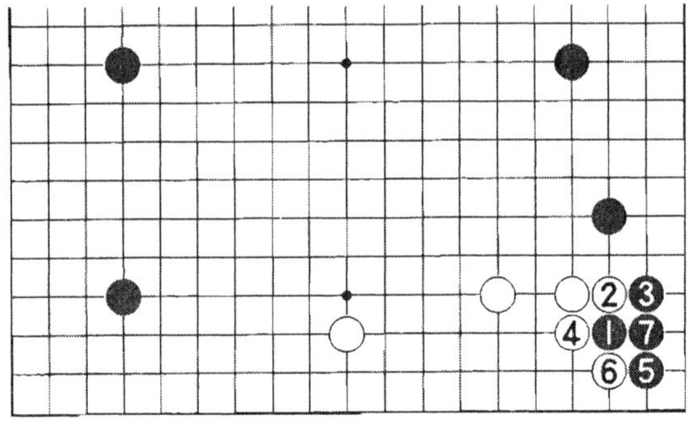

그림 1＊

그림 1 (白의 선수) 黑1의 3三에 白2는 절대적이며 白4, 6은 실리를 중시하고 선수를 잡는다.

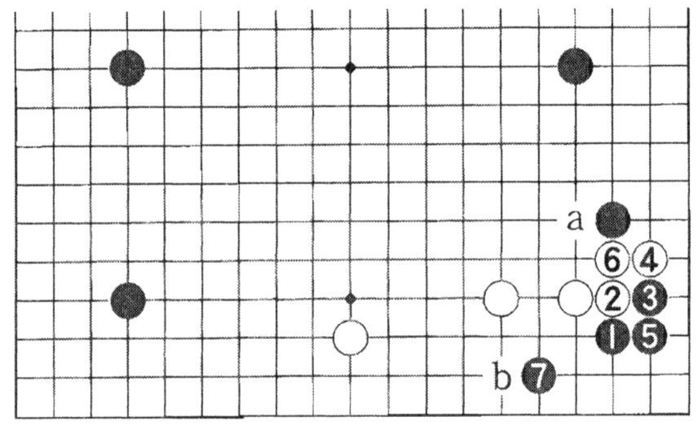

그림 2 ＊

그림 2 (저지한다) 白4, 6은 세력을 중시하고 黑7다음 白a나 b가 유력하다.

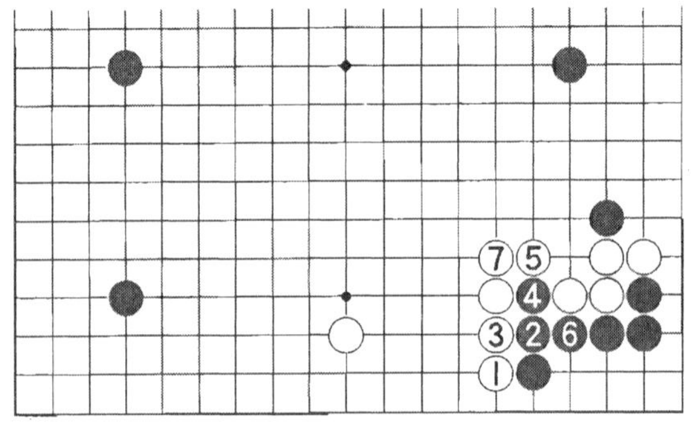

그림 3 ＊

그림 3 (막는다) 白1로 뛰어 붙이면 진출이 막힌다. 黑6은 정수로 白7까지 일단락 된다.

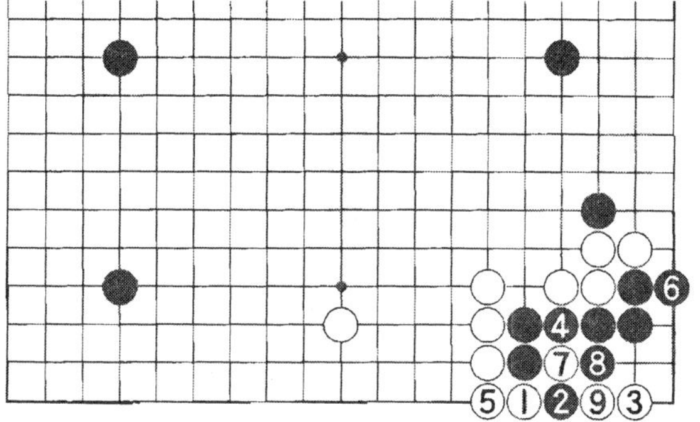

그림 4 *

그림 4 (패) 앞 그림의 黑4, 6을 두지 않으면 白1에서부터 3의 치중으로 패가 된다.

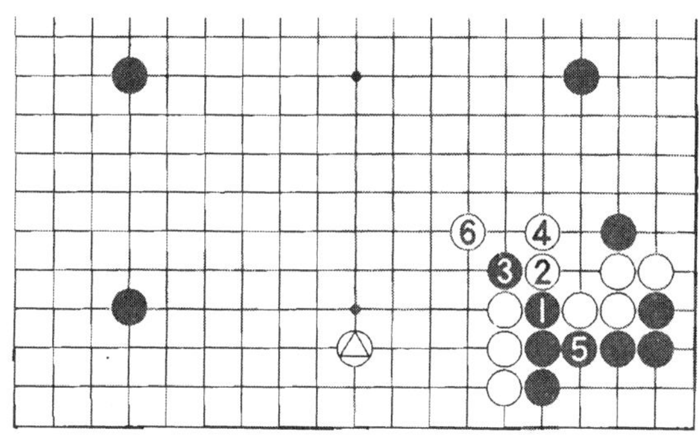

그림 5 *

그림 5 (맛) 黑3으로 맛을 남기고 5도 가능하다. 白6으로 잡히고 있다. △의 위치에 주의한다.

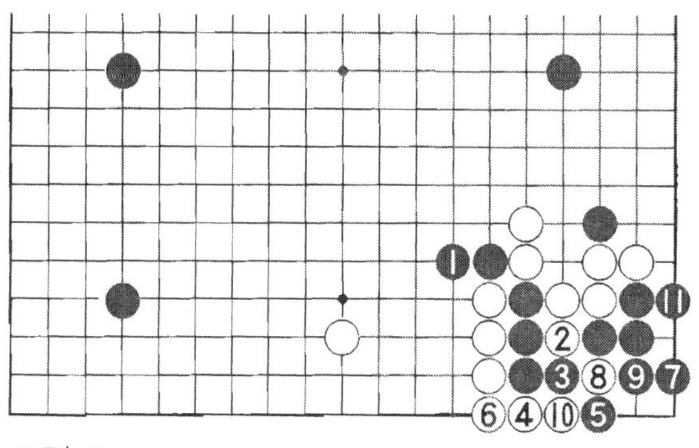

그림 6 *

그림 6 (따낸다) 앞 그림의 黑5로 1에 뻗으면 白2이하 黑의 요석을 따낸다.

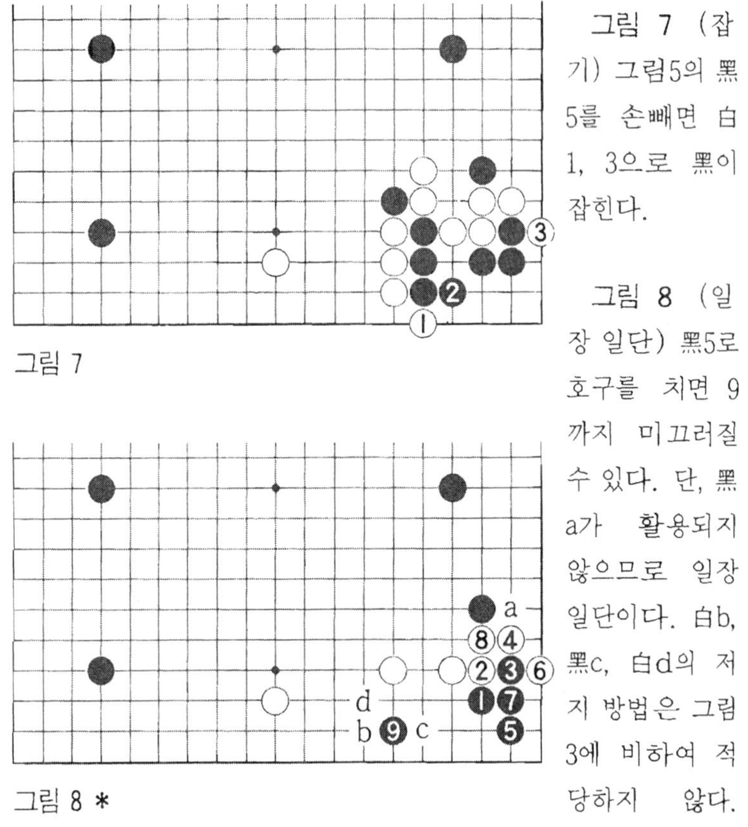

그림 7

그림 8 *

그림 7 (잡기) 그림5의 黑5를 손빼면 白1, 3으로 黑이 잡힌다.

그림 8 (일장 일단) 黑5로 호구를 치면 9까지 미끄러질 수 있다. 단, 黑a가 활용되지 않으므로 일장 일단이다. 白b, 黑c, 白d의 저지 방법은 그림 3에 비하여 적당하지 않다.

“경우의 정석”으로 익혀두기 바란다.

포인트

白의 태도는 그림 1이나 그림 2 중에서 주변의 배치에 의하여 결정된다. 그림 2를 택하면 그림 3과 같이 당장에 막을 것인가의 여부도 이 부분만으로 결정할 수 없다.

黑은 3三 침입을 하면 白의 태도 결정을 기다릴 수밖에 없으나 어쨌든 큰 침투이다.

제 2 형

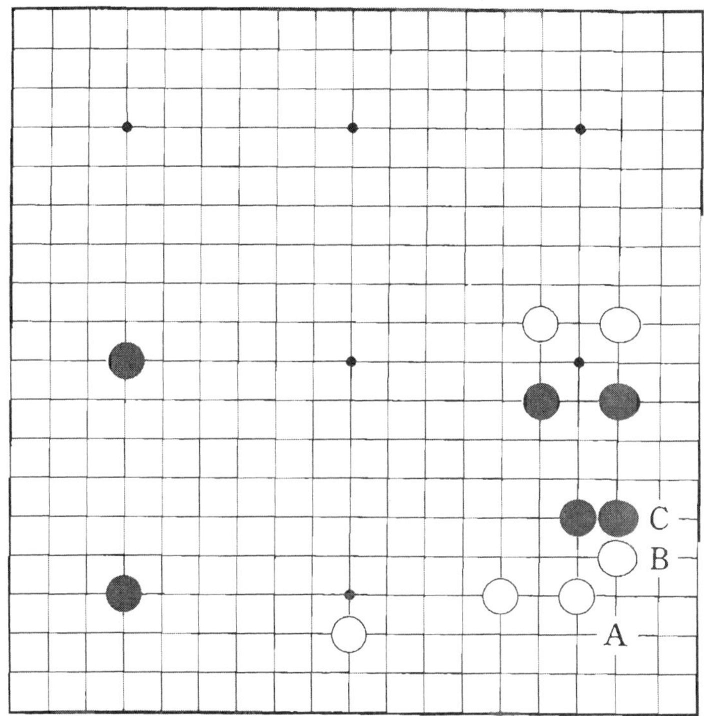

黑번

앞의 형의 유사형이라고 생각하여 주기 바란다.

白이 ㅁ자 붙이고 黑이 선 정석에서 黑A의 3三 침투도 둘러 싼 공방에는 다양한 변화가 있다.

땅(집)만으로 말한다면 黑A와 白B의 내림수 또는 白C의 젖히기의 차이는 상당한 것이다.

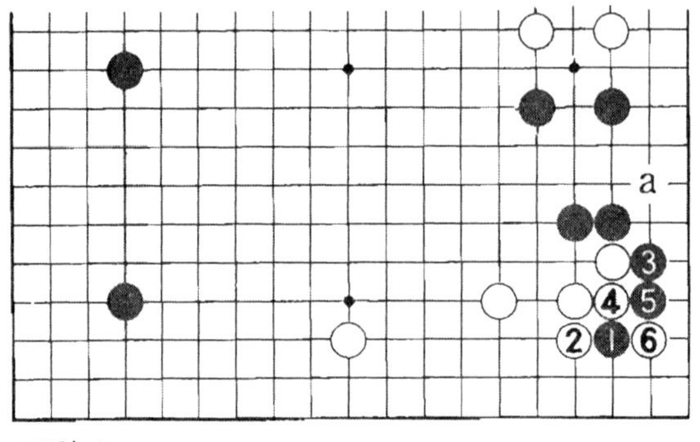

그림 1

그림 1 (온건) 집을 중시한다면 白를 택한다. 黑5을 결정하지 않고 黑a다음 黑6을 보는 때도 있다.

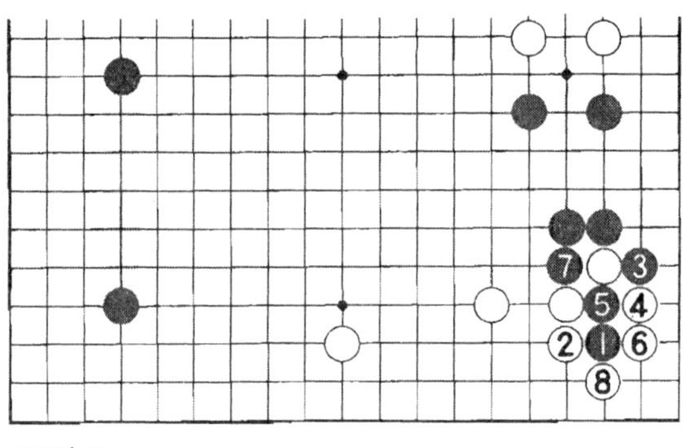

그림 2

그림 2 (집만) 白4에서 8까지의 저지 방법은 집만을 생각한 수법이다.

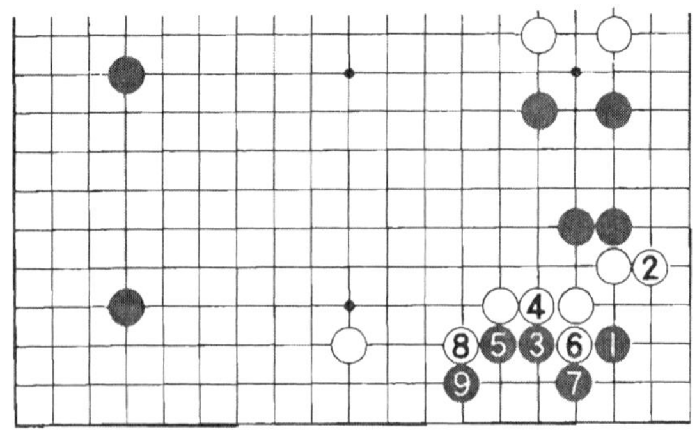

그림 3

그림 3 (두텁게) 바깥쪽을 노린다면 白2의 내림수를 한다. 黑3이하의 파괴는 이미 각오하고 있다.

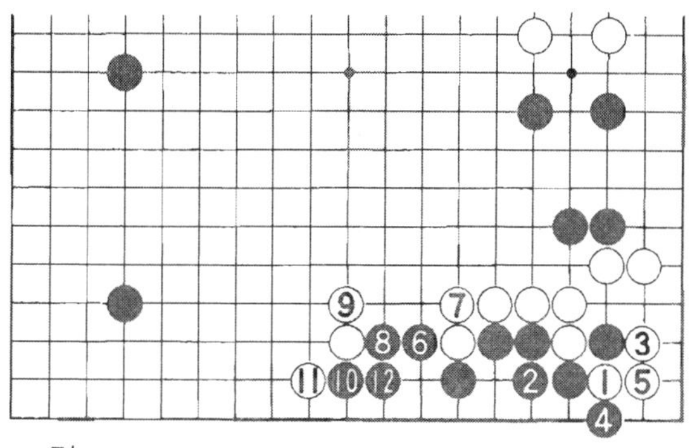

그림 4

그림 4 (파괴) 이하 黑12까지는 하나의 예로 10~12는 손을 빼도 되지만 크다.

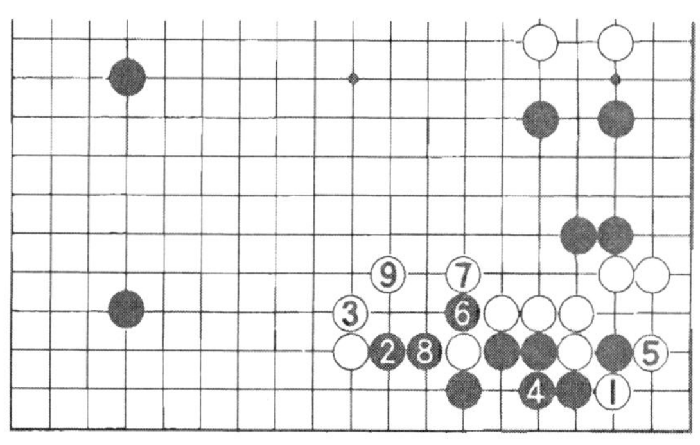

그림 5

그림 5 (변화) 黑2의 뛰어붙이기로 변화할 수도 있다. 앞 그림도 같은 부류이다.

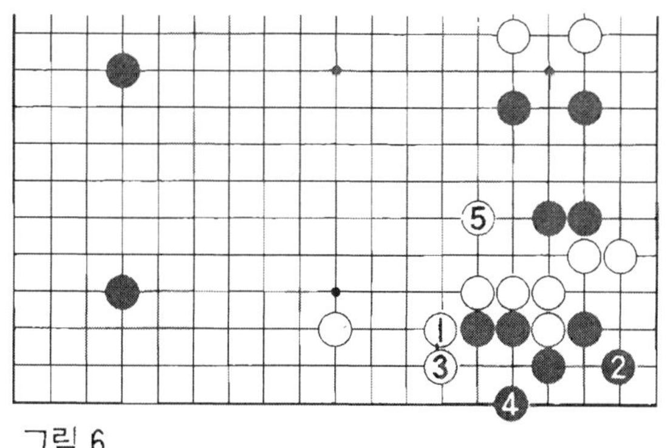

그림 6

그림 6 (사는 방법) 귀에서 살고 싶다면 黑2를 둔다. 3에 4가 중요하다.

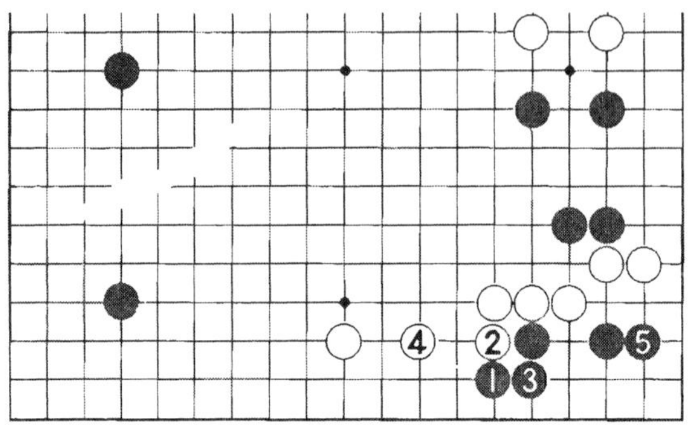
그림 7

그림 7 (대동 소이) 黑1의 ㅁ자로 사는 경우도 있지만 변화의 한 예에 지나지 않는다.

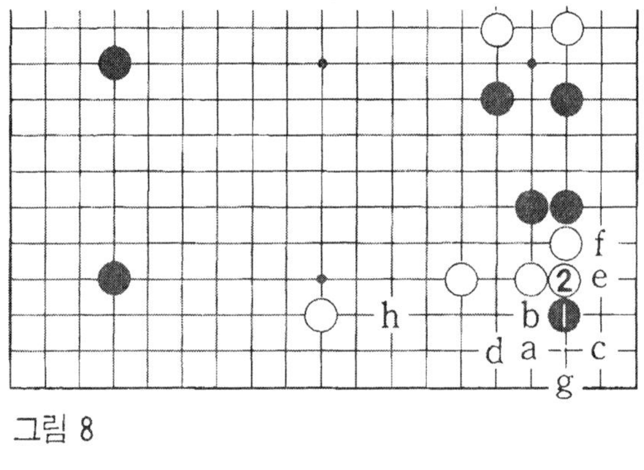

그림 8

그림 8 (버틴다) 白2는 버티기로 받는 수법인데 이 다음에 黑a이하 부호순으로 g까지 살 수 있지만 작으며, 白도 b도 한수 더 지키는 것은 약간 작아지고 있다. 그러므로 이 다음에 쌍방이 모두 방치하는 경우가 많고, 黑은 a로 살거나 b로 침투하여 1의 돌과 관련이 있게 하거나를 선택하게 될 것이다.

포인트

그림 1, 그림 2와 그림 3의 차이가 중요하다. 바깥쪽의 黑돌의 강약여하가 문제인데 이 黑돌에 대한 공격을 노린다면 그림 3처럼 내림수를 두고 싶다.

제 3 형

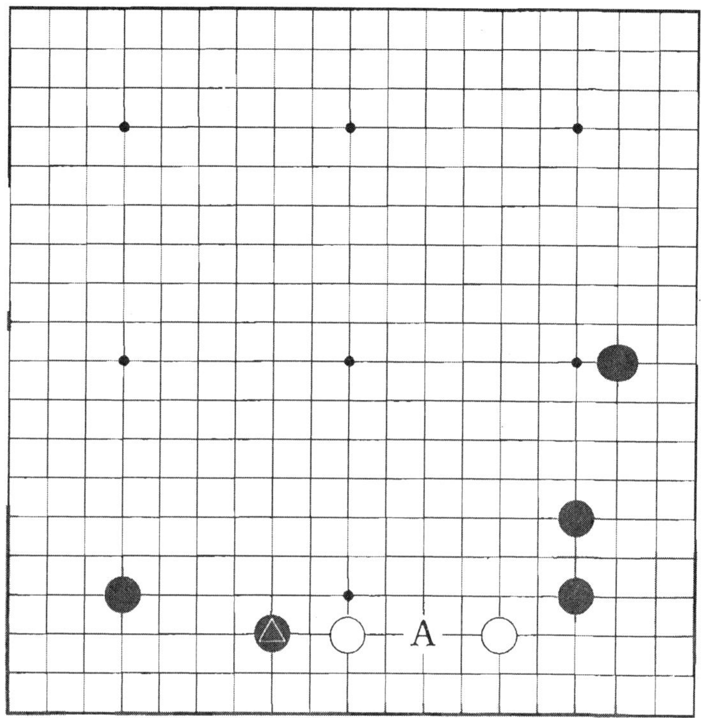

黑번

白이 화점에 黑돌에 걸치고 세칸 벌린 형태로 많이 두지는 않지만 벌리기의 기본이라고 해도 과언이 아니다.

▲의 육박이 있으면 "세칸에 침투가 있다"는 말대로 A의 침투가 다가온다. 白로 귀에 기대거나 처리를 하게 되는데 이것이 침투 후의 공방을 좌우한다.

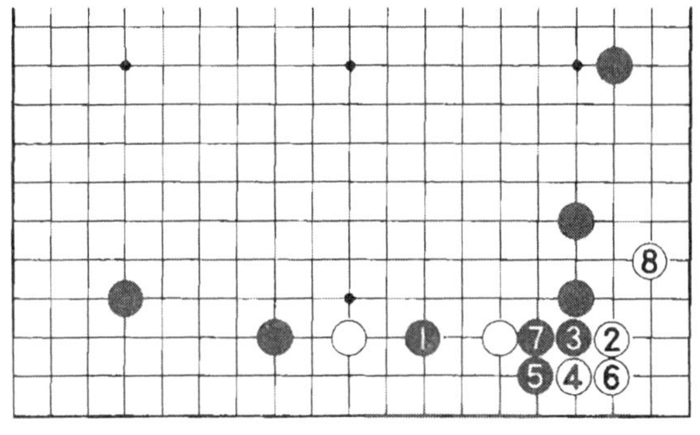

그림 1

그림 1 (변신) 黑1의 준엄한 침투이다. 白2로 바꿔칠 여지는 있지만 黑이 충분하다.

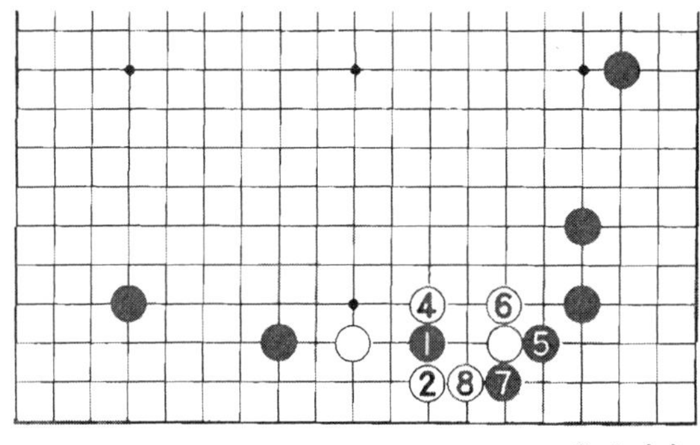

그림 2 ＊

❸ 손빼기

그림 2 (아래쪽에서 받기) 白2는 유력한 받기인데 젖히기를 보류하고 白4로 대비하면 온건하게 일단락 된다.

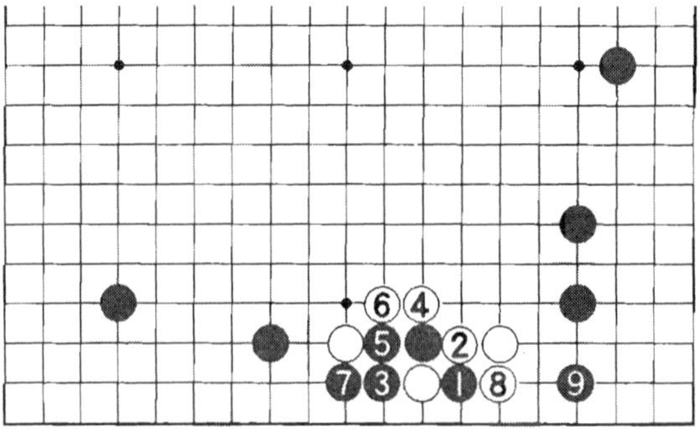

그림 3

그림 3 (黑이 유리하다) 黑1쪽으로 젖혀 나오는 것이 하나의 수법으로 白8이라면 9로서 白에는 아직 눈이 없다.

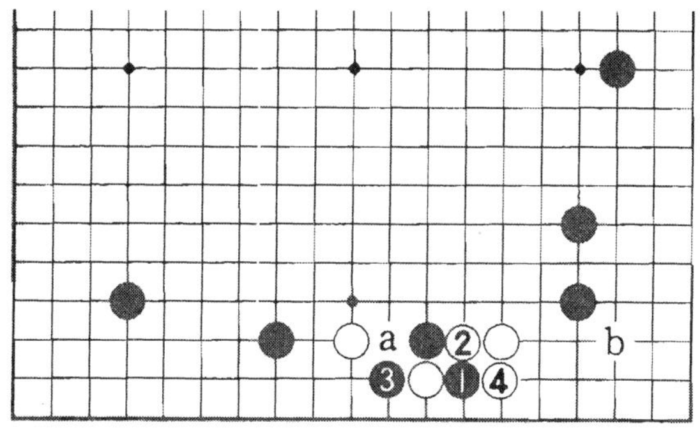

그림 4 ＊

그림 4 (막기) 白4가 최근의 유력한 응수인데 다음에 黑a라면 白b로 3三으로 침입할 의도이다.

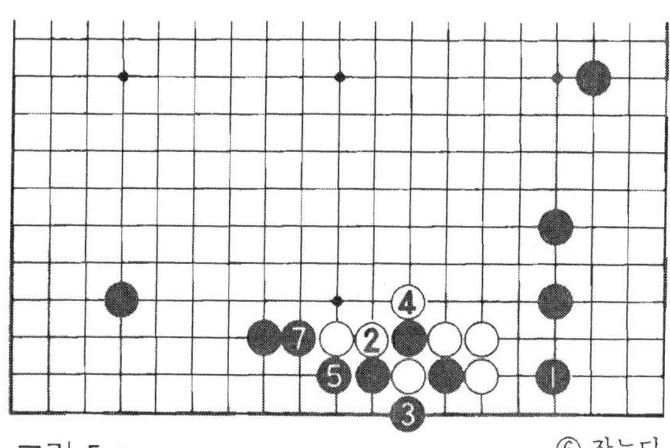

그림 5 ＊

⑥ 잡는다

그림 5 (뛰기) 黑1의 뛰기가 보통인데 그러나 白도 2가 있어 비록 미완성이지만 적당하다.

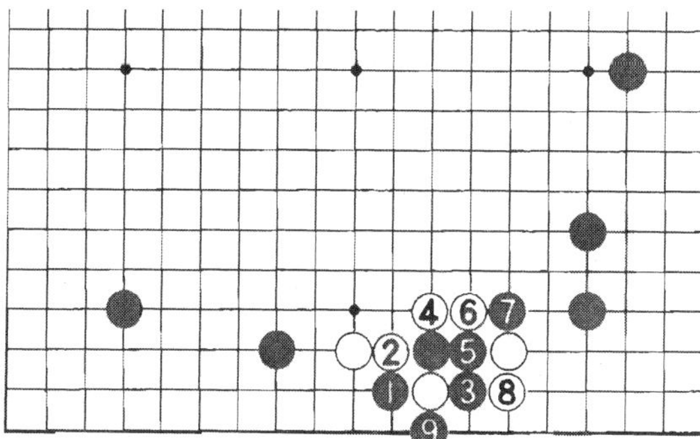

그림 6 ＊

그림 6 (역젖히기) 1의 젖히기도 하나의 수법인데 白6에 黑7로 끊을 수 있다.

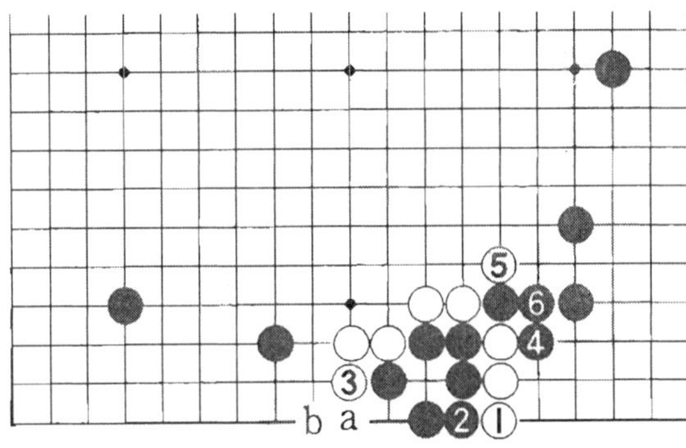

그림 7 *

그림 7 (실리가 크다) 白1의 활용이 중요한데 다음에 白a나 b를 활용한다. 黑의 실리도 크다.

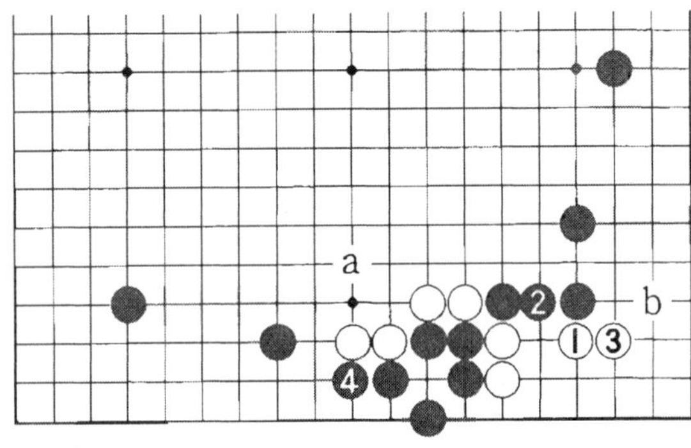

그림 8 *

그림 8 (산다) 白이 앞 그림을 꺼린다면 白1, 3으로 산다. 白a가 모양으로 黑은 b를 활용한다.

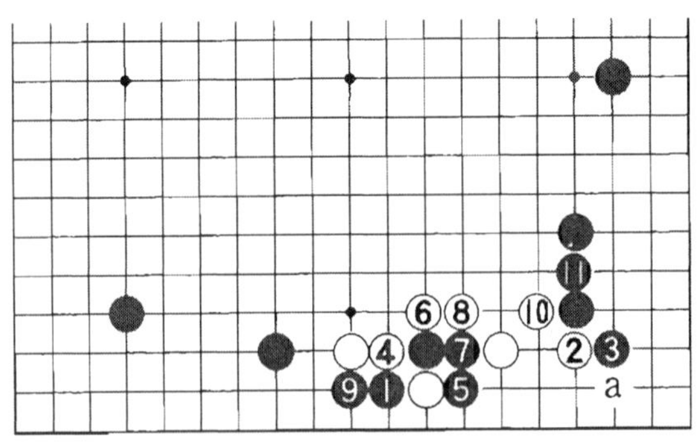

그림 9

그림 9 (작전) 黑1로 젖힌 순간에 白2는 작전이다. 白a의 패를 남긴다.

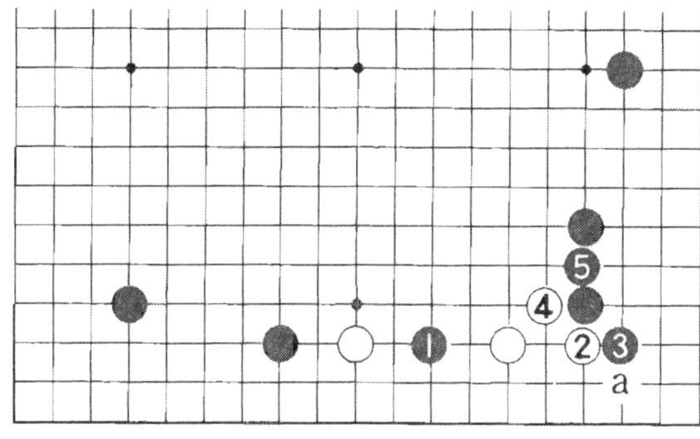

그림 10

그림 10 (기대기) 白2, 4는 유력한 기대기 전법이다. 白a의 패를 보고 손빼기도 가능하다.

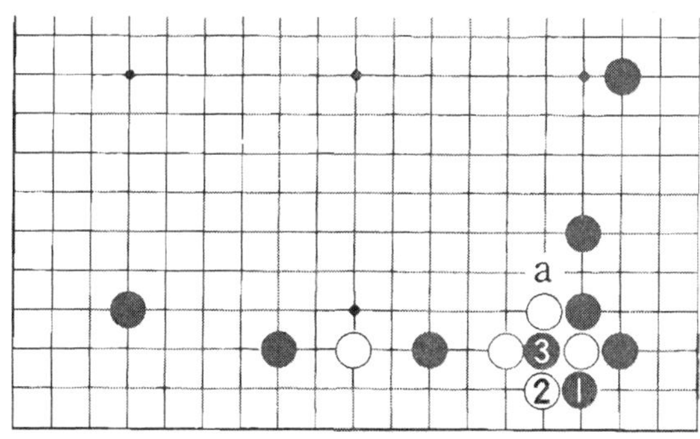

그림 11 *

그림 11 (최강) 黑은 1의 단수가 강수이다. 白이 패를 되잡으면 黑a가 또한 강수이다.

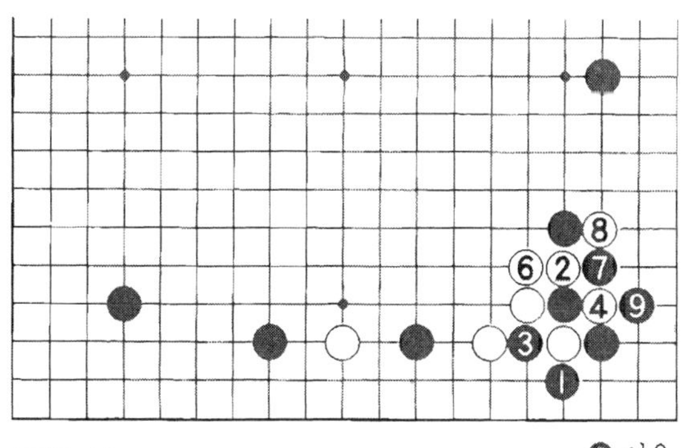
그림 12

❺ 이음

그림 12 (반발) 白2는 바꿔치기를 각오한 변신이다. 黑9까지 잡는다.

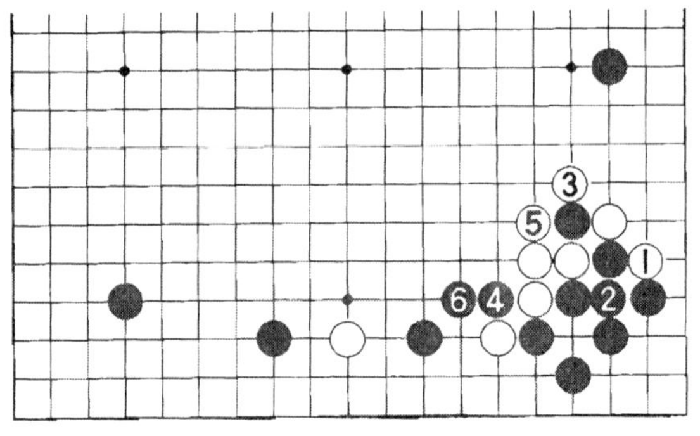

그림 13

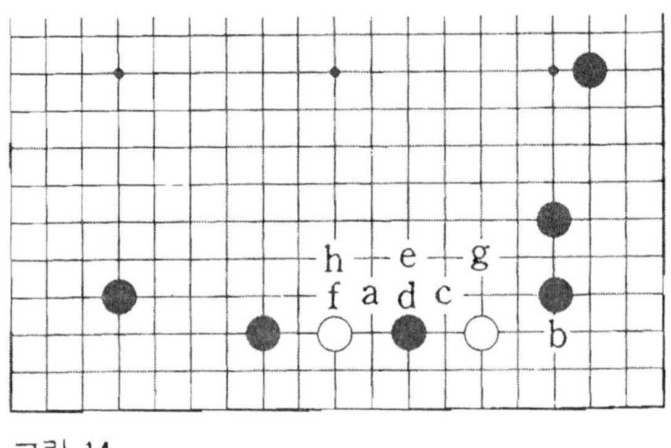

그림 14

그림 13 (충분하다) 白3의 축머리에 黑4, 6으로 실리를 차지하여 黑이 충분한 전과이다.

그림 14 (여러 가지 변화) 이 밖에도 白a는 黑b로 충분할 것이다. 白c에는 黑b, 白c, 黑f 정도이다.

또한 白g의 뛰기에는 黑a이고 白h에는 黑도 e의 뛰기인데 이 여러 가지 변화는 모두 黑이 유리하다.

포인트

白을 아래쪽에 붙이면 그림 3에서 그림 5 등이 유력하다. 귀에 붙이고 부풀면 그림 11과도 같이 강하게 단수를 친다. 이 형에서의 침투는 중반의 초점이 될 것이다. 그리고 침투를 하면 黑에 나쁜 결과는 없다.

白이 신중히 생각해 고심해서 처리하면 이에 편승하여 강하게 두는 요령이다.

제 4 형

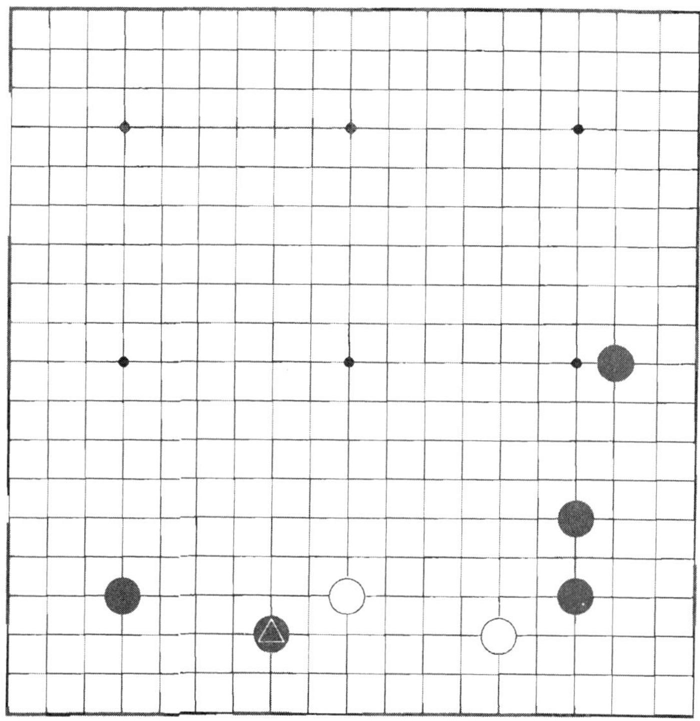

黑번

이 모양도 "세칸에 침투 있다"는 격언그대로인데 白의 구축이 한 칸 높아 다소 틀리는 경우도 있을 것이다. 白은 ▲의 육박이 있으면 방어할 수 없는 모양이지만 이를 방관하지 않고, 빨리 침투하는 것이 좋다. 그러면 어디로 침투할 것인가?

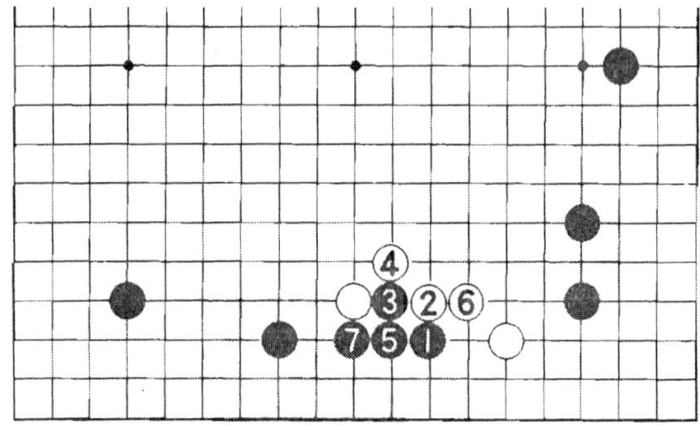

그림 1*

그림 1 (도려낸다) 黑1로 침투하고, 축머리가 유리하다면 黑3으로 7까지 크게 도려낸다.

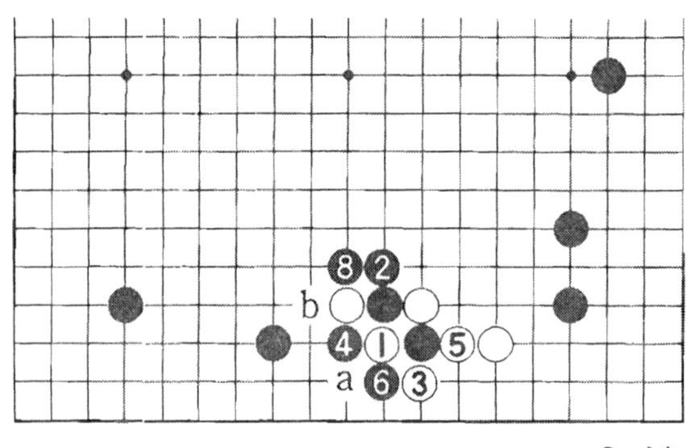

그림 2

⑦ 이음

그림 2 (충분하다) 白1, 3의 변화에는 黑9로 포위하여 두텁다. 白a에는 黑b이다.

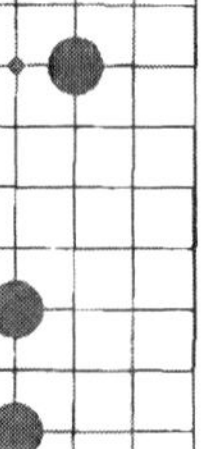

그림 3*

그림 3 (축머리) 白3의 잇기에는 黑4로 몬다. 7까지로 건너가도 黑이 유리하다.

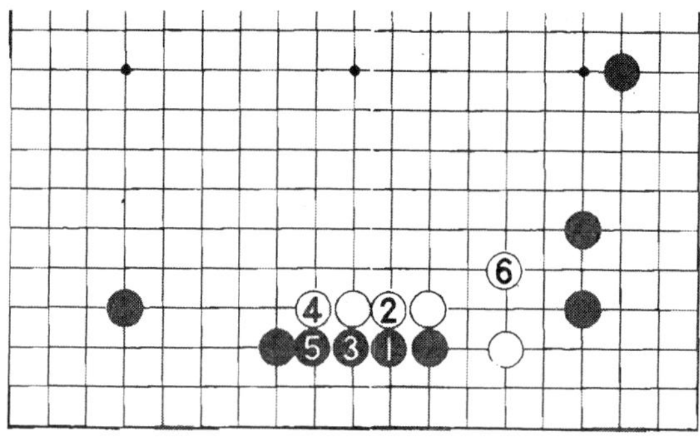

그림 4

그림 4 (白도 두텁다) 끼우지 않고 黑1로 두면 白의 모양도 두텁다.

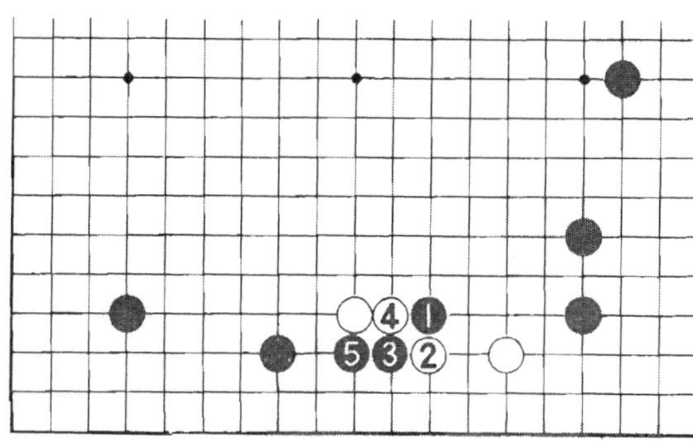

그림 5

그림 5 (원군) 黑1로 높게 침투하는 것도 ▲이 있어 성립된다.

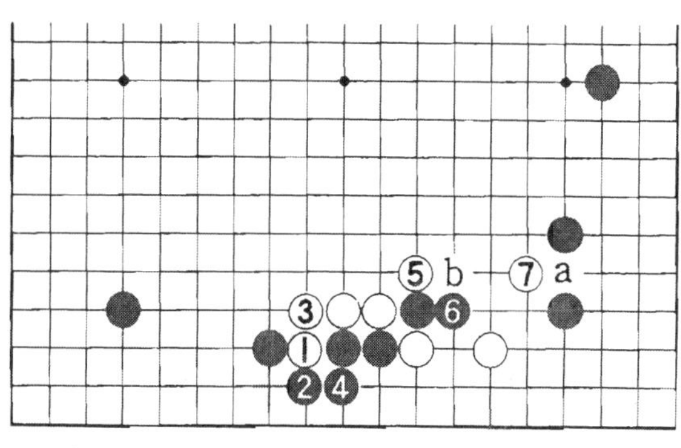

그림 6

그림 6 (수습) 단, 계속해서 白5에서 7까지의 처리가 성립되며 黑a는 白b로 조인다.

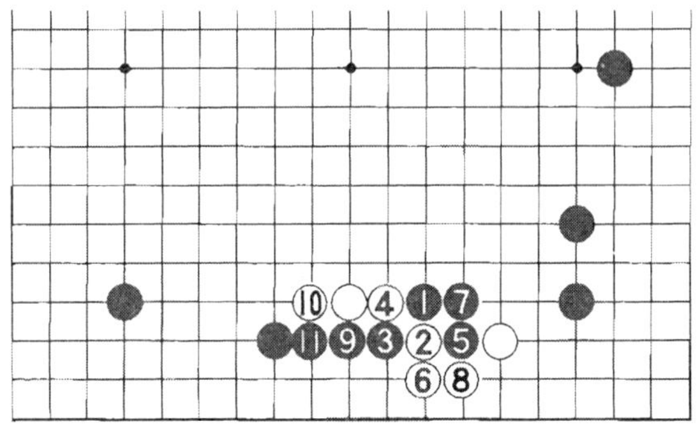

그림 7

그림 7 (돌 수 있다) 앞 그림을 꺼린다면 5, 7을 먼저 두면 된다. 白돌을 양단하고 공격한다.

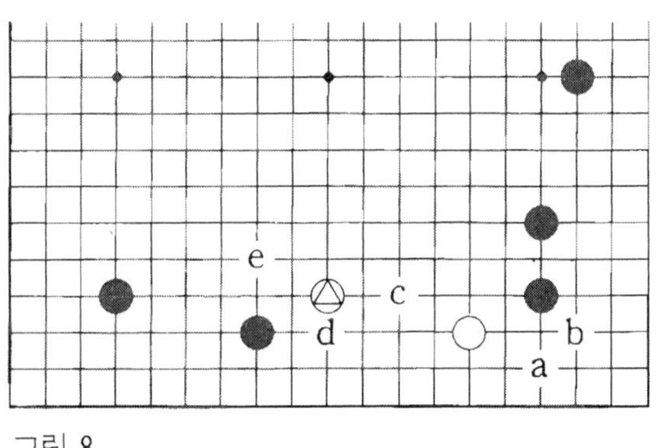

그림 8

그림 8 (수가 없다) 처음의 국면으로 되돌아 와서 이 白의 구축은 방어할 수 없다. 보통 수법인 白a, 黑b, 白c는 △이 높아 헛점이 많고 白d는 활용당하는 모습이다. 그러므로 e로서 침투를 맞이하고 싸우는 등 白은 가벼운 태도로 임한다.

포인트

그림 1이 가장 중요하다.

이 모양에서는 다음에 갈라치기를 두었는데 갈라치기가 잘 안 되는 경우도 있으므로 그때에는 그림 4처럼 뻗어 나가지 않으면 안 된다. 싸움에 자신이 있을 때는 그림 5에서 그림 7도 유력하다.

제 5 형

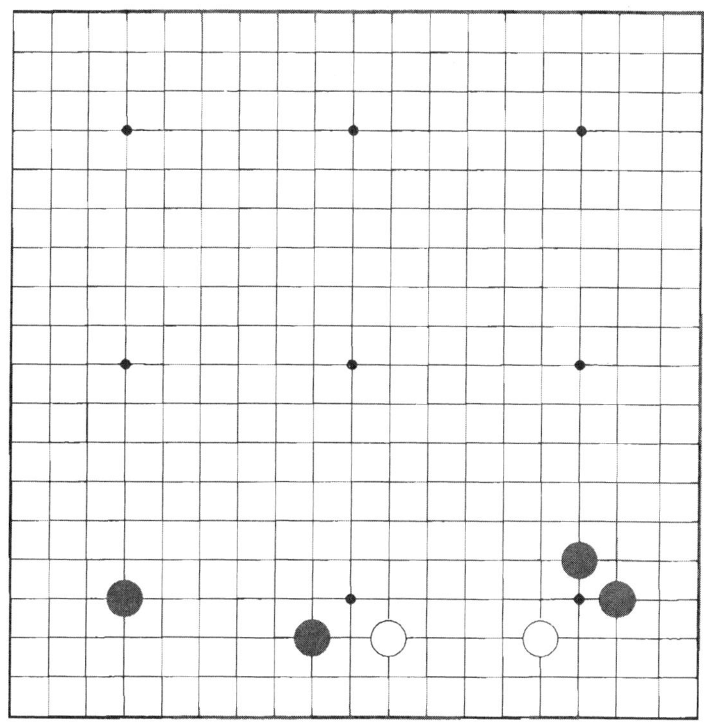

黑번

白의 걸치기, 黑의 ㅁ자 응수, 白의 세칸 벌리기, 이 정석에 왼쪽부터 黑이 육박한 형태이다.

역시 "세칸에 침투가 있다." 침투 장소는 결정되어 있지만 오른쪽의 黑이 ㅁ자여서 白의 처리는 매우 괴로울 것이다.

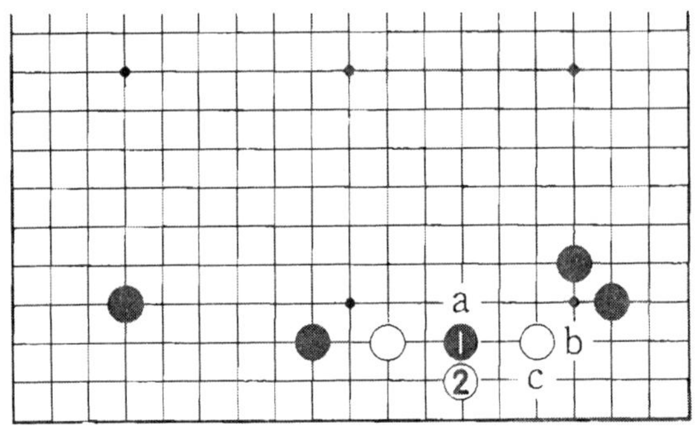

그림 1*

그림 1 (수습 1) 白2의 붙임수가 유력한 수습책으로 黑이 손빼면 白a, 黑b, 白c이다.

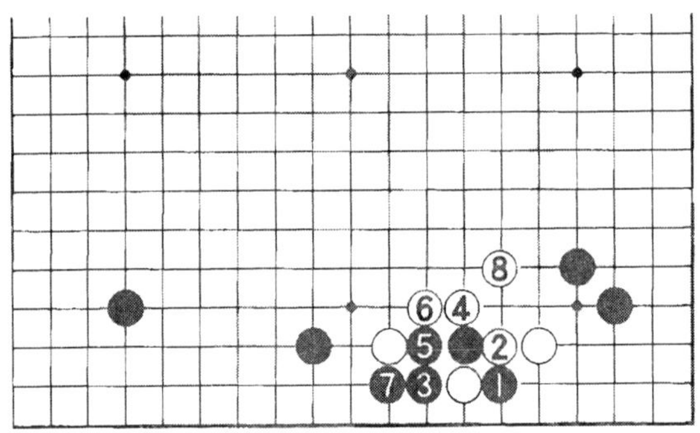

그림 2

그림 2 (젖혀 나오기) 黑1쪽을 젖히고 나오면 약간 문제가 생긴다. 白8이 두터운 모습이다.

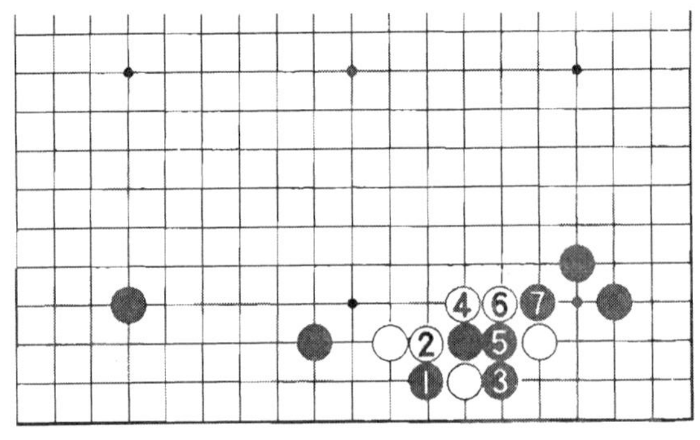

그림 3*

그림 3 (집의 확대) 黑1이 옳은 방향이다. 黑7로 끊고 집의 확대를 지향한다.

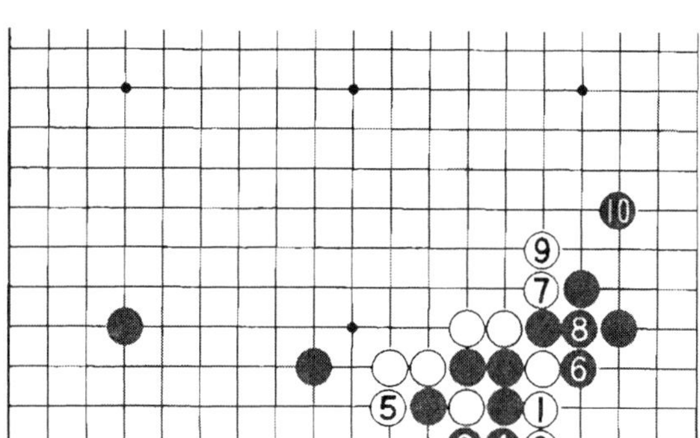

그림 4 *

그림 4 (白도 일단락) 이 다음에, 1이하의 상투 수단으로 白7, 9로 안의 白을 강화한다.

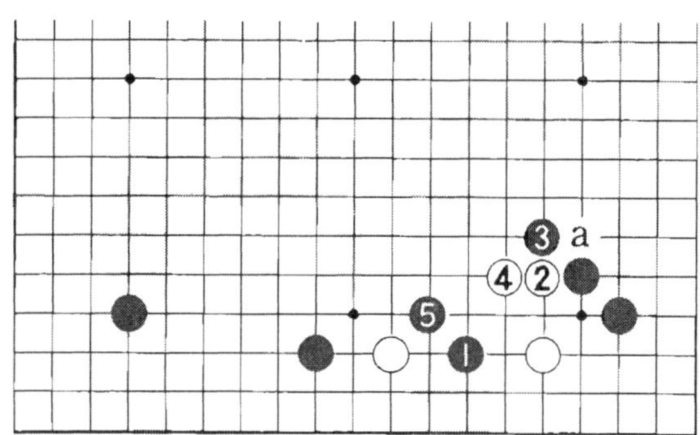

그림 5 *

그림 5 (수습 2) 白2에 뛰어 붙이는 것도 수습의 수법이다. 黑5다음 白a가 어려운 문제이다.

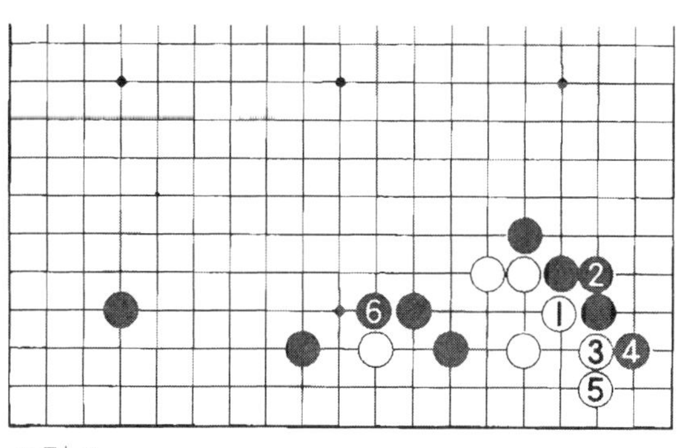

그림 6 *

그림 6 (안정) 앞 그림에 이어 白1에서 5라고 하는 멋진 안정도 있다.

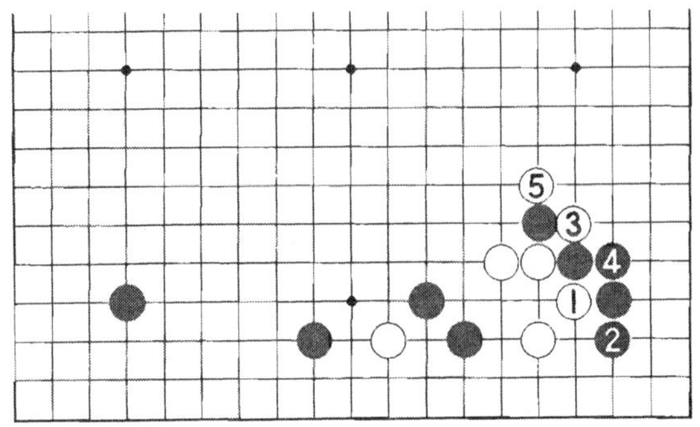

그림 7

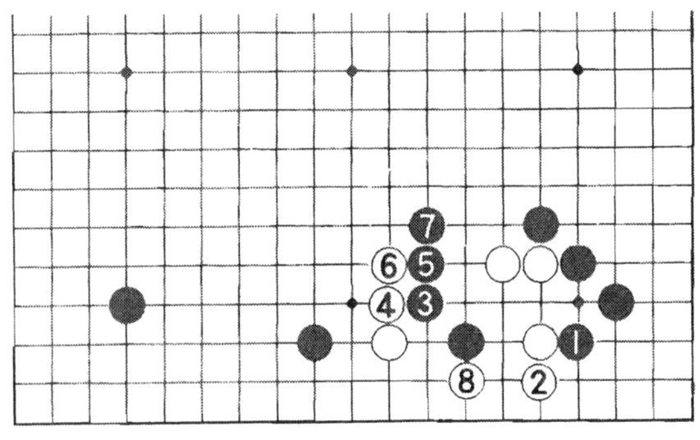

그림 8

그림 7 (축머리) 단, 이 국면은 黑2를 두면 白3, 5의 축으로 몰려 불리하다.

그림 8 (黑이 나쁘다) 黑1의 ㅁ자 붙임수는 白2로 교환하여 문제이다. 黑3이하로 싸워도 白8의 건너가기로 黑의 바람직하지 않는 그림이라고 할 수 있다.

포인트

그림 3, 그림 4, 그림 5가 중요하다.

白은 아래쪽의 붙임수도, 뛰어 붙임수도 일단 수습할 수 있을 것이다.

그러나 침투한 쪽에서 본다면 상대가 수습하였다고 하여 비관할 필요는 없다.

여기서 소개한 어떤 그림도 黑이 유리한 장소에서의 싸움이라는 것을 명심하기 바란다.

제 6 형

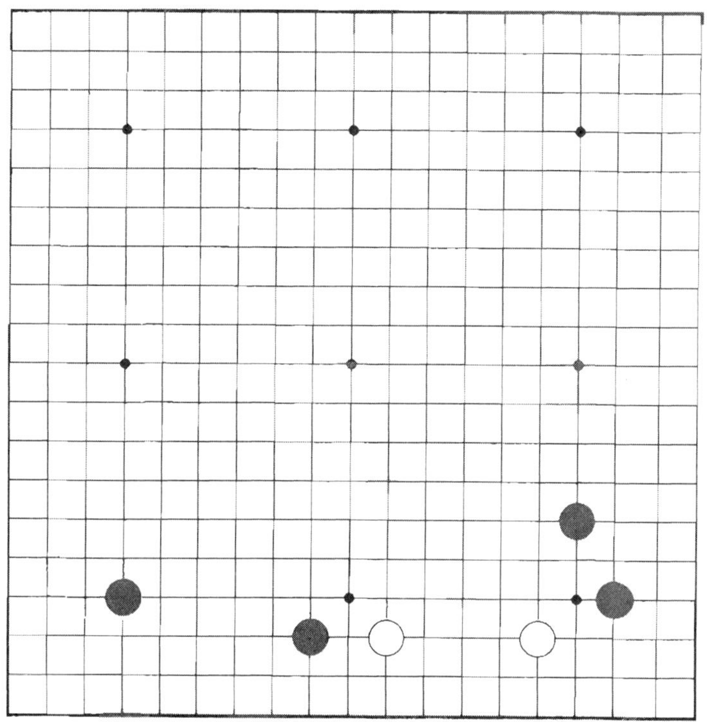

黑번

앞의 형과 약간 모양이 바뀌었다. 귀의 黑이 ㅁ자이므로 白의 수습에 다소의 여유가 있을 것이다.

다소의 여유가 있다고 해도 침투는 역시 준엄하다.

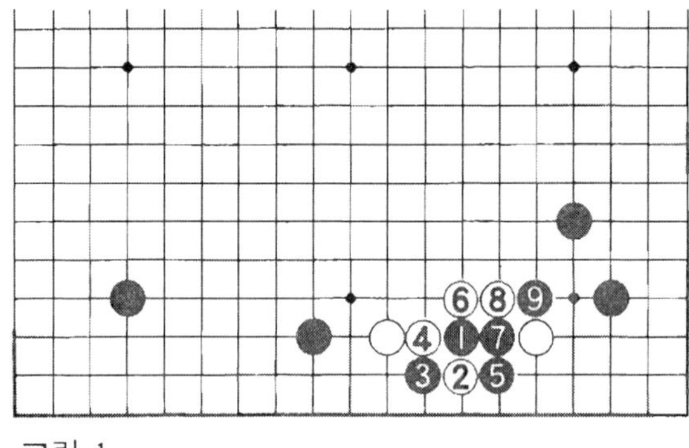

그림 1

그림 1 (아래쪽 붙임수) 우선 白2의 아래쪽 붙임수를 생각할 수 있다. 세칸 침투에 대한 상용의 받기이다.

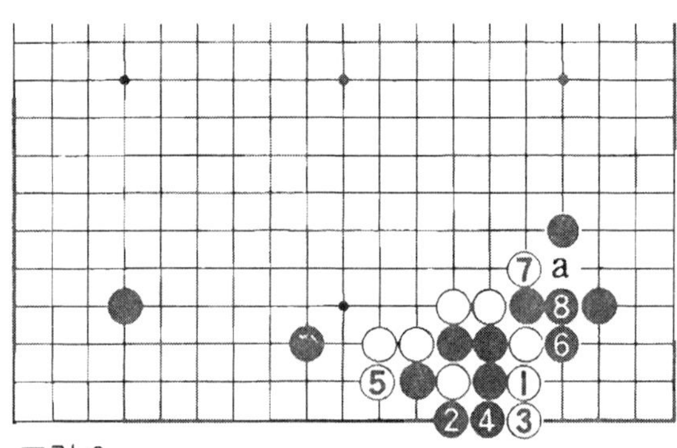

그림 2

그림 2 (한길) 黑8까지의 수순은 이미 보았던 바 그대로이다. ▲이 a에 비하여 좋은 위치이다.

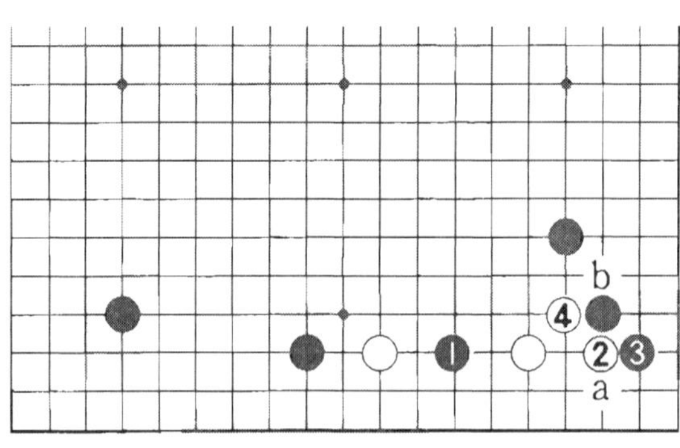

그림 3 *

그림 3 (처리) 白2, 4의 부풀기가 유력하다. 黑은 a인가 b인가.

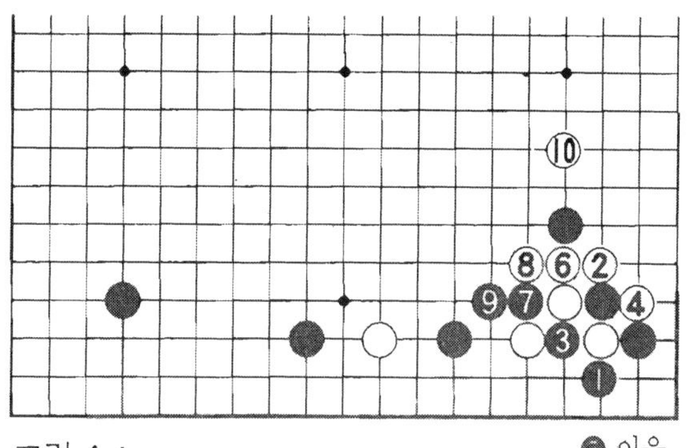

그림 4 * 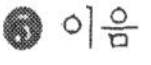 이음

그림 4 (정석) 黑1로 단수하면 白2이하는 정석으로서 黑9까지 실리가 크다. 白은 10정도이다.

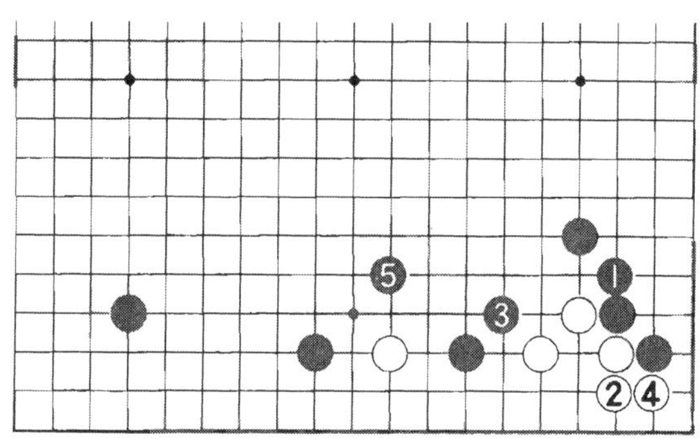

그림 5

그림 5 (봉쇄) 黑1도 있다. 白2라면 黑3으로 봉쇄하여 충분한 태세이다.

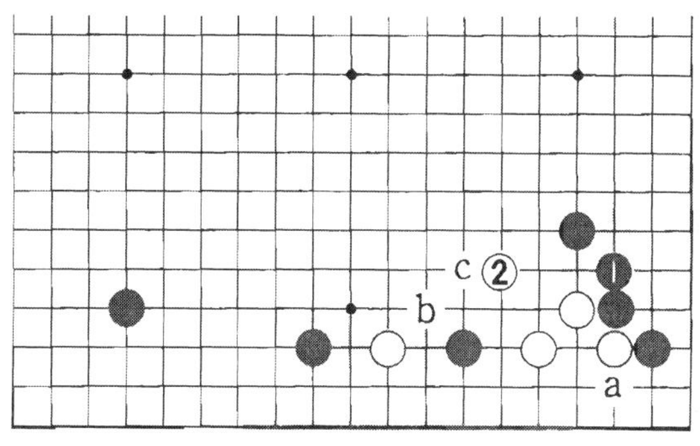

그림 6 *

그림 6 (싸움) 白2로 안쪽으로 진출하고 싶다. 黑a, 白b인가, 黑c로 붙이는 싸움인가.

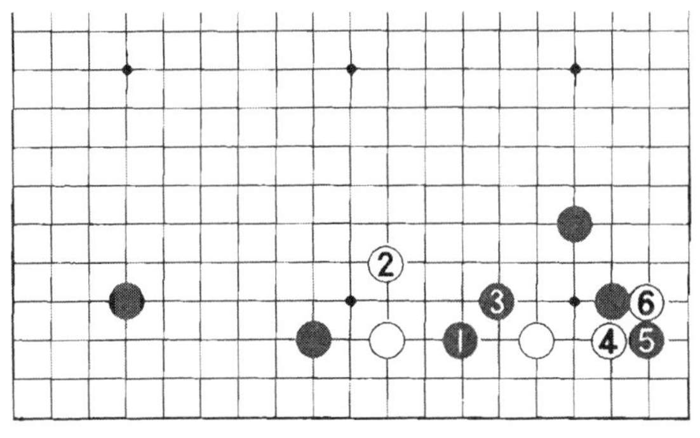

그림 7

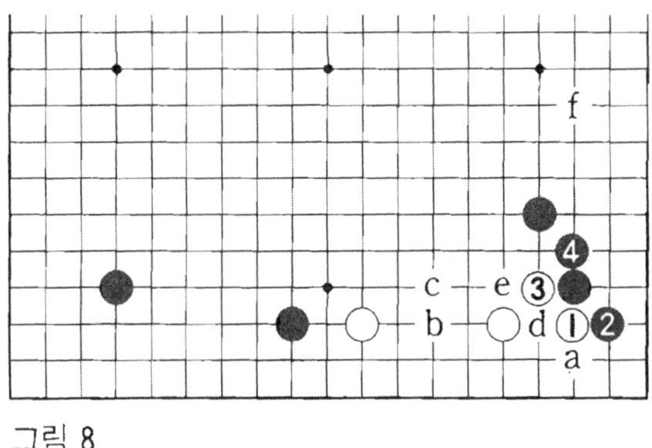

그림 8

그림 7 (버티다) 白2로 이쪽에서 버티는 수도 있다. 귀는 4, 6으로 처리한다.

그림 8 (침투 완화) 白이 침투를 대비하는 경우에도 1, 3이 유력하다. 이 다음에 白a로 내려가든, 내려가지 않든 b의 침투를 완화시키고 있다.

단순히 白c로 방어하고 黑d, 白c, 黑f가 되기보다 1, 3이 유리하다고 할 수 있다.

포인트

이 형태에서도 귀의 3三에 붙여 수습하는 것이 공방의 초점이 되고 있다. 이렇게 수습하는 맥이 있는한 白이 크게 걱정할 것은 없으나 그래도 黑은 뛰어들어 도전하는 것이 좋다.

제 7 형

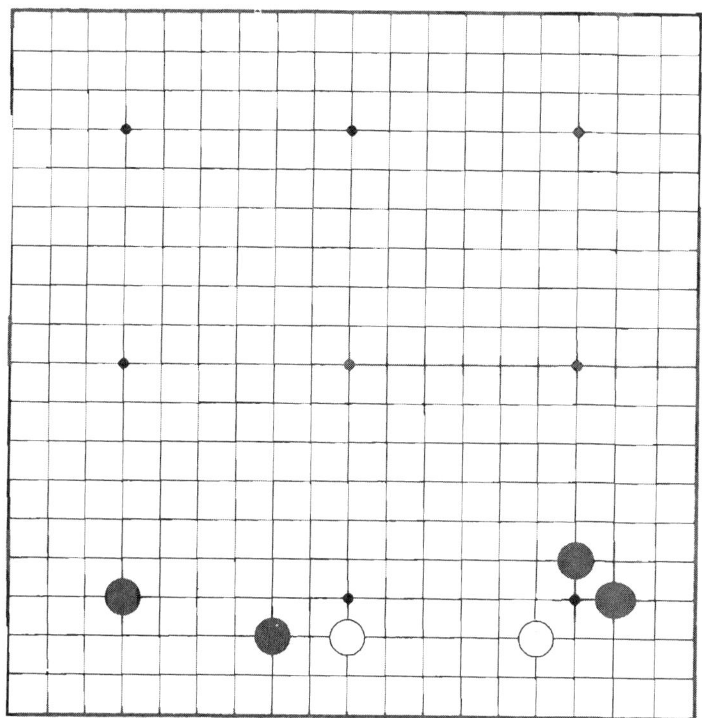

黑번

이번에는 네칸 벌리기이다. 白의 걸치기, 黑의 ㅁ자 응수, 白의 네칸 벌리기의 정석에 黑이 바짝 육박한 것이 이 국면이다.

침투 장소는 많이 있을 것 같지만 다음 예상도를 고려한다면 대체로 한정되어 있다.

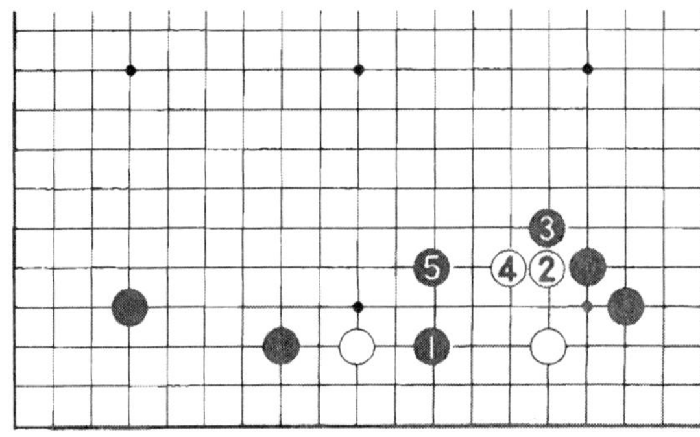

그림 1 *

그림 1 (피차 뛰기) 침투 장소는 1이 좋으며 白2, 4에 黑5로 뛴다.

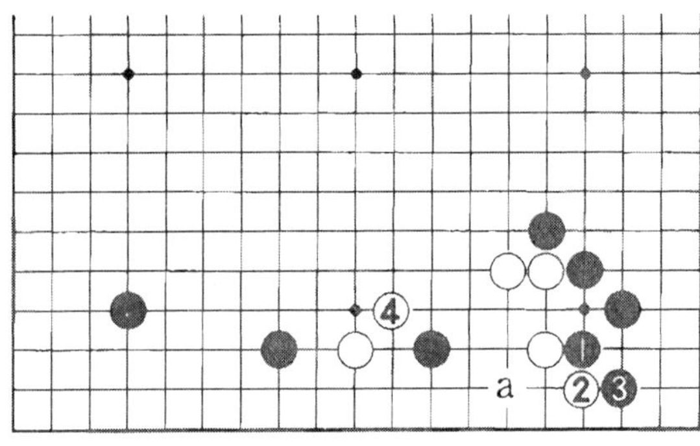

그림 2

그림 2 (기민) 앞 그림의 5로 1은 白2, 4가 기민하며 白4는 a의 호구도 좋은 모양이다.

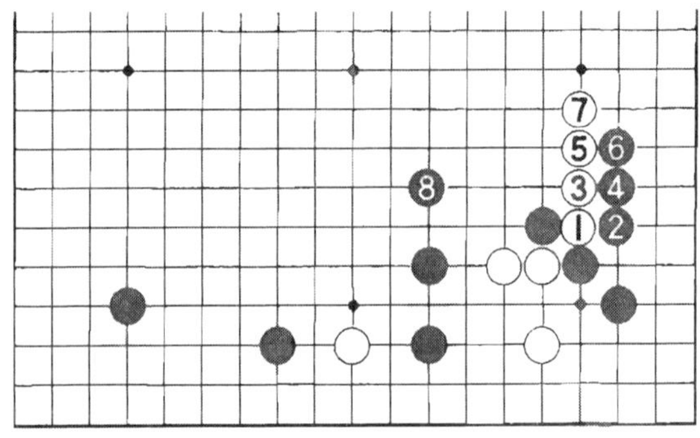

그림 3

그림 3 (싸울 수 있다) 그림 1에 이어 白1의 끊기라면 黑2이하로 기고 8로 싸울 수 있다.

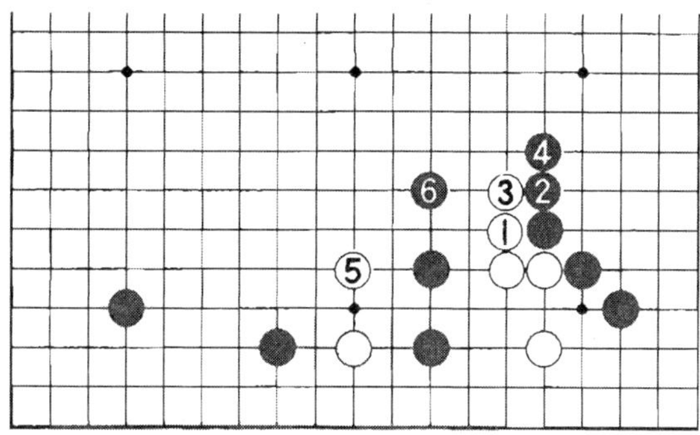

그림 4

그림 4 (정면의 싸움) 끊지 않고 1, 3으로 밀어 올리면 정면의 싸움이 된다. 약한 돌이 2대 1이다.

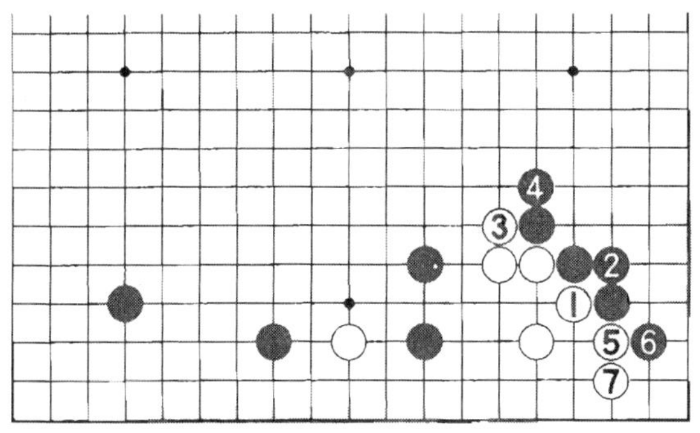

그림 5 *

그림 5 (안정) 여기서도 白1의 젖힘기에서부터 5, 7까지 안정될 수 있다.

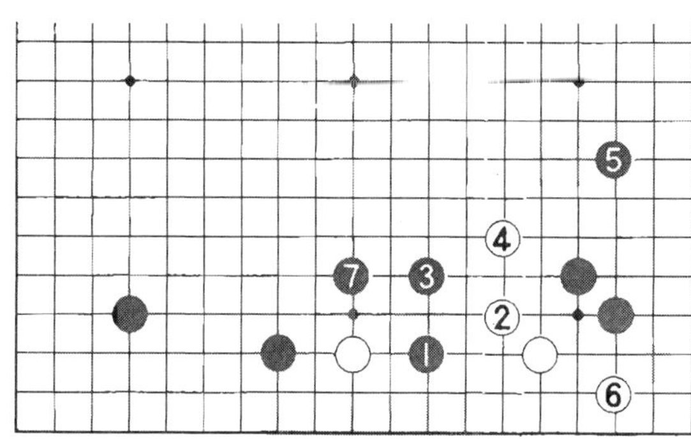

그림 6

그림 6 (간명) 白2의 ㅁ자라면 黑3이하 7로 비교적 黑의 알기 쉬운 진행이다.

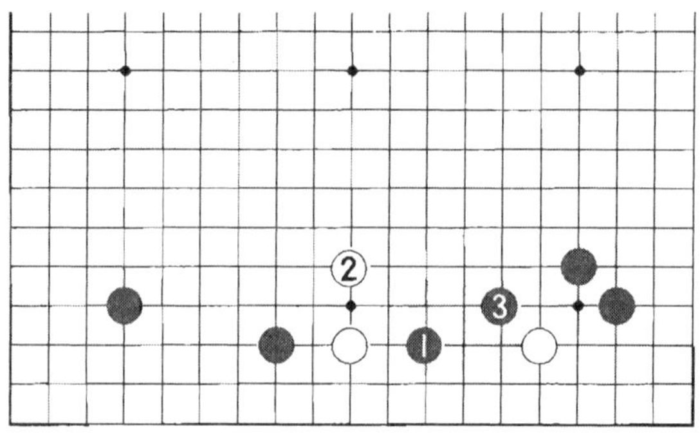

그림 7

그림 7 (크게 유리하다) 白2쪽으로 뛰면 3의 씌우기가 되어 白은 저항 부족이다.

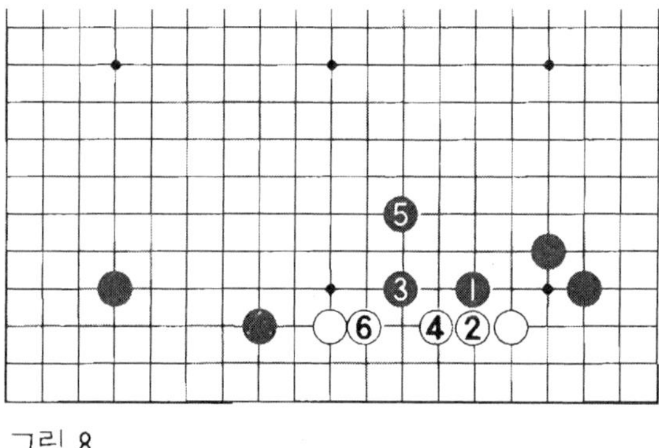

그림 8

그림 8 (씌우기는 문제) ▲의 육박이 있는 배치에서는 黑1로 씌워 굳히게 하는 것은 의문시 된다. ▲이 없으면 침투를 해도 白에 여유가 있으므로 그림과 같은 씌우기도 생각할 수 있다. 1에서 5까지는 물론 구변의 확대를 노리고 있다.

포인트

그림 1이 중요하다. 이 그림의 黑5정도까지를 정석으로 익혀두면 충분하며 다음에는 실전에 따라서 독자적으로 개척해 나가면 될 것이다. 침투를 하면 어떻게 변화하여도 약한 돌의 비는 2대1이므로 黑이 나쁘다는 이론은 성립되지 않는다.

제 8 형

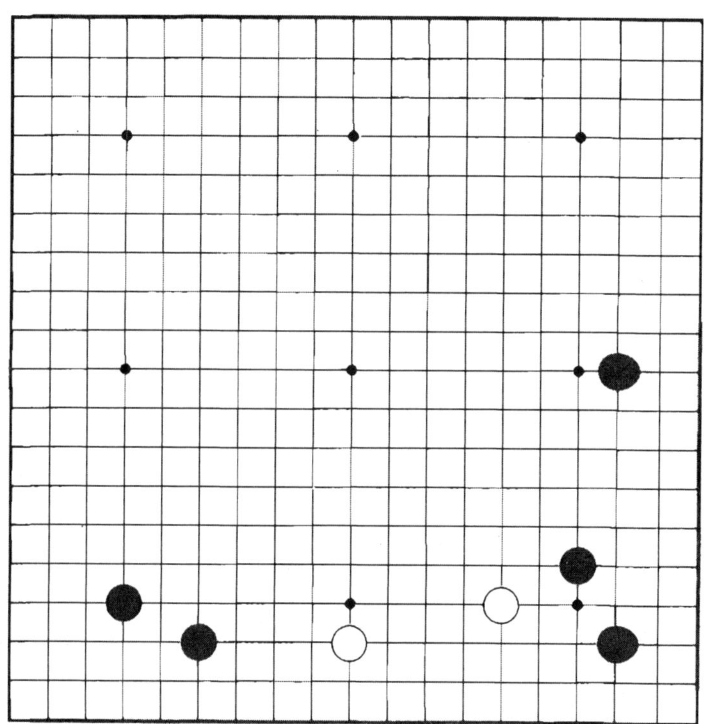

黑번

3三에 걸치고 白이 화점 아래쪽에 빌린 모양이다. 왼쪽에 黑의 세력이 오면 한수가 더 필요한 모습이다.

그러므로 이 기회를 포착하여 침투하는 것이 준엄하다. 여기서 白이 한수 방어를 하는가, 黑이 침투할 것인가는 초반, 중반의 중대한 관심사가 될 것이다.

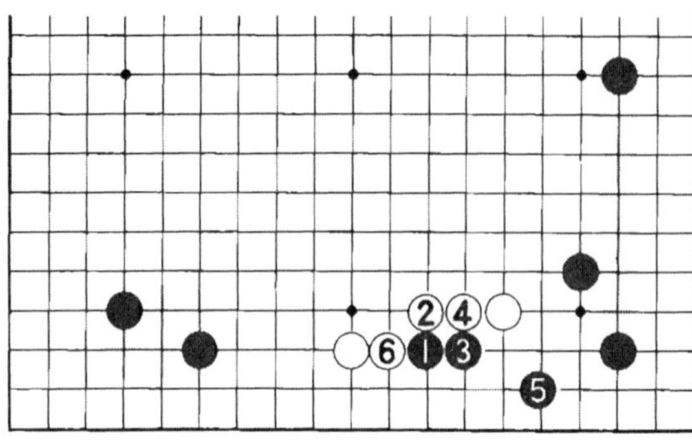
그림 1 *

그림 1 (도려내기) 黑1에서 5까지 도려낸다.

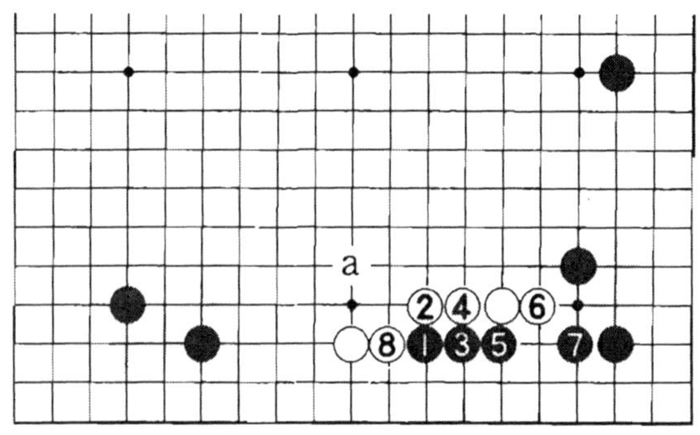

그림 2 *

그림 2 (대동 소이) 黑5로 밀고 7도 있는데 앞 그림과 대동 소이하다. 白8은 a의 뛰기도 훌륭하다.

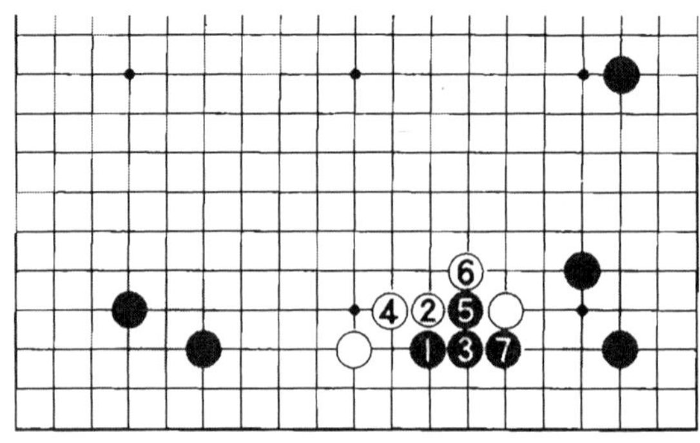
그림 3

그림 3 (黑이 유리하다) 黑3일 때, 白4로 끌면 黑5, 7로 黑이 유리하다. 일단 白이 선수이다.

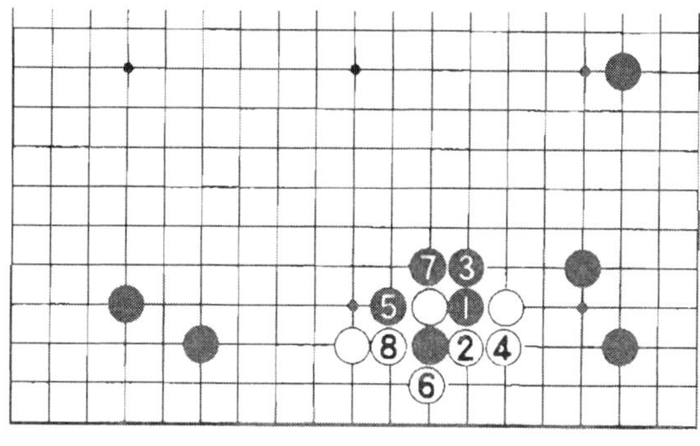

그림 4

그림 4 (끼우기) 黑1로 끼우고 7까지 되어도 白은 안심이다.

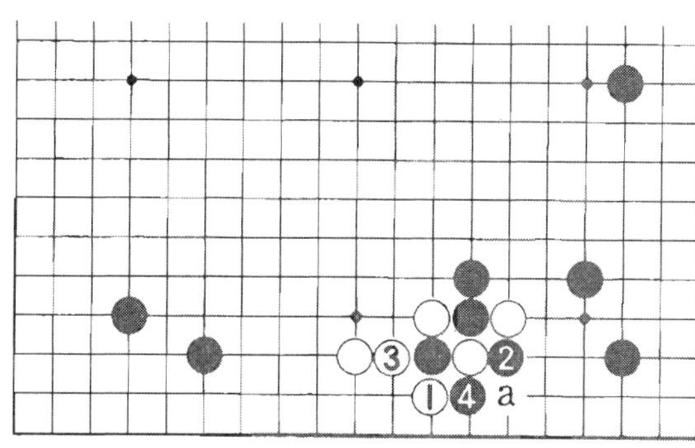

그림 5

그림 5 (변화) 白1로 변화할지 모른다. 白a의 패가 있어 맛이 나쁘다.

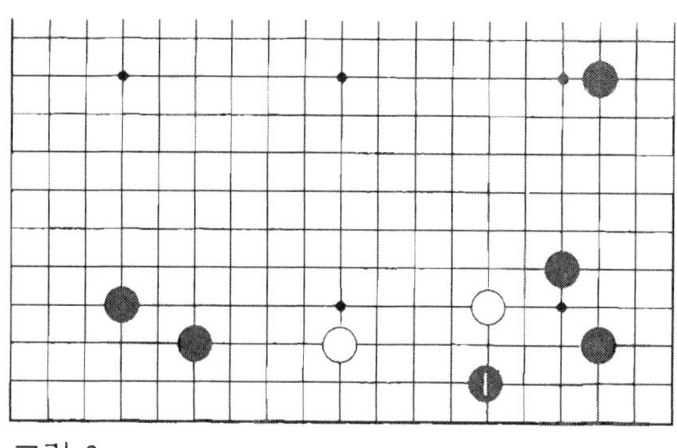

그림 6

그림 6 (부속) 黑1도 근거를 빼앗지만 약간 박력이 부족하다.

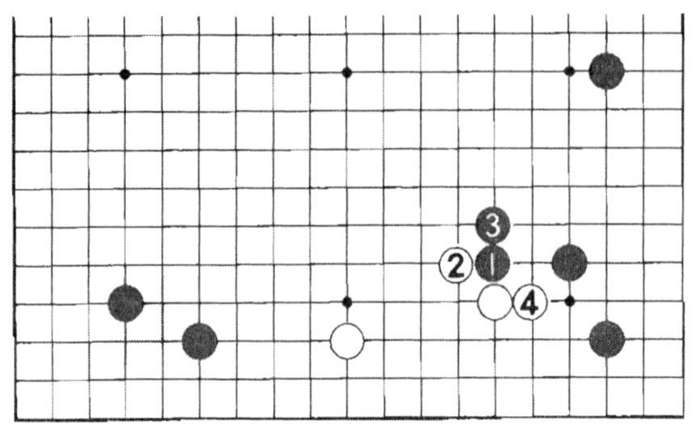

그림 7

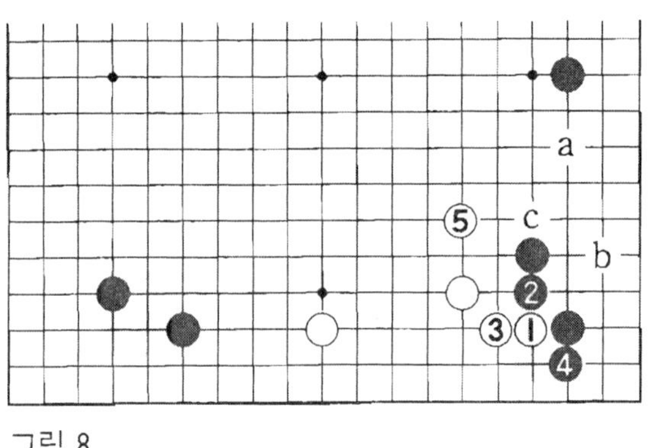

그림 8

그림 7 (모양) 침투를 하지 않는다면 1, 3으로 모양을 넓힌다. 白도 자연히 강화된다.

그림 8 (방어) 白이 방어하려면 1, 3의 붙임수를 한다. 白5로 뛰면 당당하다. 다음 a의 침투에서 b의 미끄러지기를 보고 있으므로 黑은 방어가 필요할 것이다. ▲이 c의 큰 目자라면 1은 3으로 ㅁ자를 하고 4의 붙임수를 보는 것이 좋다.

포인트

그림 1과 그림 8의 차이를 생각한다면 하변에 침투가 급하다는 것을 알 수 있다.

단순한 큰 자리가 아니라 공방과 깊이 관계된 급한 자리라고 할 수 있다.

제 9 형

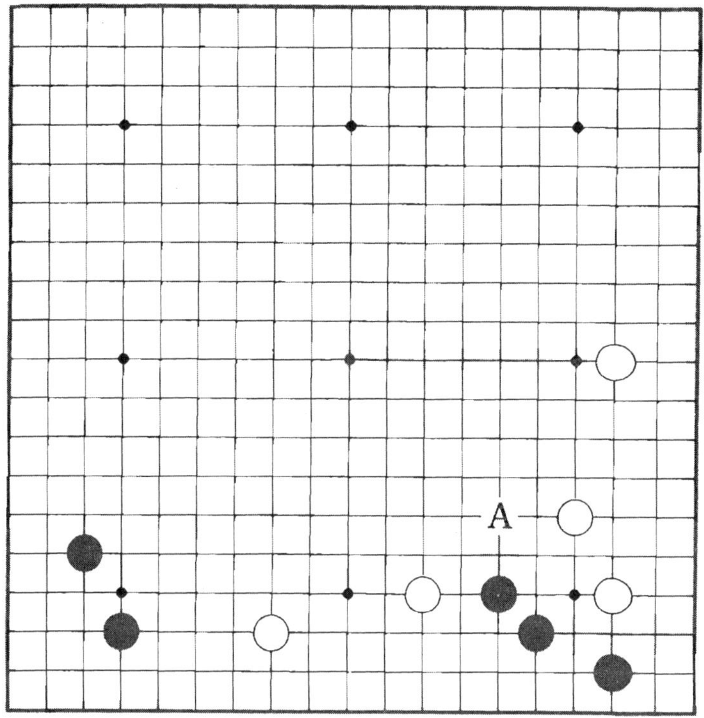

黑번

앞의 형과 같은 의미의 침투가 있다. A로 뛰는 것도 당당하지만 이보다 하변의 세칸에 주목하여야 한다.

역시 "공방에 관계된 급한 자리"이므로 매우 빠른 시기에 두는 것이 보통이다.

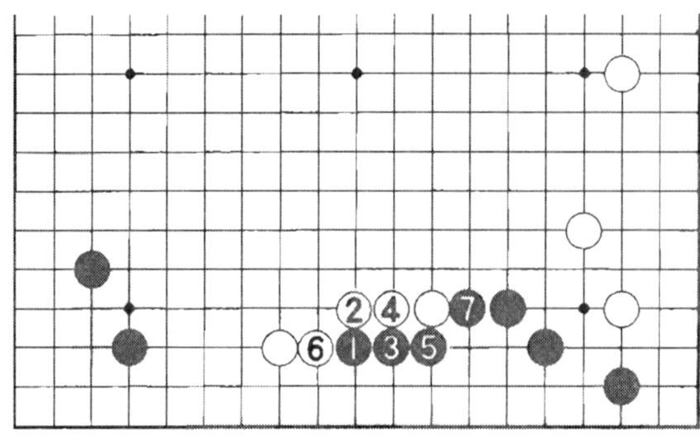

그림 1 *

그림 1 (근거를 빼앗는다) 1의 침투에서 7까지 白의 근거를 빼앗는다. 실질적으로도 크다.

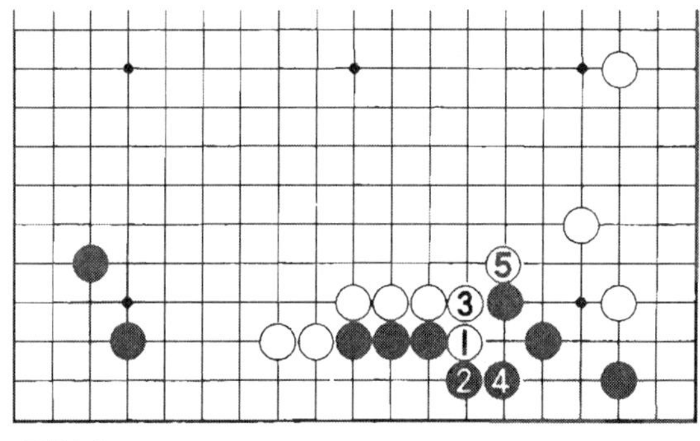

그림 2

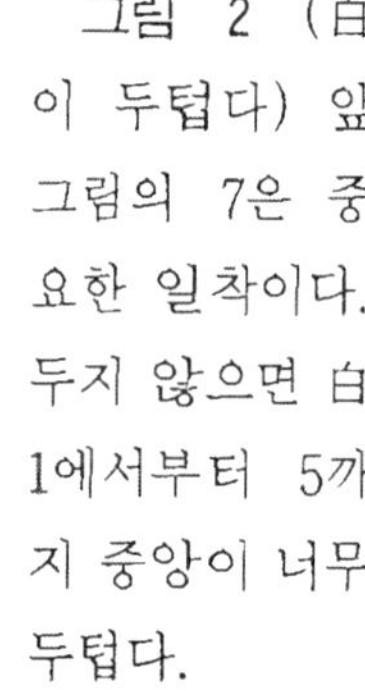

그림 2 (白이 두텁다) 앞 그림의 7은 중요한 일착이다. 두지 않으면 白1에서부터 5까지 중앙이 너무 두텁다.

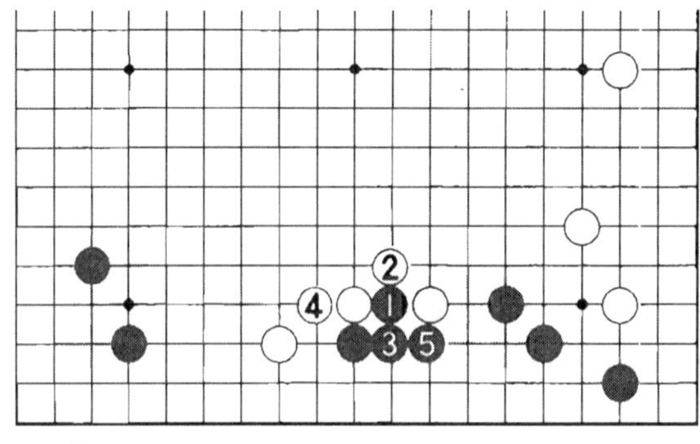

그림 3

그림 3 (끼우기) 몇 번씩이나 등장하는 끼우기이다. 그러나 黑5까지 되면 黑이 좋다.

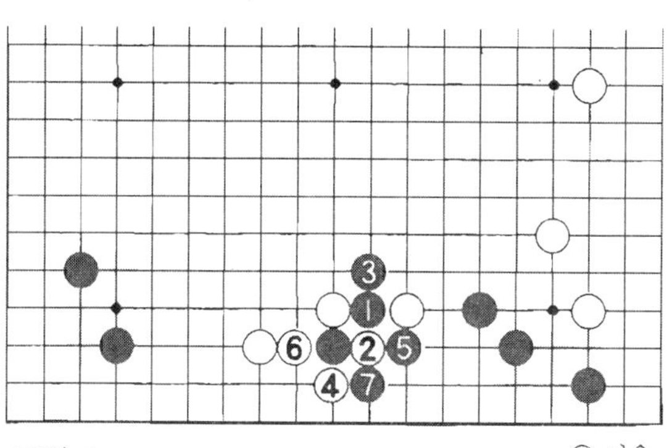

그림 4

⑧ 이음

그림 4 (변화) 白2, 4로 변화하면 黑7의 단수, 白8의 잇기 정도이다.

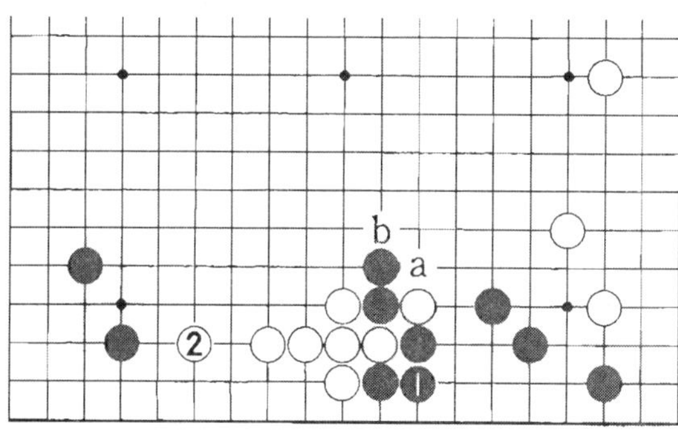

그림 5

그림 5 (싸울 수 있다) 黑1로 아래쪽을 잇고 白도 2까지 일단락 된다. 白a라면 黑b로 싸울 수 있다.

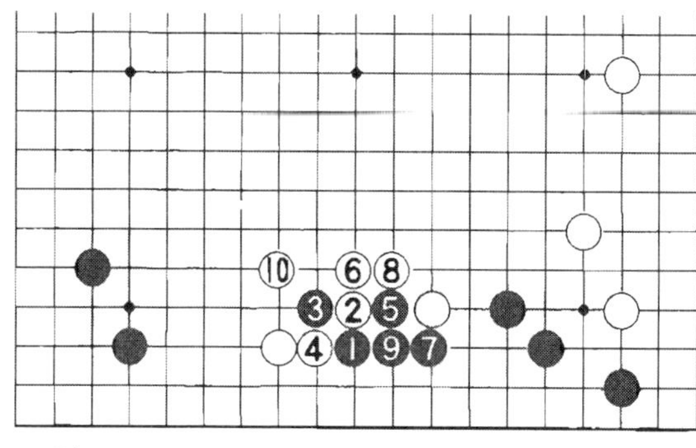

그림 6

그림 6 (속수) 黑3의 젖히기는 전형적인 속수이다. 3의 돌은 보태준 꼴이다.

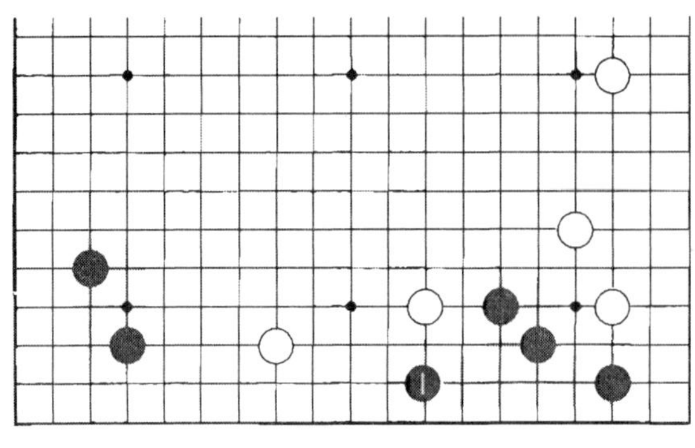

그림 7

그림 7 (약하다) 黑1로 파괴하는 것은 그림 1에 비하여 불충분하다. 박력 부족이다.

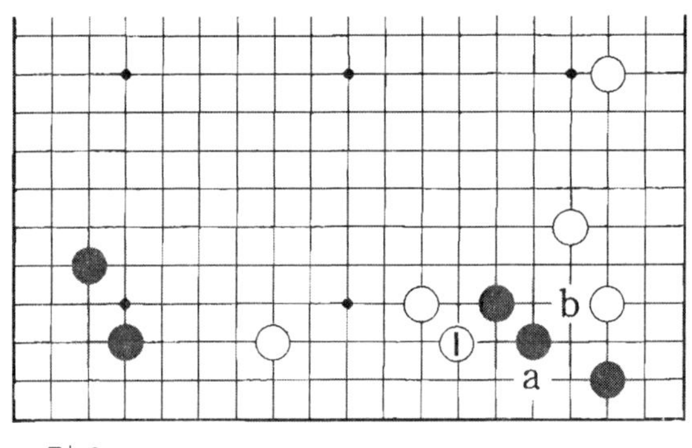

그림 8 *

그림 8 (호점의 방어) 白이 1로 방어하는 것이 멋진 호점이 된다. 이 수는 단순한 방어가 아니라 黑 석점에 육박하고 있는 것이다. 이 다음의 추이에 따라 다르겠지만 白a의 붙임수나 b의 늘어놓기 등에도 黑은 큰 제약을 받는다.

포인트

그림 1과 그림 8의 차이를 인식하는 것으로서 충분할 것이다.

그림 1이나 그림 8도 단순히 집을 확보하는 것 뿐만아니라 다음에 공격을 보고 있는 점이 중요하다. 한수의 가치가 〈집+공격〉이므로 큰 것이다.

제 10 형

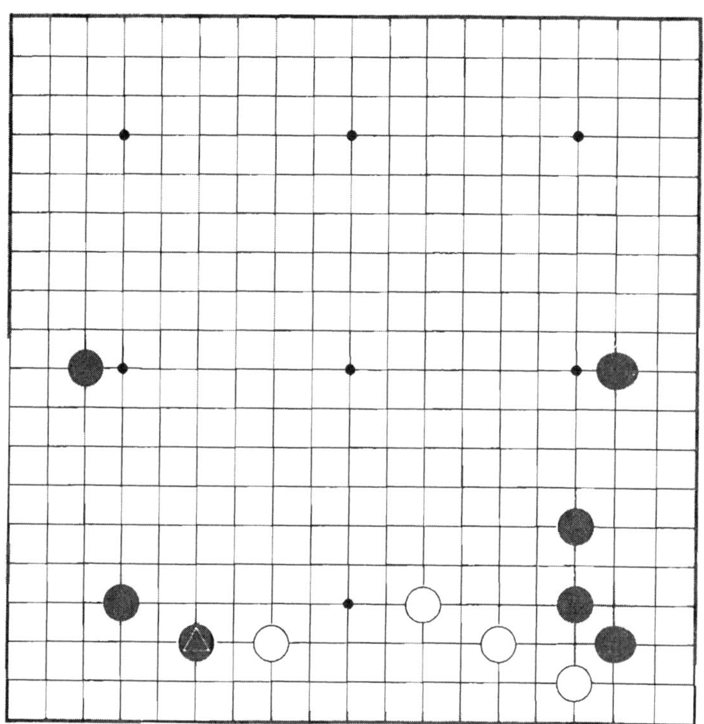

黑번

白은 귀로 달리고 日자로 지켰다. 그러나 견고하게 보이는 이 구축도 ▲의 육박으로 흔들린다.

黑에는 어떤 수단이 있을까? 단지 침투하고 파괴하면 된다고 생각해서는 안 된다.

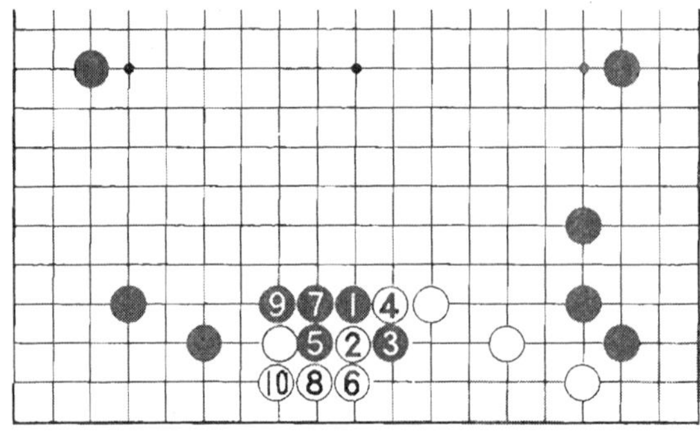

그림 1

그림 1 (속수) 1로 높이 두면 침투가 될 수 없다. 白이 굳히는 것을 돕는 것 뿐이다.

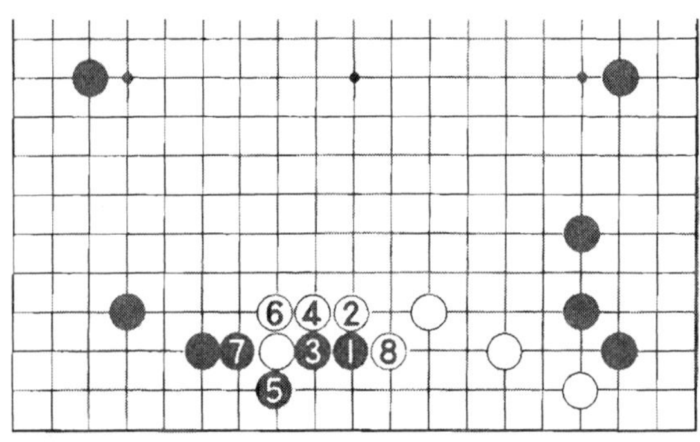

그림 2 *

그림 2 (성공) 역시 黑1로 침투하는 것이 옳으며 白2라면 7까지 건너가서 성공이다.

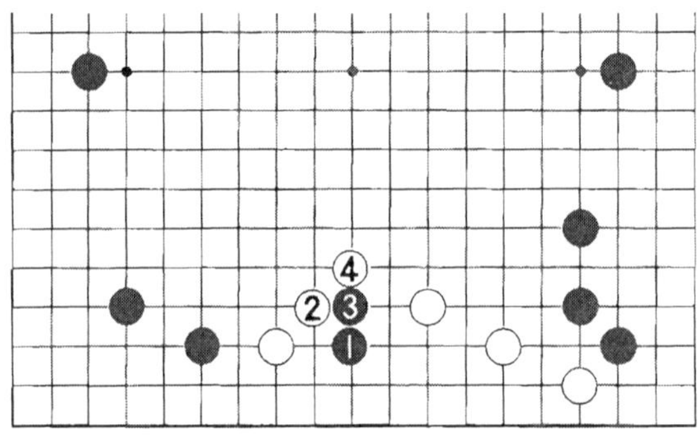

그림 3

그림 3 (강수) 그러나 白2의 강수에는 주의한다. 白4다음에 어떻게 처리하는가?

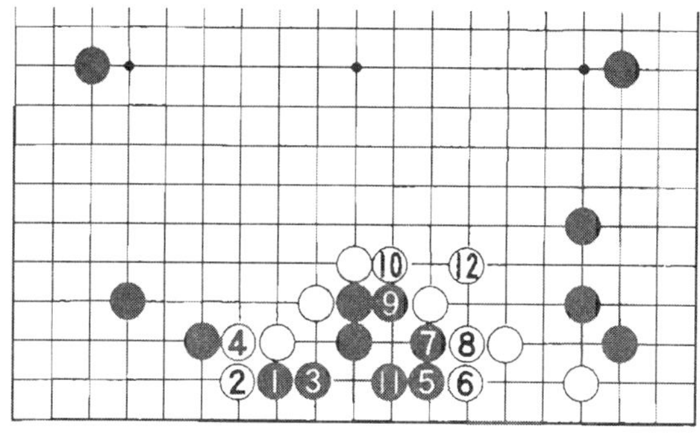
그림 4

그림 4 (살 수 있다) 살려고 생각한다면 편안하게 살 수 있다.

이런 경우도 있을 것이다.

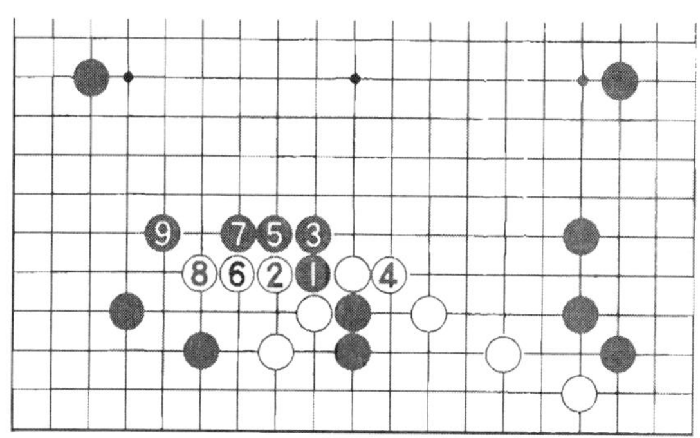
그림 5 *

그림 5 (반격) 두점을 버릴 각오로 1의 끊기가 강수이고 黑9까지 성공의 모양이다.

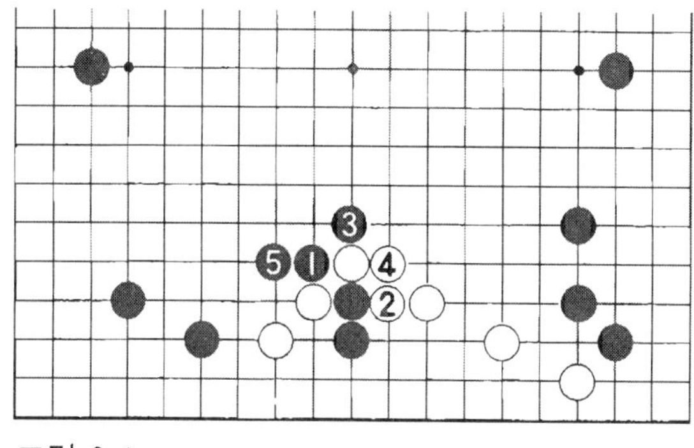
그림 6 *

그림 6 (외세) 白2로 공배를 메꾸어도 黑3, 5로 봉쇄 된다. 그림 5와 함께 △이 빛난다.

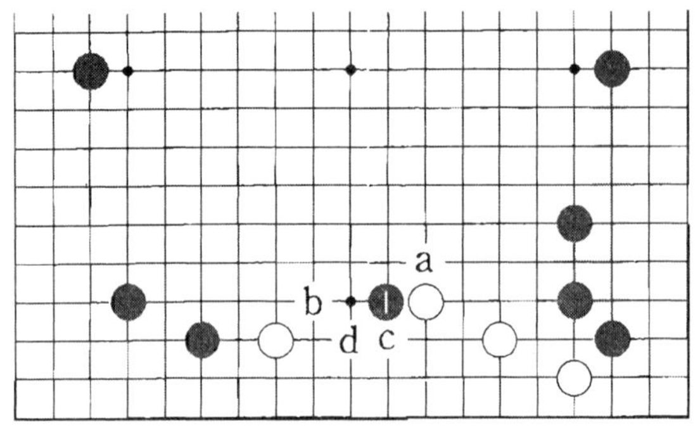

그림 7 *

그림 7 (싸움) 다음, 黑1의 붙임수도 유력하다. 白a에는 黑b, 白c에는 黑d이다.

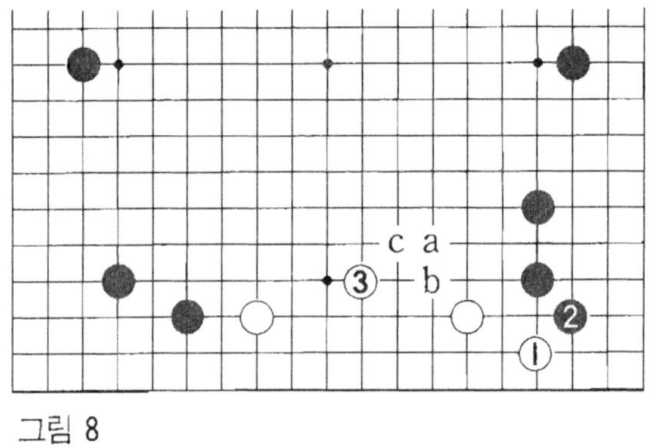

그림 8

그림 8 (일장 일단) 처음에, 白1로 3까지 目자로 지키면 그림 7과 같은 수단은 없다. 그러나 이 지킴은 그 나름대로 옳은데, 예를 들면 黑a, 白b, 黑c로 위가 두텁게 된다. 이를 꺼리어 日자로 구축하는 것이 보통이다.

포인트

침투하면 파괴하고 침투하면 살 수 있다. 이런 생각으로 공격하면 그림 5나 그림 6의 발상은 떠오르지 않는다. 침투한 돌을 버려도 제대로 조이지 않으면 손해를 본다.

그림 5나 그림 6도 白집이 늘고 있는 것은 아니다(손해를 보고 득을 본다).

제 11 형

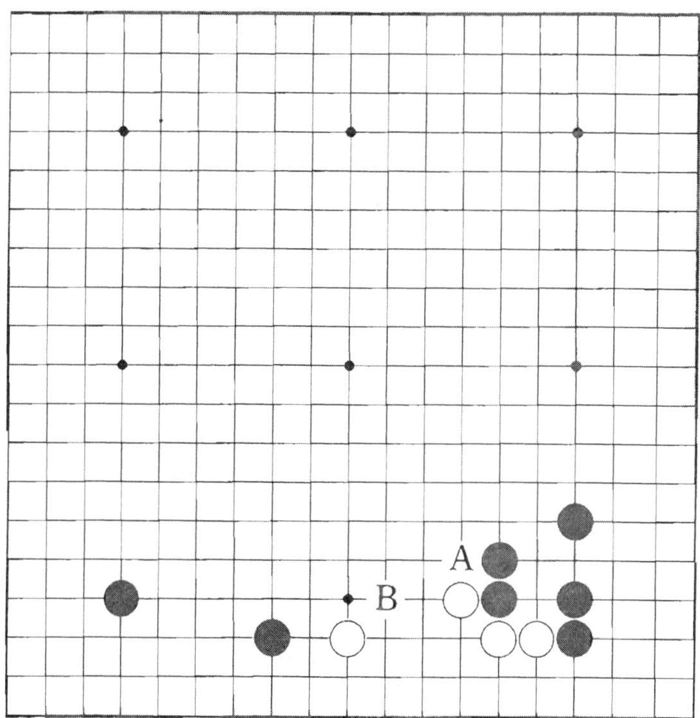

黑번

접바둑 정석에서 많이 나타나고 있는 모양이다. 黑A로 꼬부리거나 黑B로 위쪽에서 두는 것은 아까운 느낌이다.

침투를 한 다음, 白에도 유력한 버티기가 있으므로 黑도 충분히 계획을 세우고 덤빌 필요가 있다.

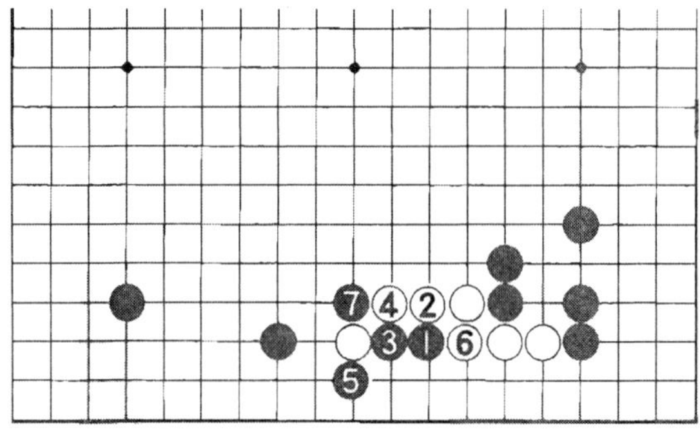

그림 1

그림 1 (무저항) 침투하는 장소는 1이 당연한 급소로서 白2에서 6은 안이하다. 黑이 충분하다.

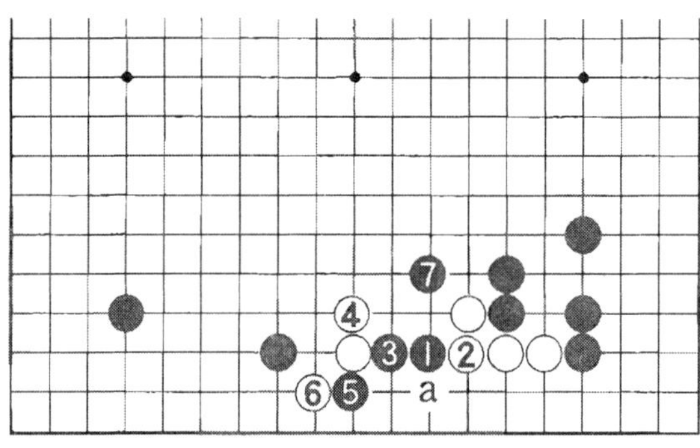

그림 2

그림 2 (강수) 白2에는 黑3이 강수가 되고 5, 7이 좋은 수순이다. 3으로는 a도 유력하다.

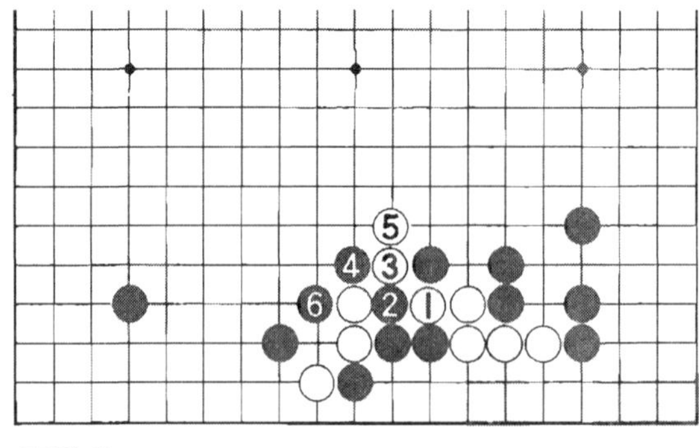

그림 3

그림 3 (궤멸) 앞 그림 다음, 1, 3으로 나와 끊으면 白은 궤멸된다.

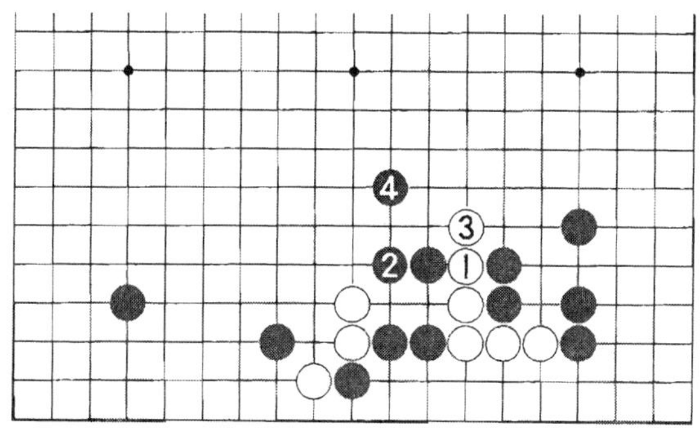

그림 4

그림 4 (크게 우세) 또한 白1로 나가는 것도 4로 나와 黑이 분명히 우세하다.

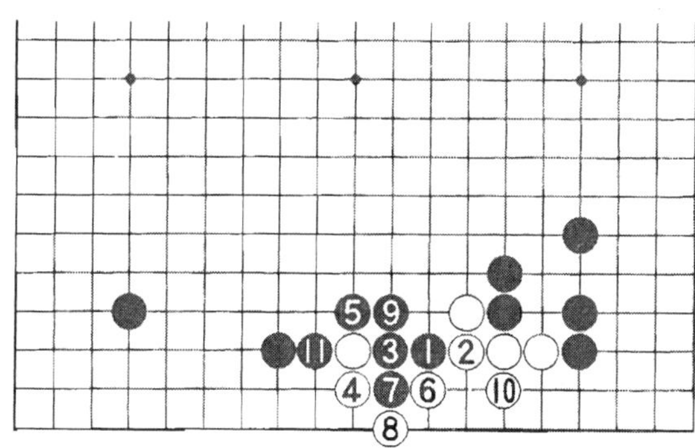

그림 5

그림 5 (黑이 유리하다) 단, 白4로 내려가면 黑5의 젖히기로 응수한다.

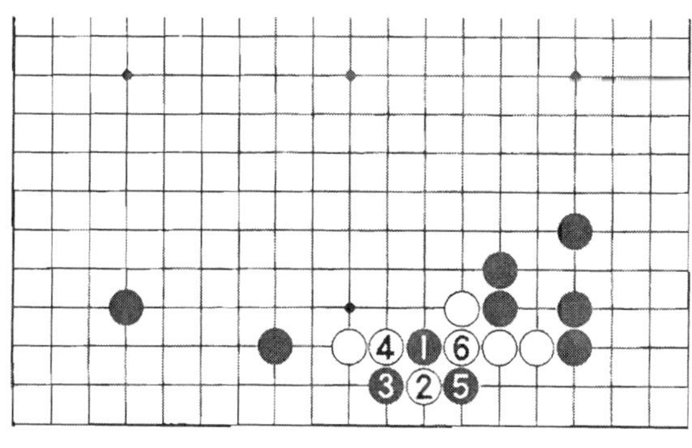

그림 6 *

그림 6 (버티기) 白2의 아래쪽 붙임수는 버티기의 수단이다. 黑3, 5에 白6으로 끊는다.

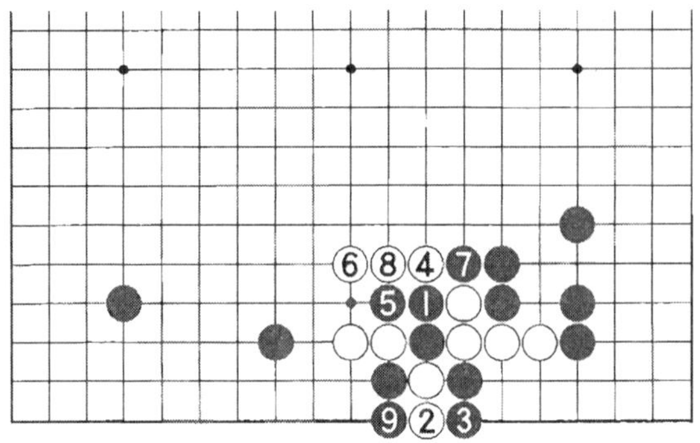

그림 7 *

그림 7 (조이기) 앞 그림에 이어 黑1로 나오고, 白은 2, 4, 6으로 씌워 조인다.

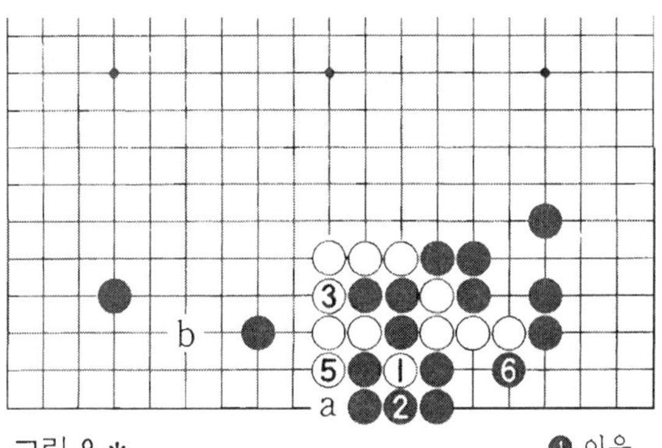

그림 8 *

그림 8 (白이 두텁다) 白은 넉점을 잡혔지만 외세가 두텁고 a도 활용하며 b 등을 노릴 수 있다.

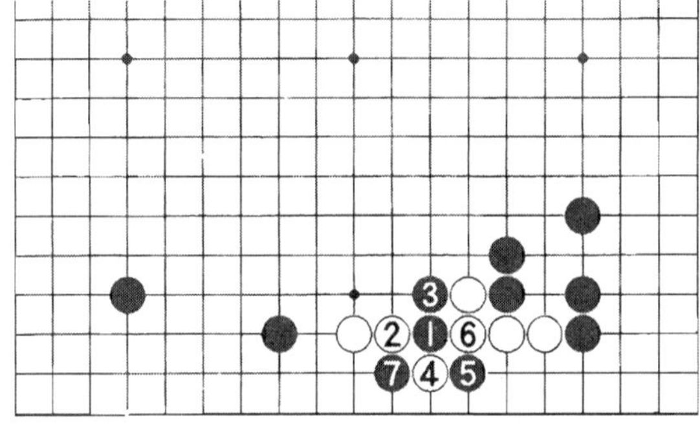

그림 9

그림 9 (같은 모양) 白2로 부딪쳐도 黑3밖에 없으므로 白4, 6으로 앞 그림과 같다.

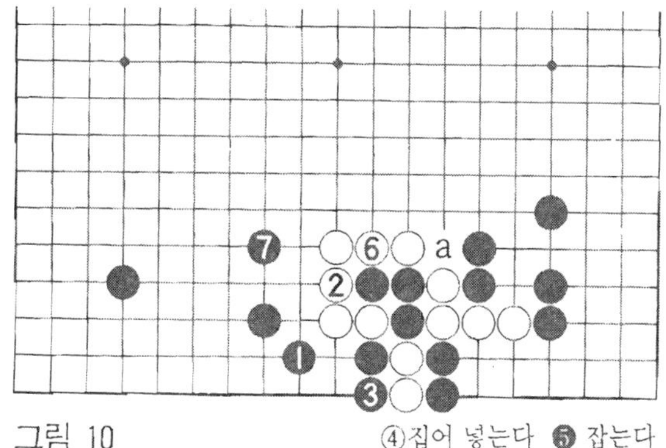

그림 10

그림 10 (변화) 단 黑1로 끊는 수로서 1의 ㅁ자로 넘을지도 모른다. 전체를 공격하려고 하는 의도이다.

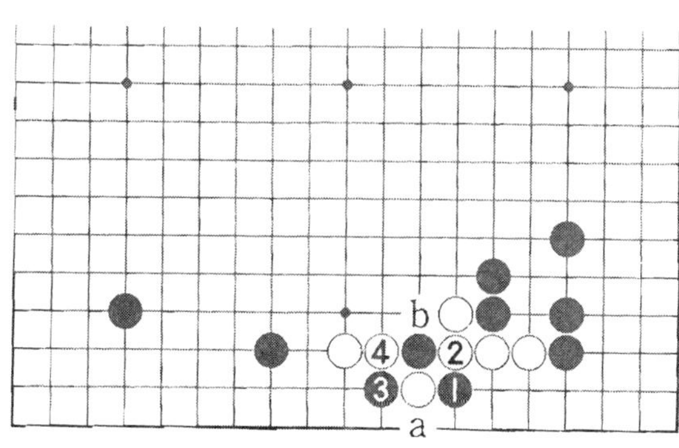

그림 11

그림 11 (역젖히기) 黑1의 젖히기는 그림 6으로 되돌아온다. 이 다음 黑a는 白b로서 白이 두텁다.

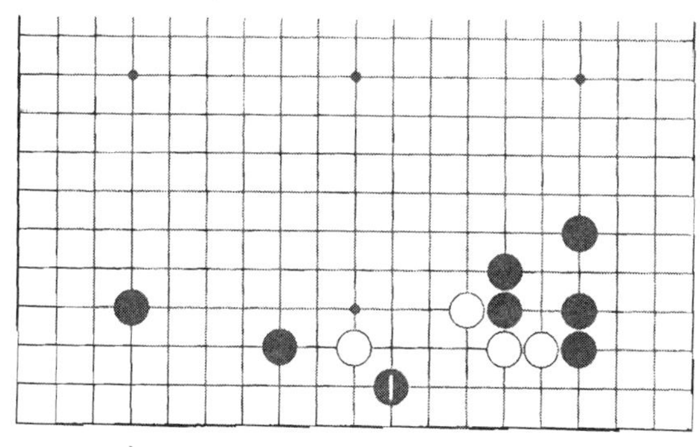
그림 12 *

그림 12 (치중) 黑1의 치중도 때로는 준엄한 수단이 될 것이다.

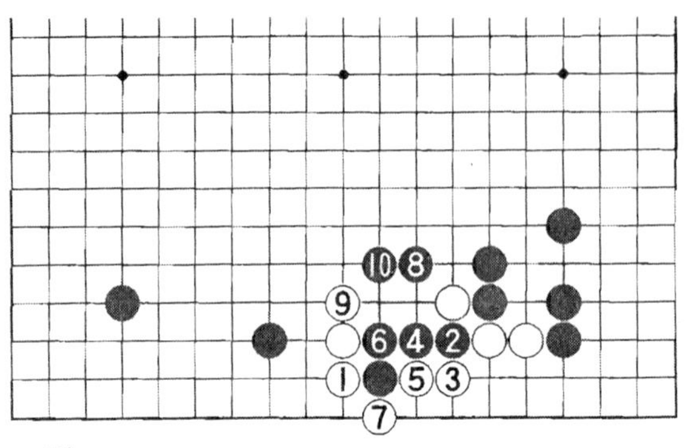

그림 13 *

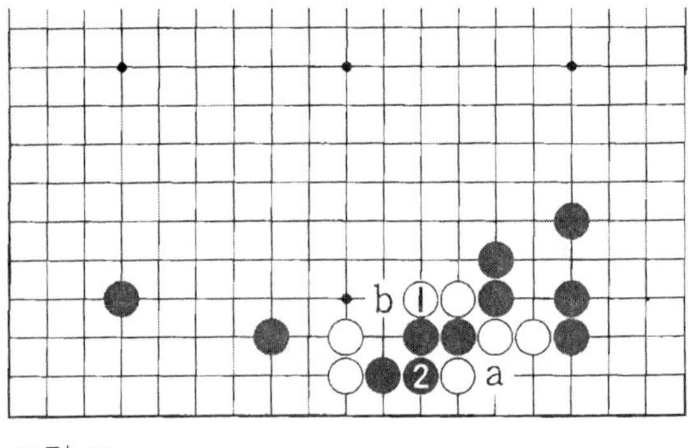

그림 14

그림 13 (黑이 상당하다) 白1로 막으면 黑2의 끊기에서부터 10까지 黑의 상당한 성과이다.

그림 14 (黑이 유리하다) 앞 그림의 白5로서 이 그림의 1로 변화하면 黑2가 급소이다. a와 b가 맞보기로서 黑에 걱정은 없다.

그림 13의 白1에서 변화할 우려도 있지만 黑도 싸울 수 있을 것 같다.

포인트

그림 9의 상정도가 일단 보통으로 볼 수 있는데 黑이 당장에 둘 수 있는지 이것이 전국적인 판단에 걸려 있다.

또한 실리를 취해도 득이 되지 않는 경우에는 그림 10 혹은 그림 13 등이 바람직하다.

제 12 형

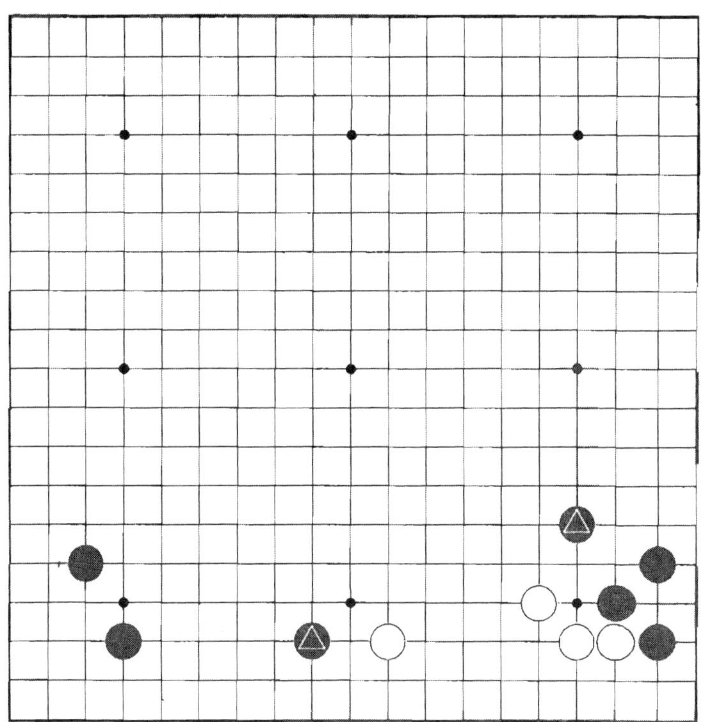

黑번

白의 붙임수에서부터 세칸 벌리기에 ▲의 두점이 가세하고 있다.

침투할 것인가의 여부는 주변의 상황에 따르겠지만 침투를 하면 일정한 성과가 있다는 것은 틀림없는 사실이다.

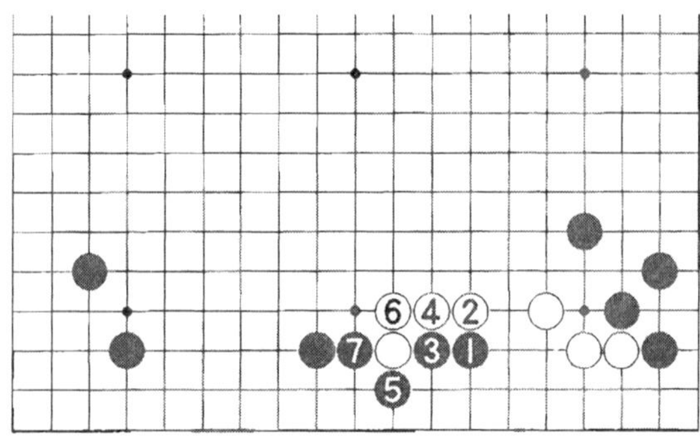

그림 1

그림 1 (白이 단조롭다) 1로 침투하면 파괴할 수 있다. 白2이하 黑7까지는 白이 단조롭다.

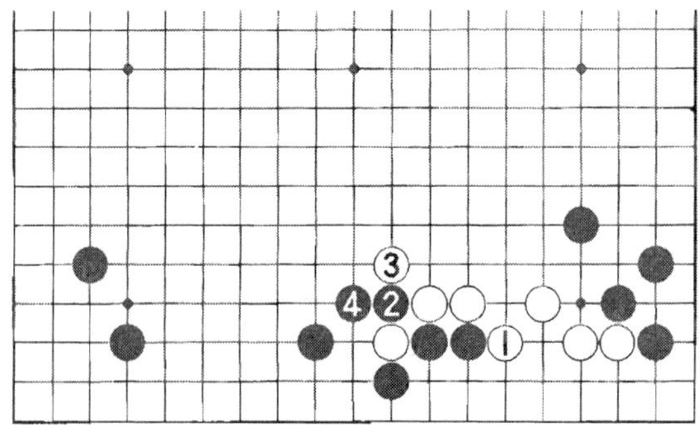

그림 2

그림 2 (충분하다) 앞 그림의 白6의 변화로, 白1이라면 대체로 안정되지만 2로 잡아 충분하다.

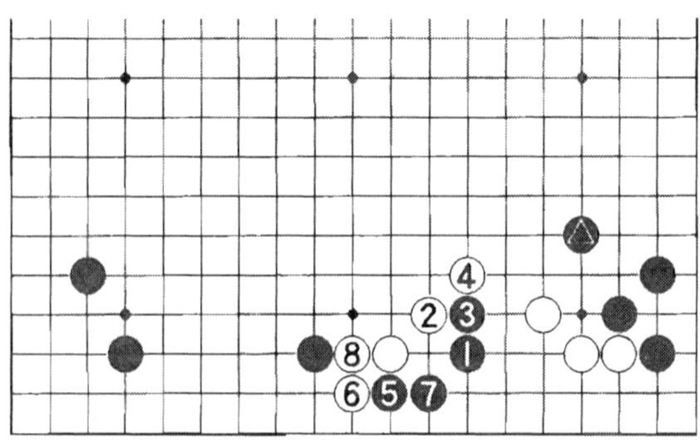

그림 3 *

그림 3 (강수) 두려운 것은 白2이지만 △의 원군이 있으므로 黑도 싸울 수 있다.

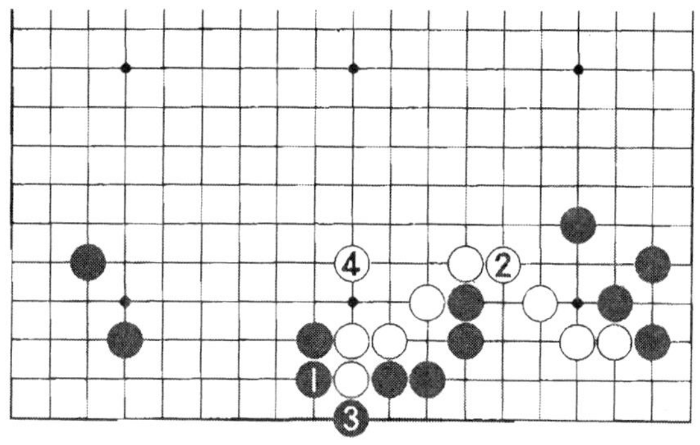

그림 4 *

그림 4 (도려내기) 앞 그림에 이어 黑1이면 白2, 4정도이다.

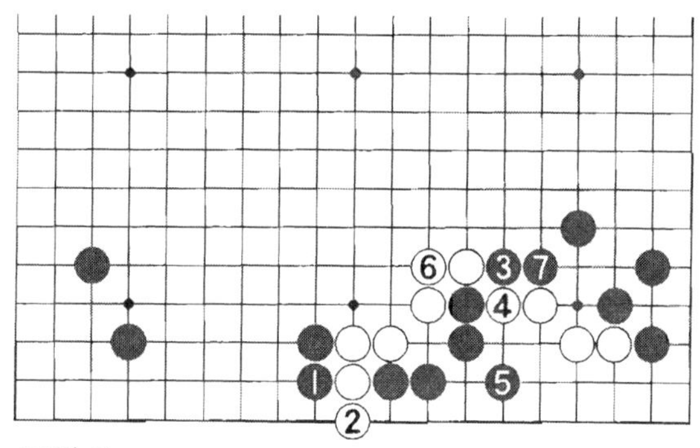

그림 5

그림 5 (잡힌다) 白2로 버티는 것은 무리수이다. 3에서 5까지가 냉정하며 白은 궤멸한다.

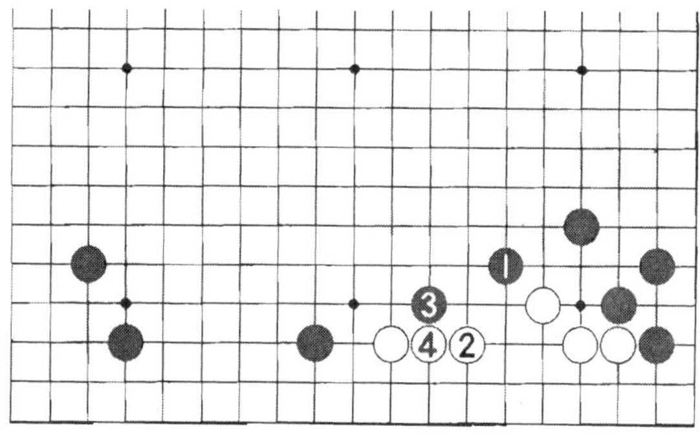

그림 6 *

그림 6 (세력) 침투하지 않고 黑1로 씌우는 수도 있다. 우변과 중앙을 중시한다.

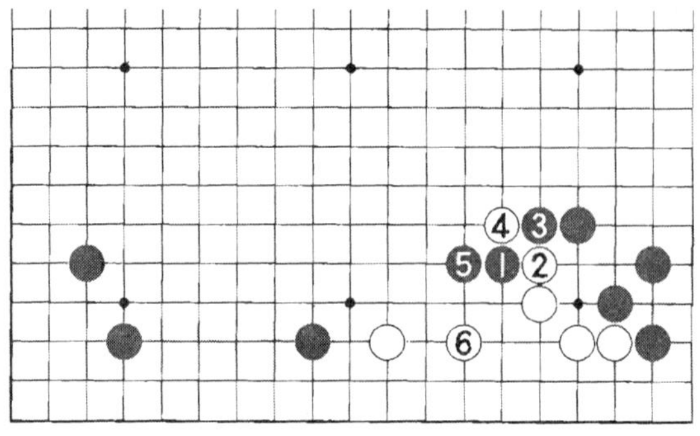

그림 7

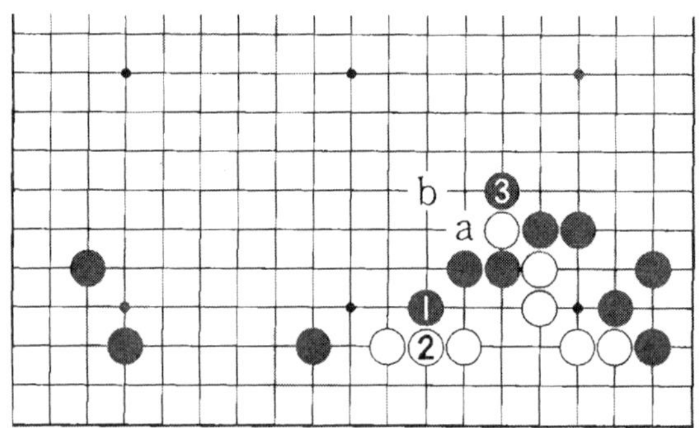

그림 8

그림 7 (끊기) 白2, 4의 끊기는 두렵지 않다. 黑5의 뻗기를 활용한다.

그림 8 (잡히고 있다) 黑1에서부터 3까지이다. 白a로 나와도 黑b로 잡히고 있다. 이 그림은 그림6에 비하여 黑이 후수이지만 그대신 매우 두텁다.

포인트

침투는 부분적으로 전과를 거둘 수 있고 훌륭한 수법이다.

그러나 그림 6의 씌우기도 무시할 수 없다. 黑이 日자로 지킨 돌에서 黑1로 씌우는 것은 이 정석에서의 상투 수단이다.

바둑에 따라서 우변의 모양이 가장 중요할 때에는 침투하지 않고 그림 6으로 두는 경우도 있다. 여기서의 씌우기는 전국을 바라보는 것이다.

제 13 형

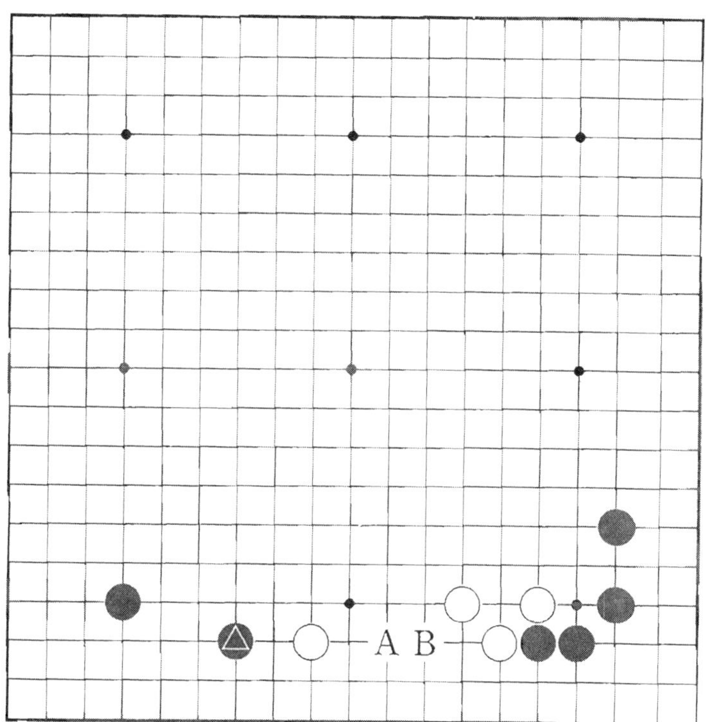

黑번

기장 대표적인 기본정석이다. ▲의 육막이년 세칸 벌리기에 침투가 발생한다. 이 침투는 매우 준엄하므로 白의 방어 수단도 훌륭한 일착라고 할 수 있다.

그런데 黑의 침투는 A인가 B인가? 빈도가 높은 형이므로 상식에 속하는 것일지도 모른다.

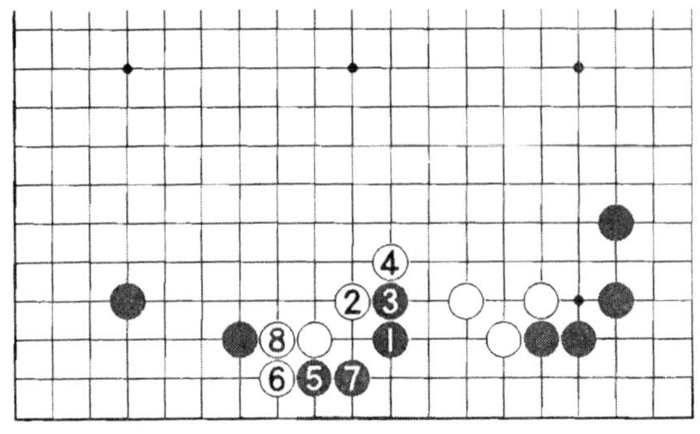

그림 1

그림 1 (한가지) 1의 침투는 이 모양에서는 약간 불충분한 결과를 가져오고 있다.

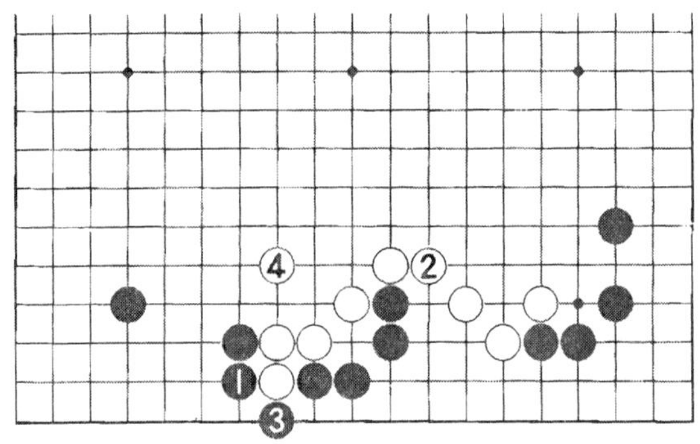

그림 2

그림 2 (白이 두텁다) 앞그림에 이어 白 4 정도가 보통이다. 白이 두터워 침투는 불충분하다.

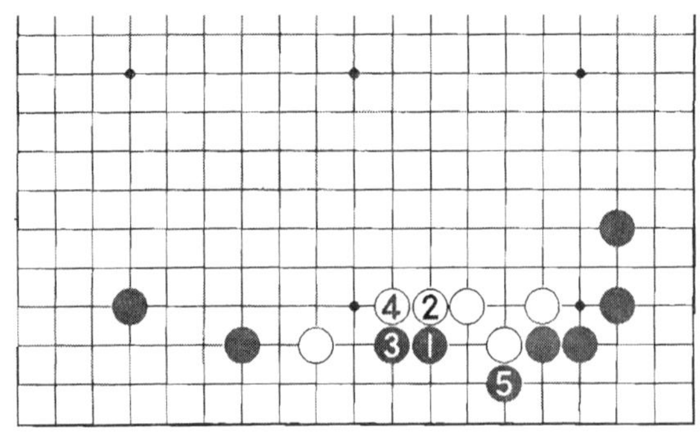

그림 3

그림 3 (급소) 건너가기를 노리는 1이 침투의 급소이며 5의 건너가기를 허용하는 것은 문제밖이다.

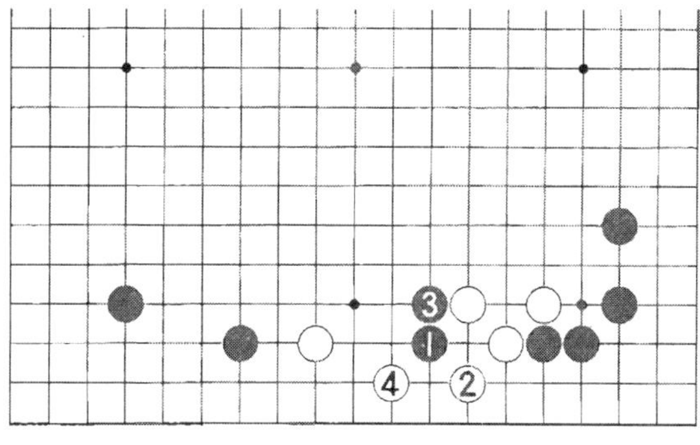

그림 4

그림 4 (건너가기 저지) 白2로 건너가기를 저지시키는 것은 이 한수이다. 黑3, 白4는 白이 충분한 모습이다.

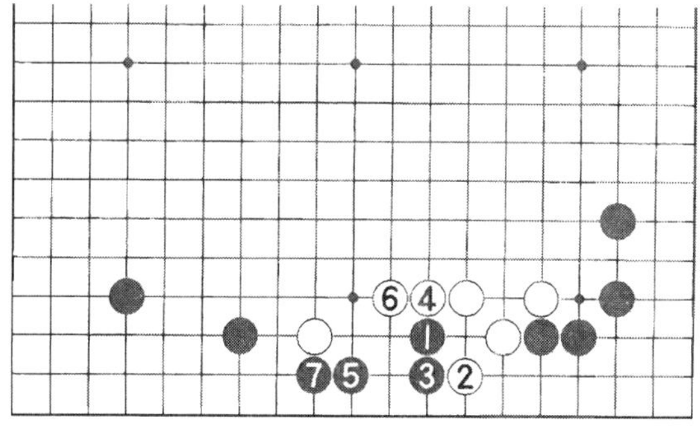

그림 5

그림 5 (두텁다) 黑3으로 눌러도 白4의 밀어 올리기가 두터워 黑이 개운치 않다.

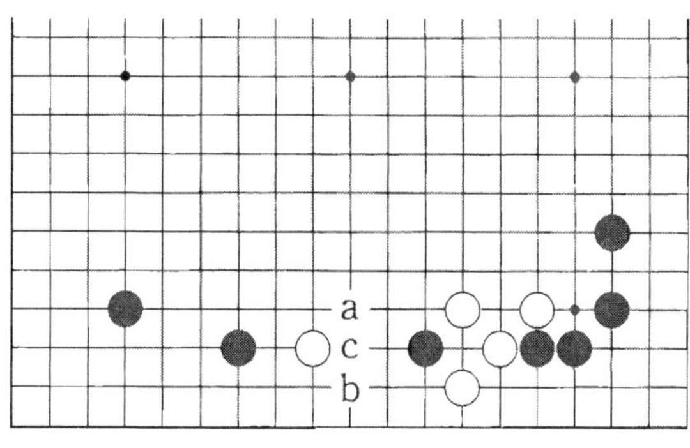

그림 6

그림 6 (두가지 태도) 여기서 黑은 a와 b가 유력하고 c는 특수 전법으로 익혀 두기 바란다.

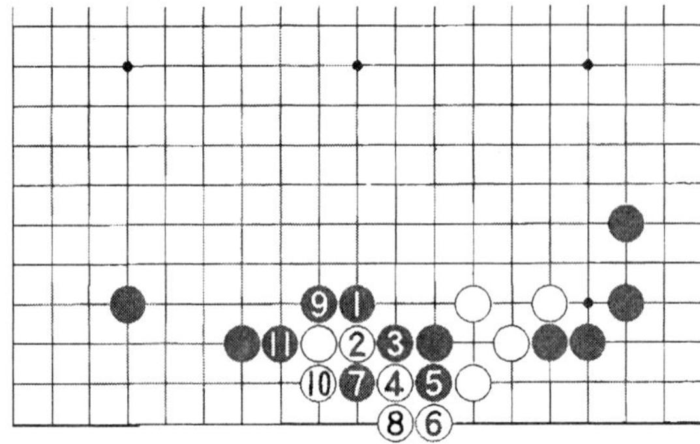

그림 7 *

그림 7 (중앙을 중시) 黑1은 중앙을 중시하고 白2이하의 건너가기에는 黑11까지이다.

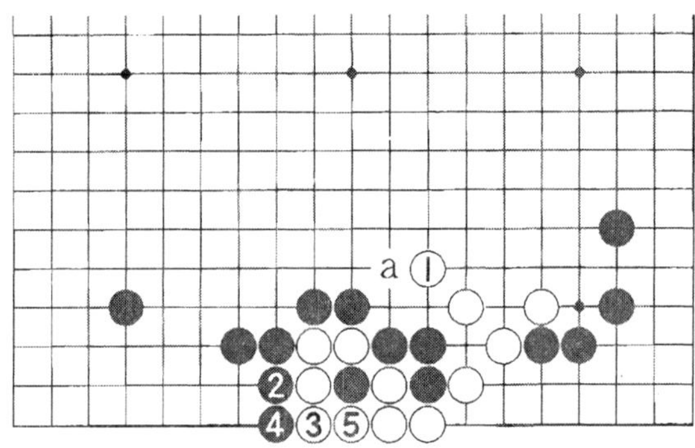

그림 8 *

그림 8 (아군 강화) 계속해서 白1이 모양인데 2, 4를 활용하여 黑a는 서둘지 않는다.

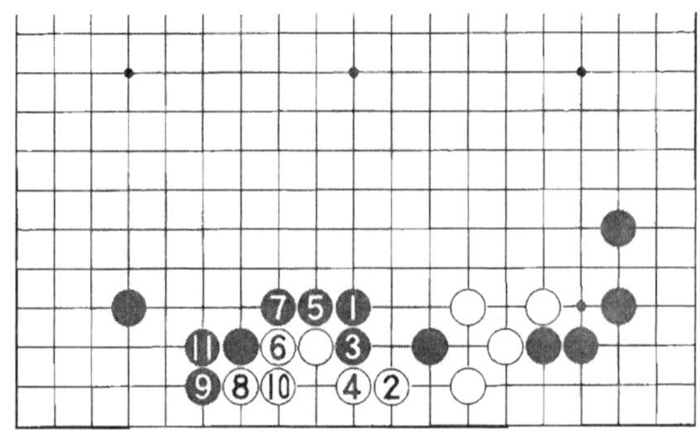

그림 9

그림 9 (외세) 당장에 白2의 건너가기는 3, 5로 외세를 강화한다.

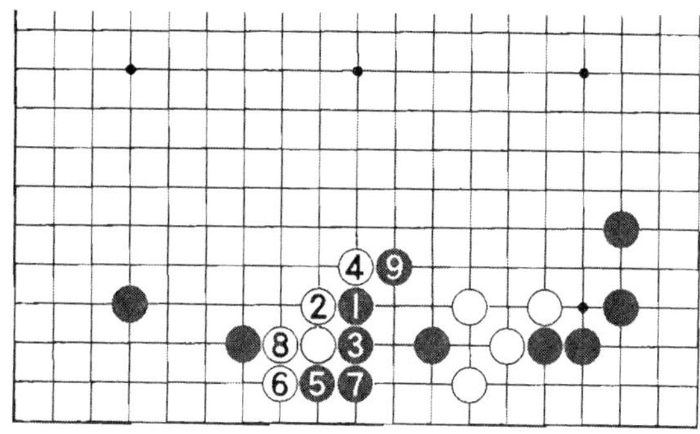

그림 10

그림 10 (양단) 白2의 밀어 올리기는 무리수이다. 강하게 하여 黑3으로 좌우를 분단시킨다.

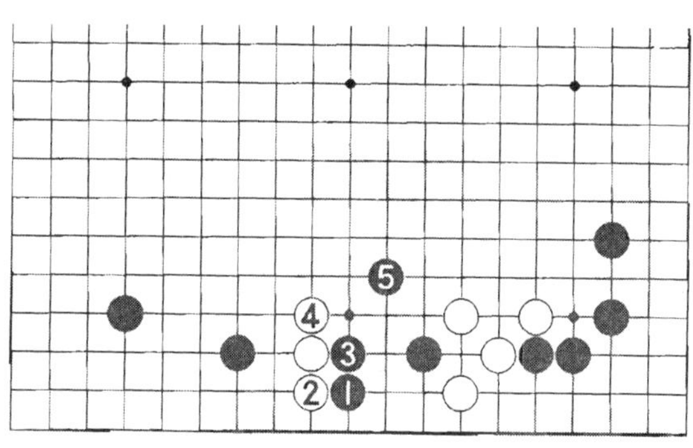

그림 11

그림 11 (아래쪽의 日자) 黑1의 日자는 보는 바와 같다. 白2는 무리이다.

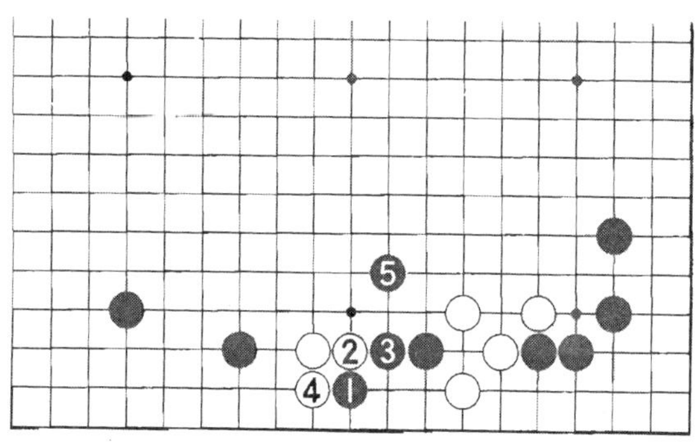

그림 12

그림 12 (무겁다) 白2의 밀어 올리기는 무겁다. 黑5까지 분단된다. 白4로 5도 엷은 모습이다.

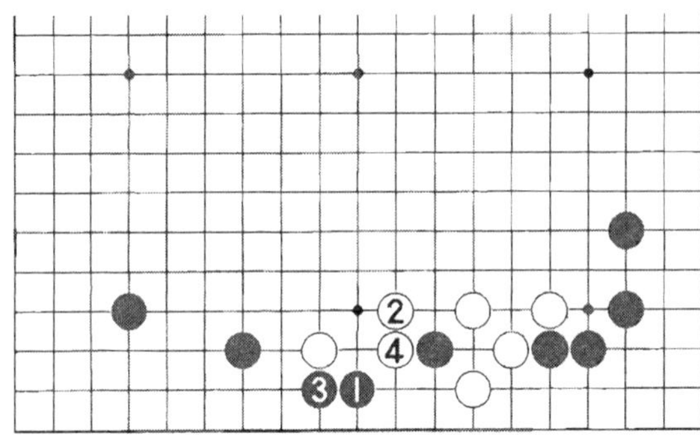

그림 13

그림 13 (정수) 黑1에는 白2의 씌우기가 정수이다. 黑3이라면 白4로 나와서 두텁다.

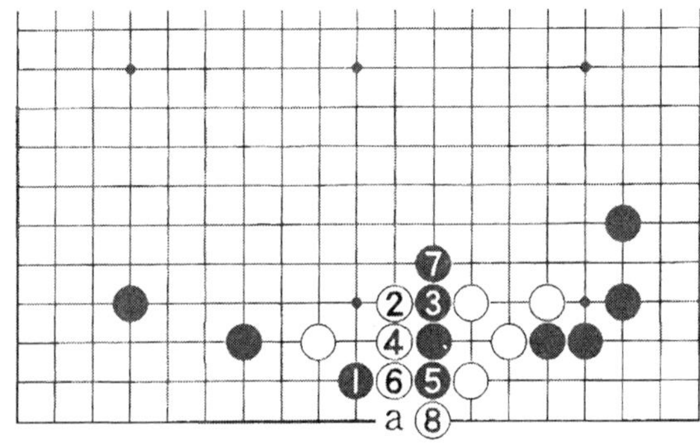

그림 14

그림 14 (白이 유리하다) 黑3에는 白4, 6으로 돌파한다. 5는 6을 白5이고 7을 a는 白7이다.

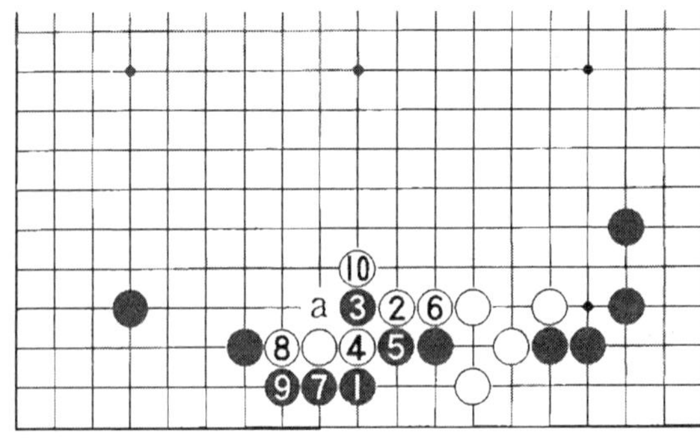

그림 15 *

그림 15 (정석) 白2에 黑3이 정수이며 이하 정석으로서 10다음에 黑a가 어려운 싸움이다.

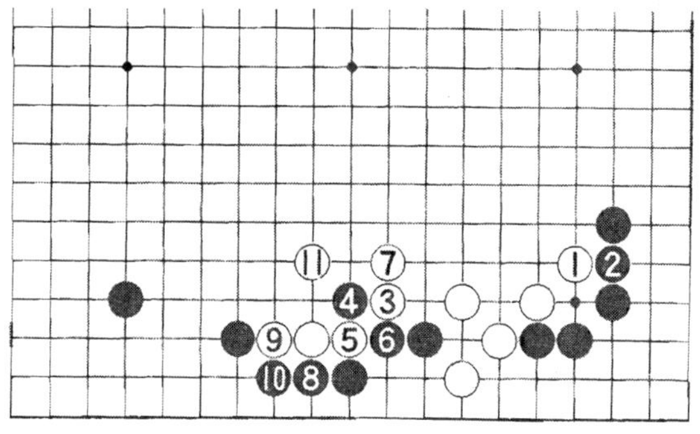

그림 16 ＊

그림 16 (견실하다) 白7로 서는 것도 있으며 白11로 잡으면 매우 견실하다.

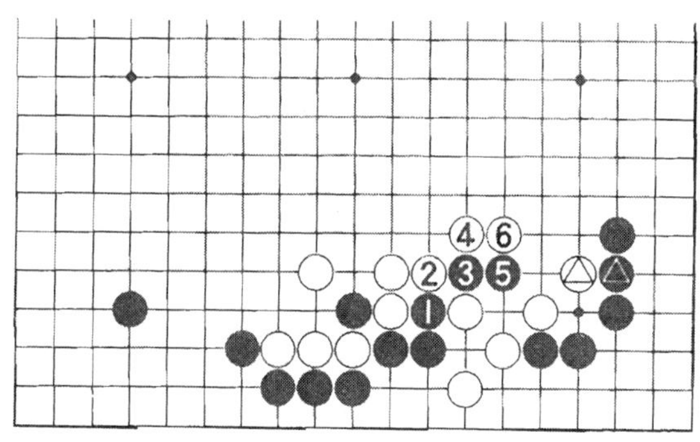

그림 17

그림 17 (조심) ▲을 교환하면 黑1은 성립하지 않는다. △은 약간 손해이다.

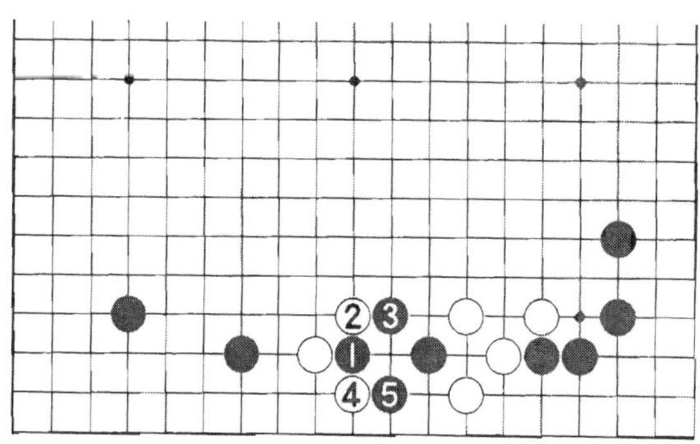

그림 18

그림 18 (큰 패) 1의 부딪치기는 특수 전법이다. 큰 패가 된다.

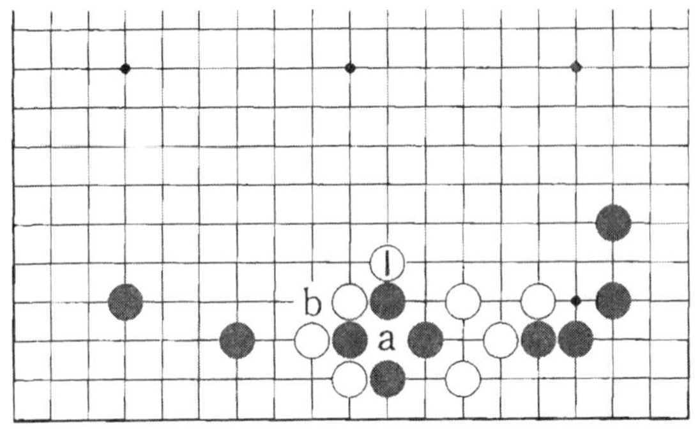

그림 19

그림 19 (강수) 白은 일단 패를 잡고 되잡았을 때에는 白1이 강수이고 黑a는 白b이다.

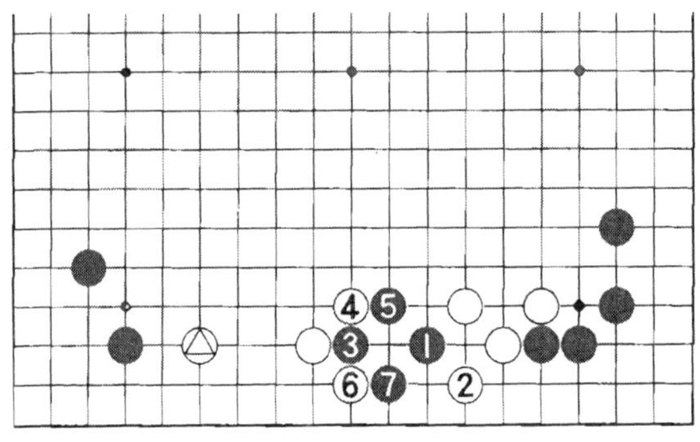

그림 20 *

그림 20 (도전) ◬의 방어가 있는 모양이라면 위와 아래쪽의 日 자는 곤란하므로 큰 패가 노림수이다.

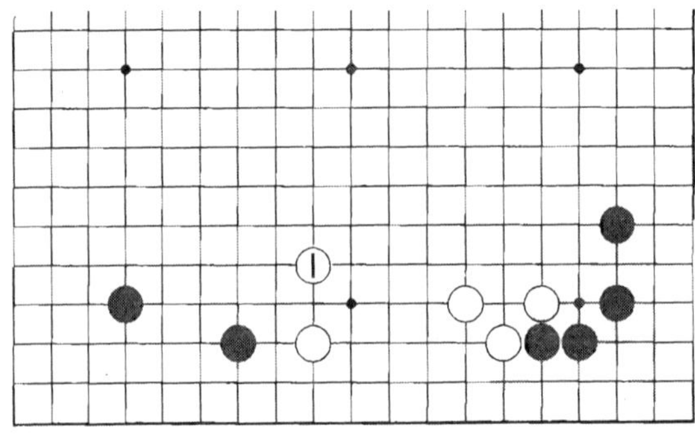

그림 21

그림 21 (방어) 그림 19, 그림 20이 모두 큰 패가 필연이다. 처음에 방어를 한다면 白1이 정수이다.

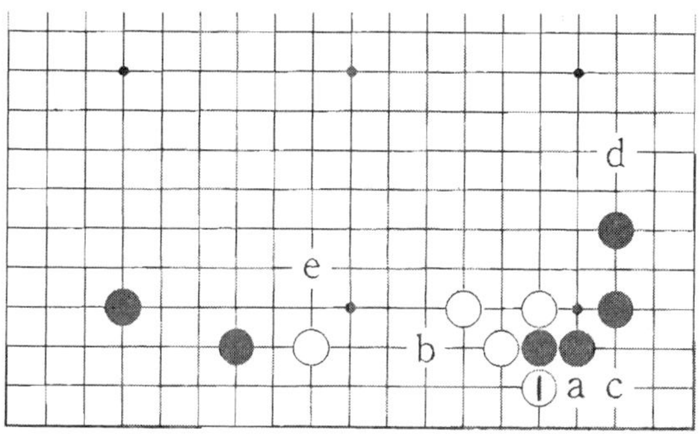

그림 22

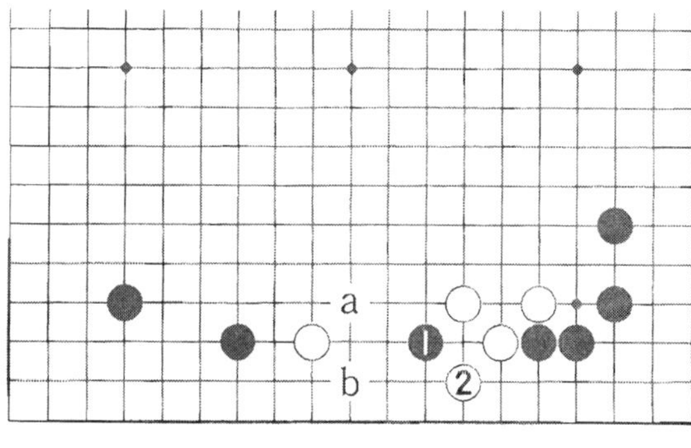

그림 23

그림 22 (경우에 따라) 경우에 따라서는 白1로 젖혀서 흑의 침투를 방어하는 것도 있다. 黑a는 b의 침투를 방지하고 있으므로 보통은 손빼기이다. 그러면 장래에 白a, 黑c, 白d 등을 노리게 된다. 단, 白e에 비하여 중앙의 진출이 빈약하여 싸움에 약한 것이 결점이다.

포인트

그림 23 黑1, 白2는 대체로 절대로서 이 다음에, a나 b 등 두 가지 길이 있다. 黑a는 중앙이 두터워지고 黑b는 집을 도려내는 잇점이 있다.

그림 7, 그림 15, 그림 16의 정석이 중요하다. 어쨌든 白은 일단 처리하고 있지만 그림 21의 방어에 비하면 역시 상당한 전과이며 중반 초기의 침투라고 할 수 있다.

제 14 형

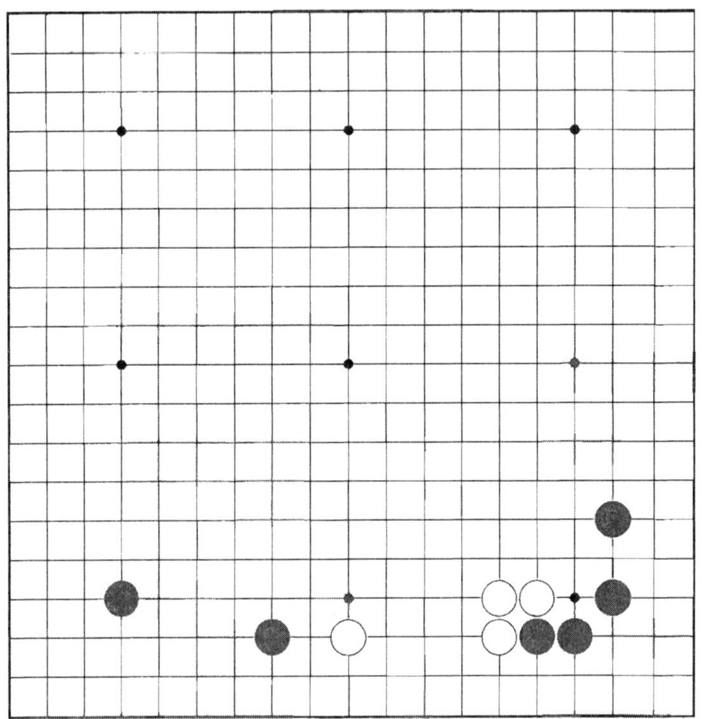

黑번

白의 진실한 잇기에서 세칸 벌리기이다.

이것 또한 훌륭한 정석이지만 왼쪽으로 부터 육박하면 침투가 눈앞에 다가온다.

앞의 형에 비하여 白의 모양이 가볍지 않으므로 침투의 준엄함이 증대할 것이다.

침투를 한 후의 변화는 그렇게 어려운 것이 아니다.

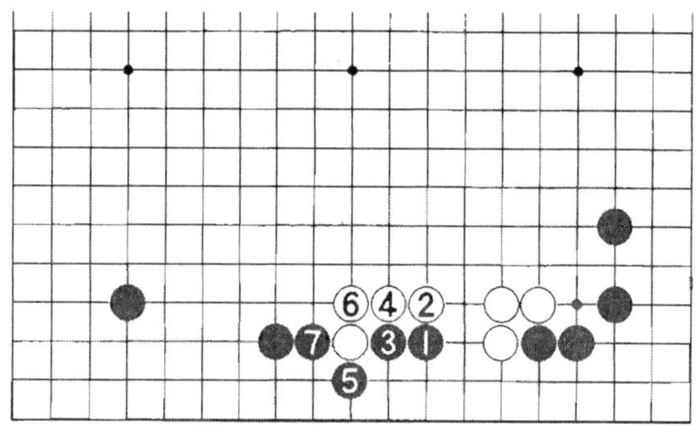

그림 1*

그림 1 (단순하다) 침투하는 장소는 黑1에 한한다. 白2에 3이하로 평범하게 건너가서 좋다.

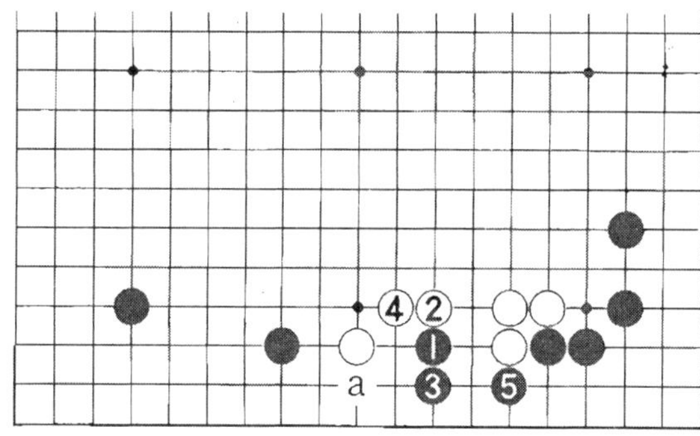

그림 2*

그림 2 (맞보기) 이 모양에서는 3의 내려서기도 있는데, 5와 a의 건너가기를 마주본다.

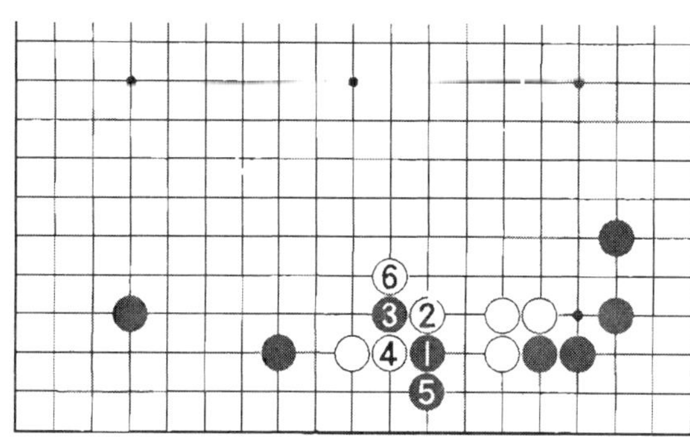

그림 3

그림 3 (黑이 문제) 단순하게 건너가지 않고 3에서부터 5는 6으로 한점이 포위되어 문제이다.

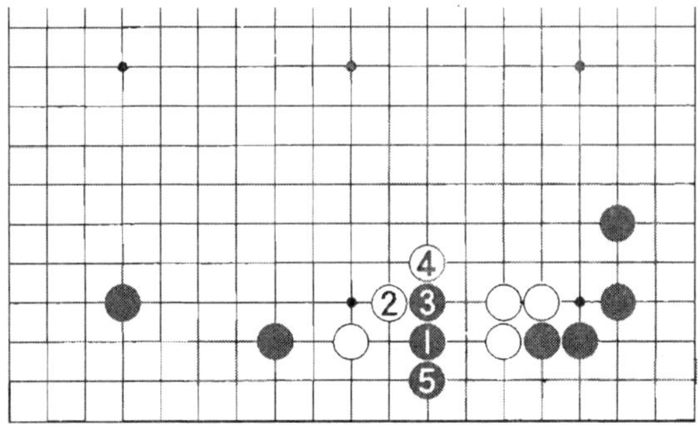

그림 4

그림 4 (산산 조각) 白2는 강한 응수이지만 黑3, 5로 白의 모양은 산산 조각이다.

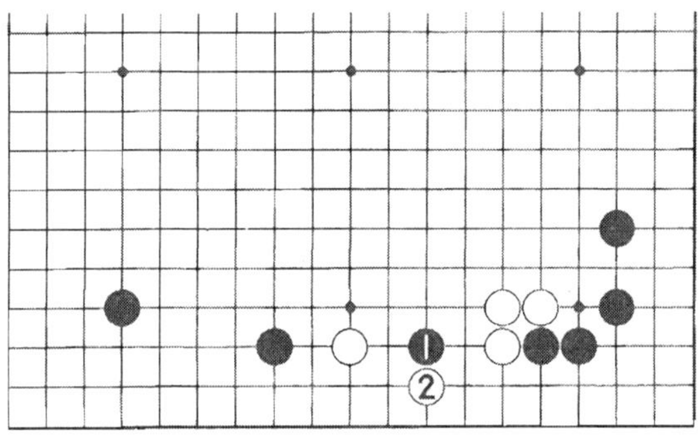

그림 5

그림 5 (黑의 활용) 白2의 아래쪽 붙임수는 인내로 黑은 활용으로 보고 방치해 두는 것이 현명하다.

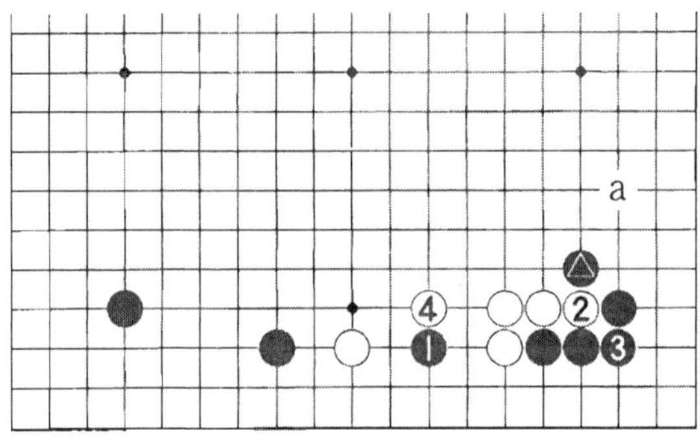

그림 6 *

그림 6 (타이밍) ▲의 口자라면 白2가 수순으로 黑3이라면 白a를 남기는 것이 전과이다.

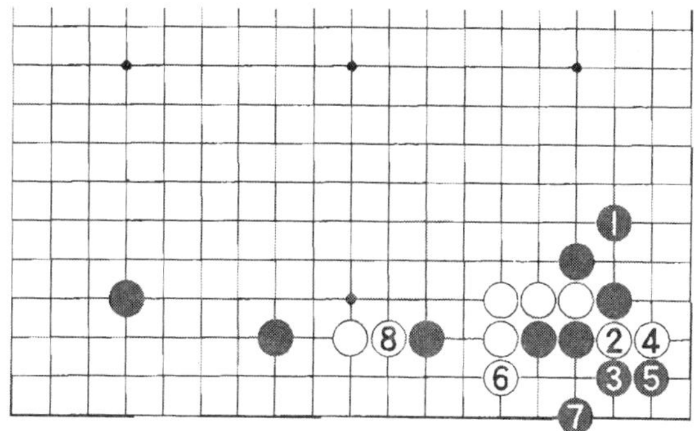

그림 7

그림 7 (견디기) 黑1쪽에서 버티면 白2, 4에서부터 6을 활용하며 견딘다.

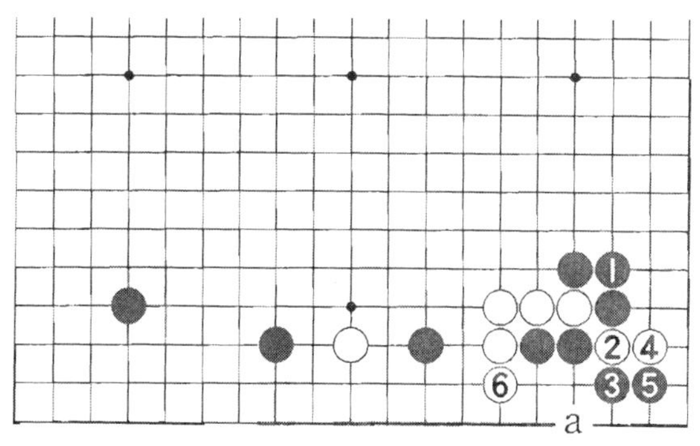

그림 8

그림 8 (노림수) 단, 黑1로 이었을 때에는 주의한다. 白6에 黑a라면 마찬가지이다.

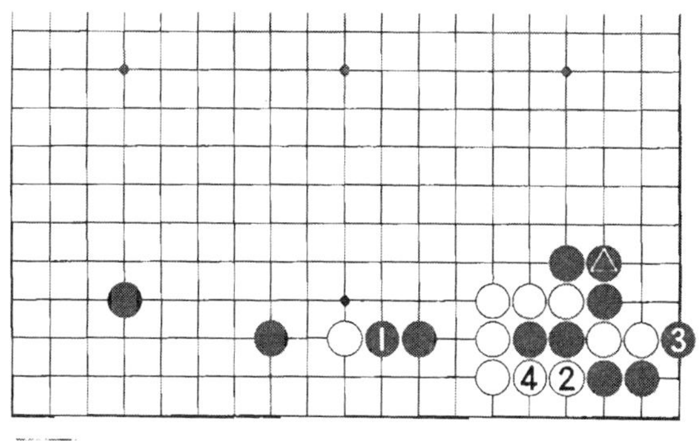

그림 9

그림 9 (반격) 黑1을 두는 것이 ▲의 노림수였다. 白4로 두점이 잡힌다.

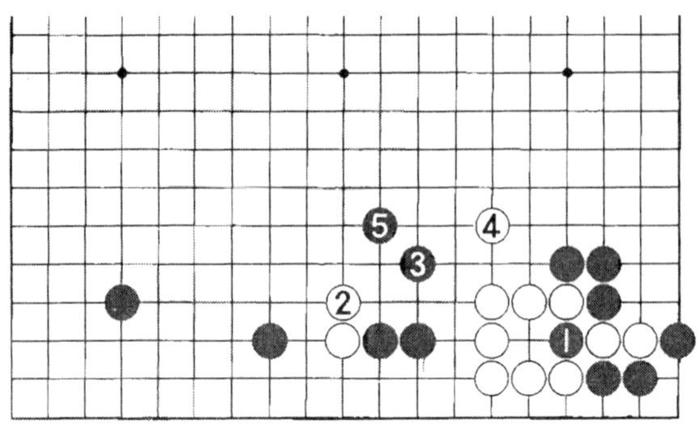

그림 10

그림 10 (공격) 黑1로 먹여쳐 역으로 白을 공격한다. 귀는 매우 손해이지만, 바둑에 따라서는 이런 반격도 있으므로 초심자는 주의하기 바란다.

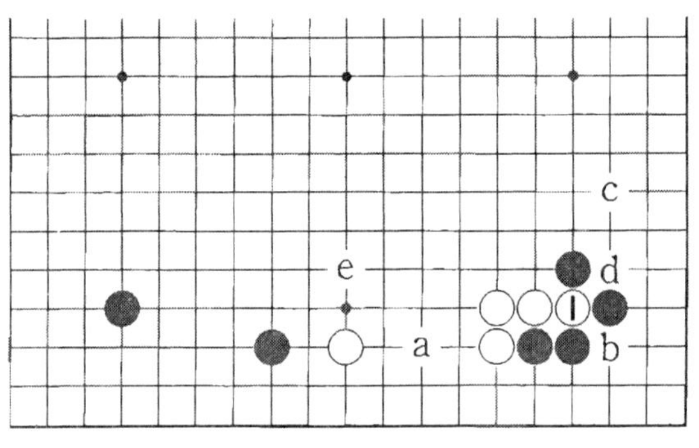

그림 11

그림 11 (상황을 본다) 黑a의 침투가 있기 전에는 1로 찔러 상황을 살펴본다. 黑a로 침투를 강조하면 白a에서 c의 절단점을 노릴 수 있고 黑d쪽을 이으면 a의 침투가 다소 완화된다.

포인트

白에서부터의 방어는, 그림 11의 국면에서 설명한다면 e의 뛰기이다. 여기에 뛰면 맛이 전혀 없어지므로 침투는 선제의 기회라고 할 수 있다.

이미 보아 온 것처럼 침투는 대체로 白의 근거를 탈취하는 경우가 많다.

제 15 형

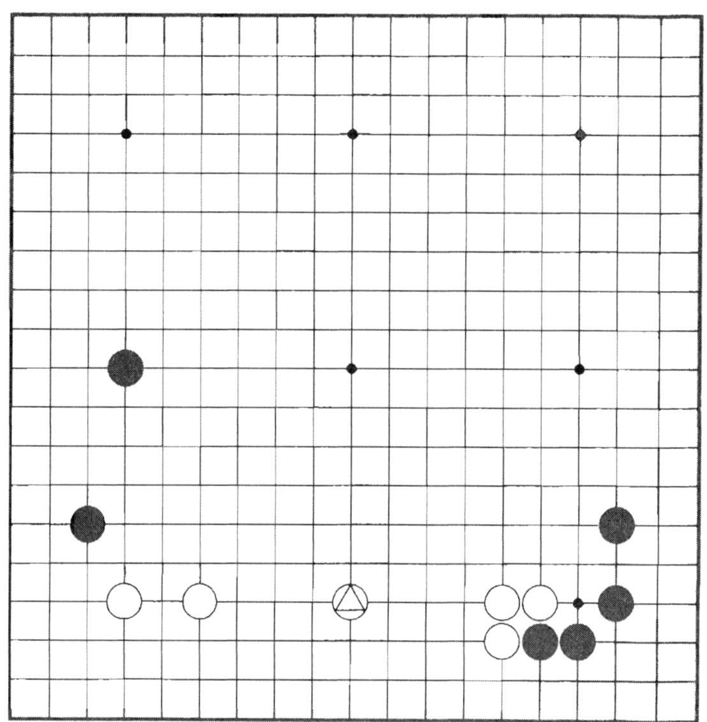

黑번

앞의 형과 유사한 모양으로서 생각하여 주기 바란다. △이 높다는 것에 주목한다.

좌하 방면에도 침투의 여지는 있지만 여기서는 △의 높은 위치에 착안한다.

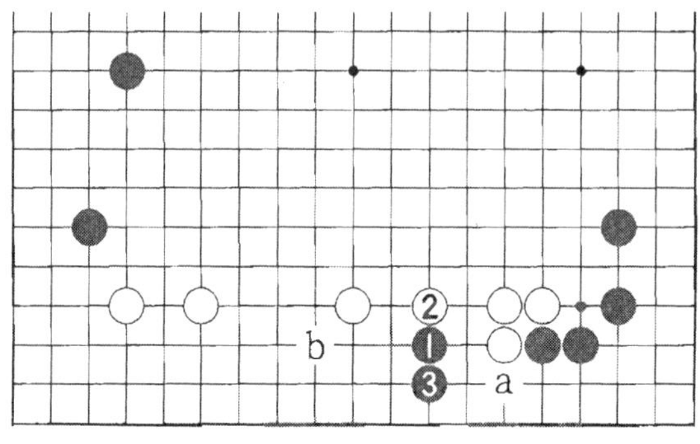

그림 1

그림 1 (3선) 黑이 우선 떠오른다. 白2에 黑3이고 a와 b를 맞보아 성공이다.

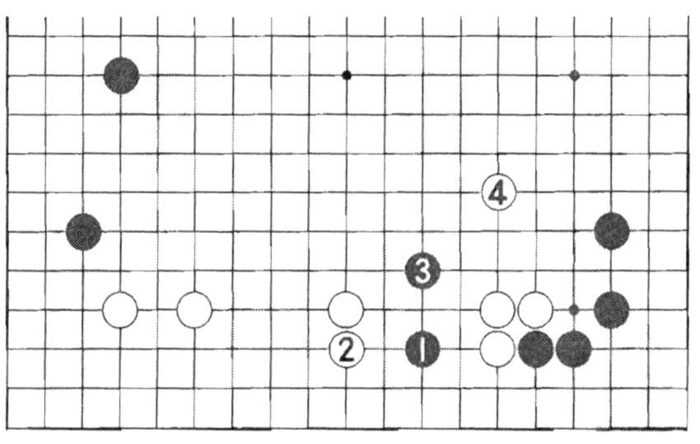

그림 2 *

그림 2 (공격) 그러나 白2로 내려가서 전체의 공격을 노리는 위험이 있을 것이다.

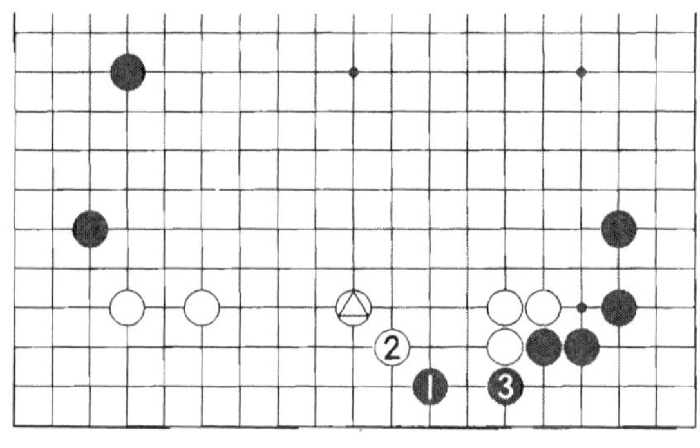

그림 3

그림 3 (치중) 黑1의 치중이 △의 높이에 착안한 일착이다. 白2, 黑3은 白이 허술하다.

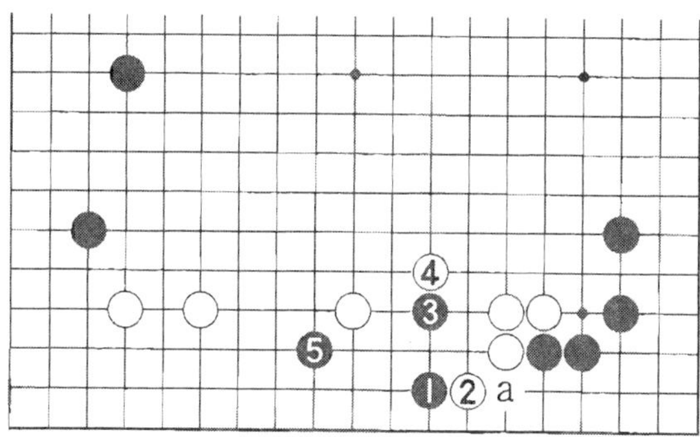

그림 4

그림 4 (위기) 白2도 3에서부터 5로 뛰어 편안하다. 1은 a와 5가 맞보기이다.

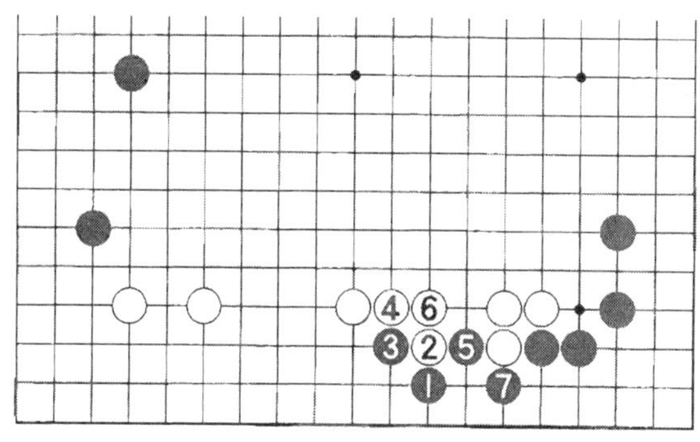

그림 5 *

그림 5 (준엄하다) 白2가 준엄한 저항이다. 여기에는 3에서부터 7로 건너간다.

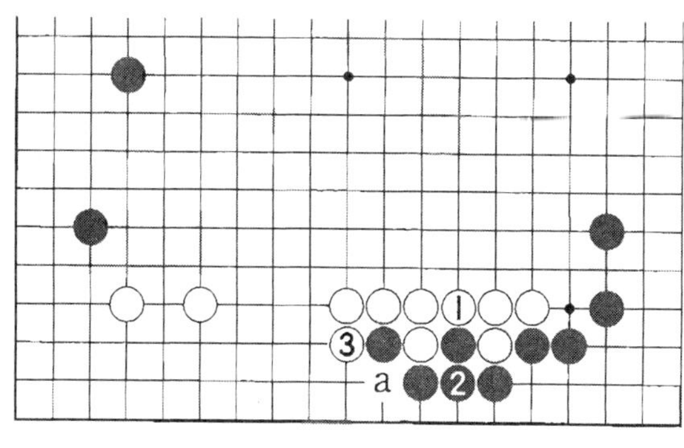

그림 6 *

그림 6 (서로가 만족) 白3까지 일단락 된다. 白도 등이 두텁고 a는 장래 문제이다.

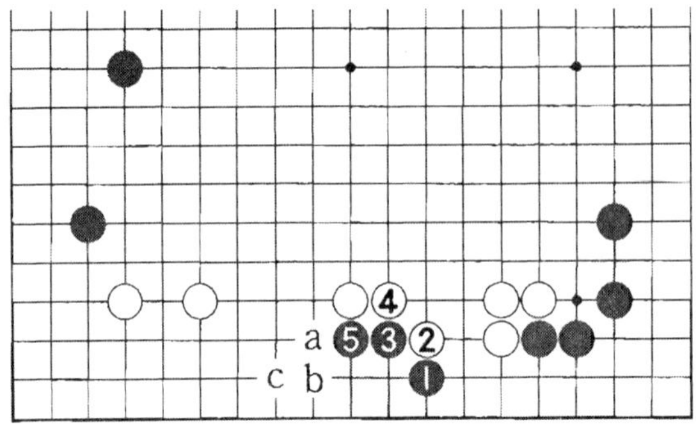

그림 7

그림 7 (버티기) 黑5로 기는 버티기도 있다. 너무 버틴다는 두려움도 있을 것이다. 白a, 黑b, 白c로 저지하게 된다.

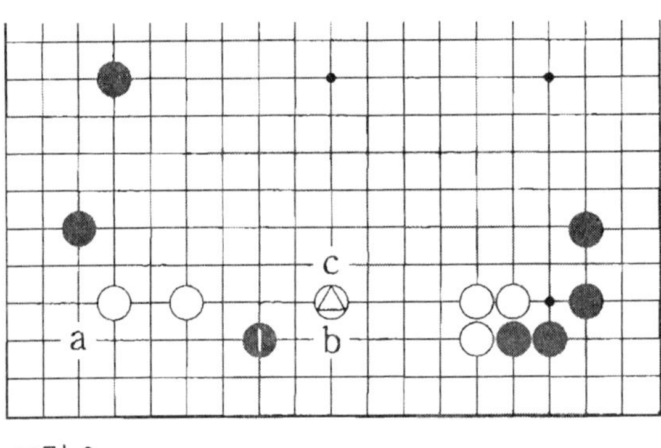

그림 8

그림 8 (다른 침투) 왼쪽에 눈을 돌린다면 黑1의 침투 혹은 a의 3三 등도 물론 있으며 바둑에 따라서 작전이 달라진다.

포인트

제2선의 뛰어들기가 이 형에서는 중요하다.

그림 5와 그림 6의 정석은 어려운 수순도 아니므로 쉽게 이해할 수 있을 것이다. 白의 등을 두텁게함으로 이를 결행하는 시기가 중대한 핵심이다.

또한, 그림 8의 ◬이 b로 낮으면 침투는 없지만 그 대신 c의 씌우기로 위에서부터 삭감한다.

제 2 장

세력권의 침투와 삭감

《침투와 삭감을 익히는 방법 ②》

◆ 침투나 파괴에는 어떤 목적이 있는가? ㉮ 상대의 모양 안에서 크게 산다. ㉯ 산다기보다는 패를 노리며 변화를 기다린다. ㉰ 사석 등을 이용하여 외세를 구축한다. ㉱ 상대의 돌을 분단시키고 공격한다. ㉲ 침투한 돌이 아군과 연결되므로서 약한 돌이 없어진다. ㉳ 맛을 남기기가 목적으로서 작전이나 손빼기를 생각하는 등 여러 가지이다. 즉 막연히 침투하는 것이 아니라 의미와 목적을 가지고 결행하는 것이 중요하다. 겨우 달아나는 것이 고작인 침투는 가치가 낮을 것이다.

싸움과 처리의 기본

모양에 침투를 하건 삭감을 하건 우선 처음에 어디서부터 싸움이나 수습을 하는가 하는 기점을 잘 파악하지 않으면 안 된다.

그림 1 連星은 그 자체가 모양이지만 白a로 바깥쪽에서부터 걸치는 것이 보통이고 온건한데, 白b, 黑c, 白d, 黑e, 白f……로 안쪽으로부터 싸우려고 하는 경우도 없는 것은 아니다.

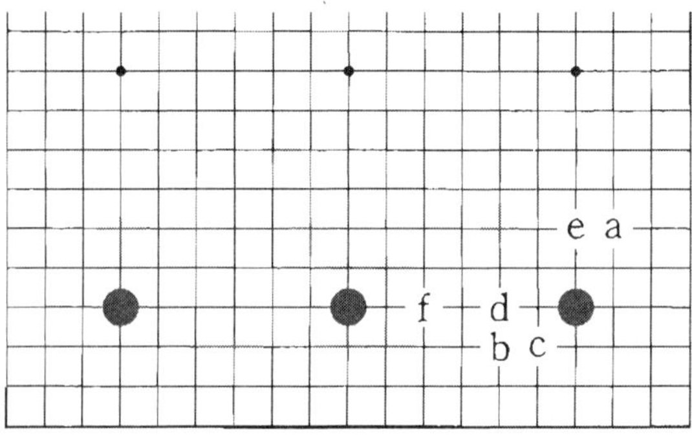

그림 1

그림 2 ▲이 가해지면 a와 b의 비교가 있고 ▲의 강약에 따라서 白c도 가능하며 黑은 d로 3三 침입을 하는 경우도 있다.

이 장에서는 기본적인 집모양을 다루었는데 모양에 대한 도전의 기점을 어디에 두느냐 하는 것이 우선 문제이다.

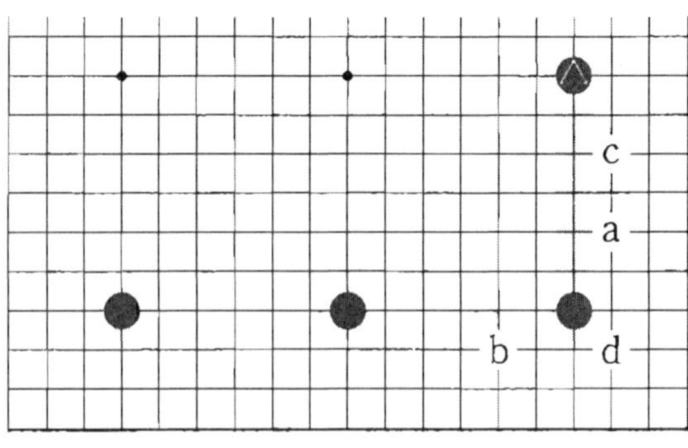

그림 2

제 1 형

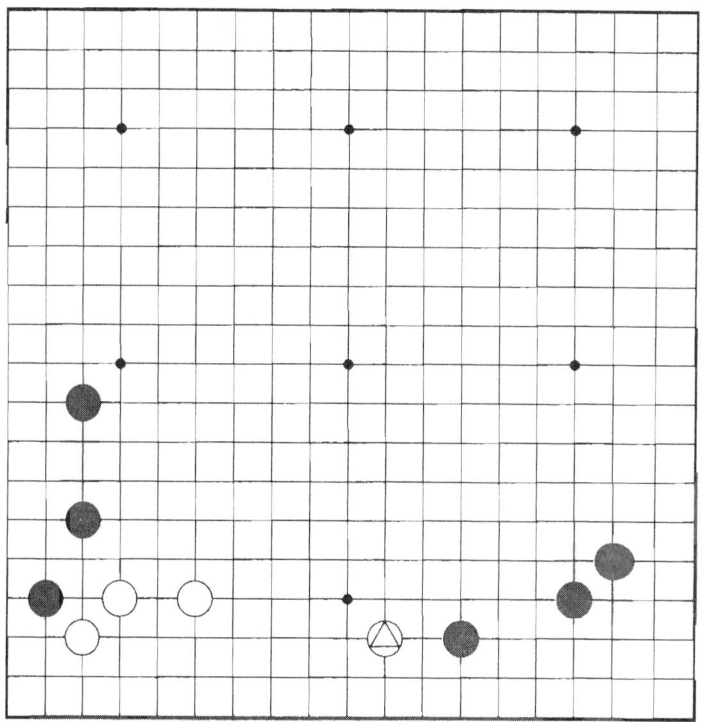

白번

우하의 黑의 구축은 큰 모양이라고 볼 수 있다. △이 유바하고 있다면 이 견고한 집 모양도 어느 정도 흔들리지 않을 수 없다.(이 장에서는 黑쪽의 모양을 주로 다루고 있기 때문에 침투와 삭감의 수단은 모두 白번이다)

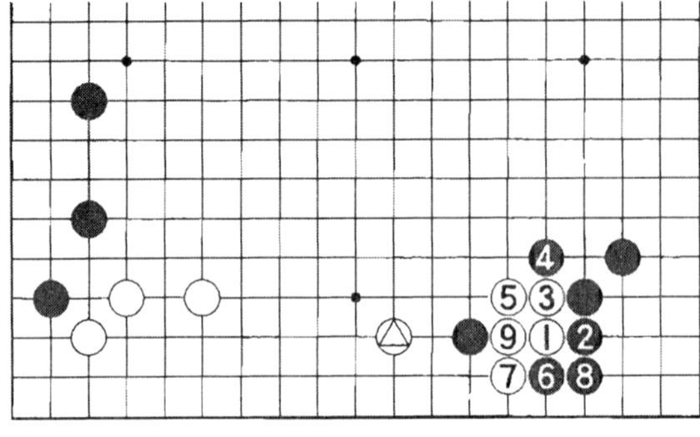
그림 1

그림 1 (우형) △을 살린다는 의미에서 白1이 급소이지만 白3, 5는 속수이다.

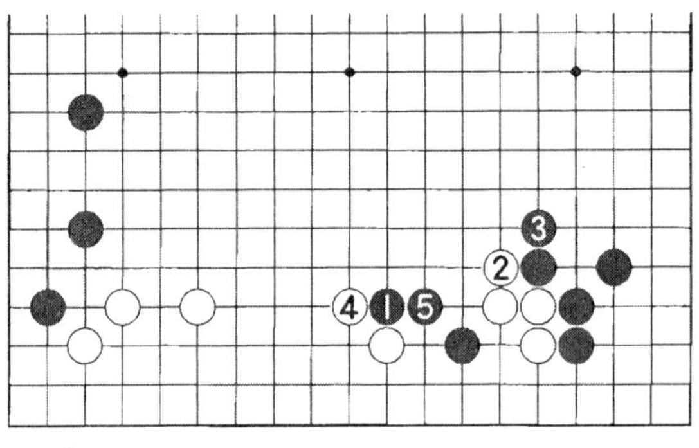
그림 2

그림 2 (싸움) 앞 그림의 6으로는 黑1로 싸울지도 모른다. 白이 고전이다.

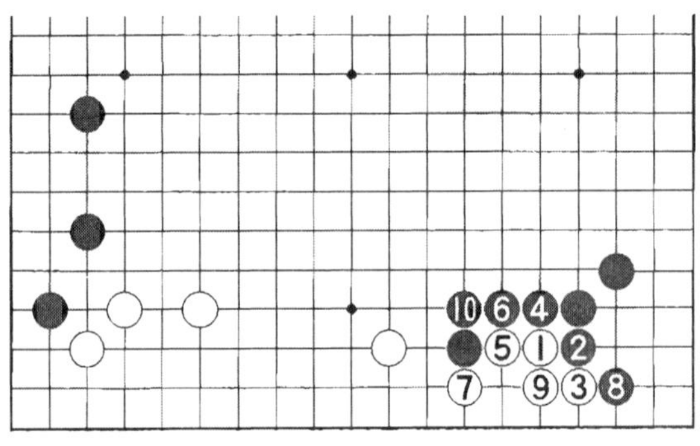
그림 3 *

그림 3 (도려내기) 白은 다른 수를 생각한다. 白3에 黑4라면 실리와 두터움의 갈림이다.

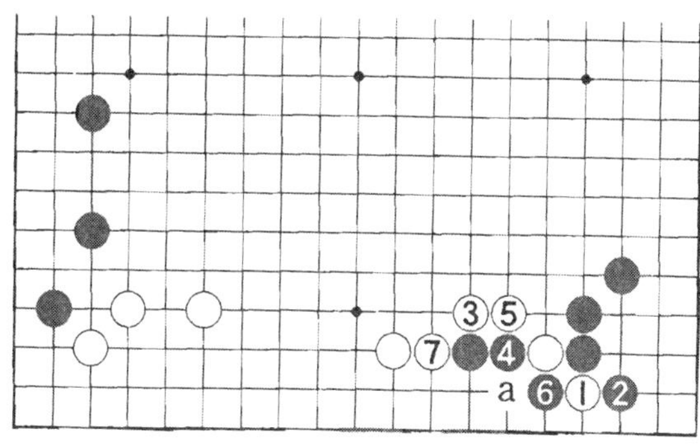

그림 4＊

그림 4 (주문) 黑2라면 白3이 白의 주문이다. 7까지 白 a를 남기고 활용한다.

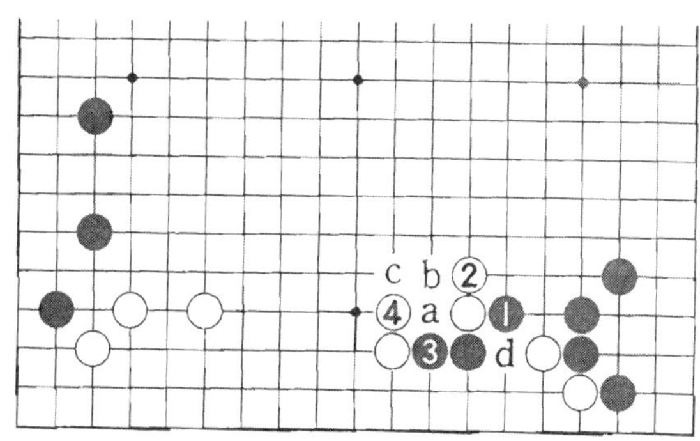

그림 5＊

그림 5 (능률적) 黑1, 3은 白4, 黑a, 白b, 黑c의 끊기일 때 d의 끊기가 있어 활용된다.

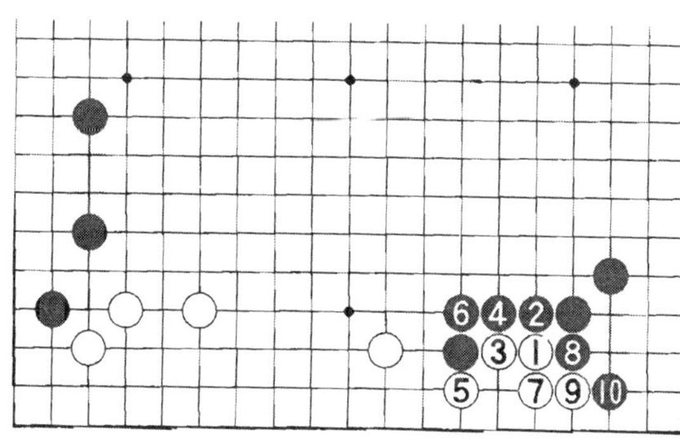

그림 6＊

그림 6 (같은 모양)白1에는 黑2의 밀어올리기가 있다. 黑10까지 그림 3과 같은 모양이다.

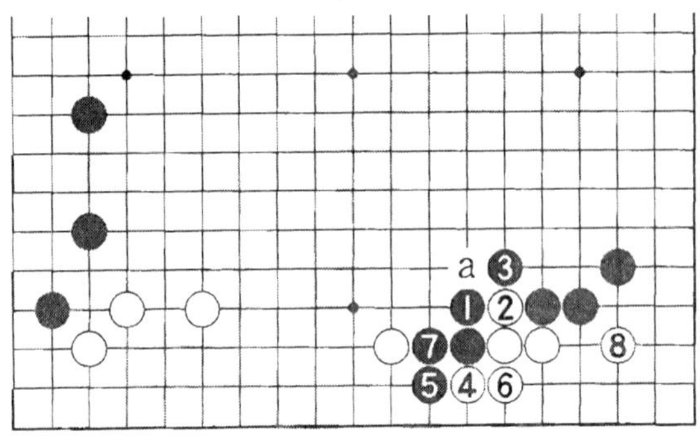

그림 7

그림 7 (허술하다) 黑1의 서기는 나쁘다. 파괴가 크며 a의 단점도 위협적이다.

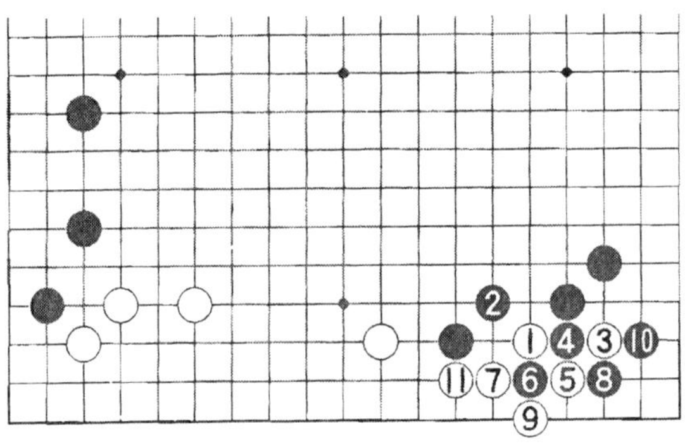

그림 8

그림 8 (편안하다) 黑2도 白3의 뛰기로 허술하다. 黑4, 6은 白이 끊은 쪽을 취한다.

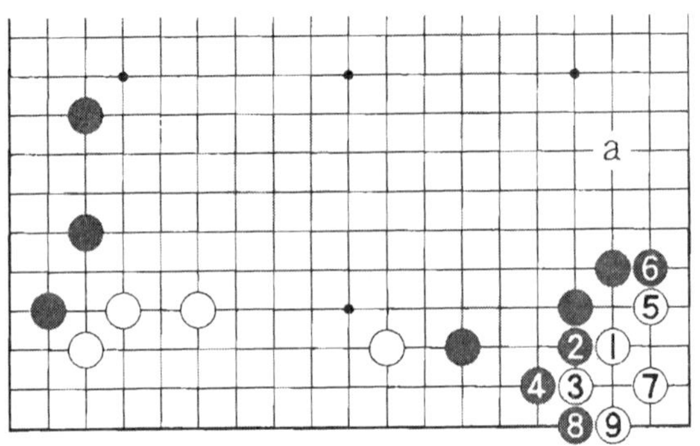

그림 9 *

그림 9 (3三) 白1의 3三은 a방면의 원군이 문제이다. 白9까지라면 패이다.

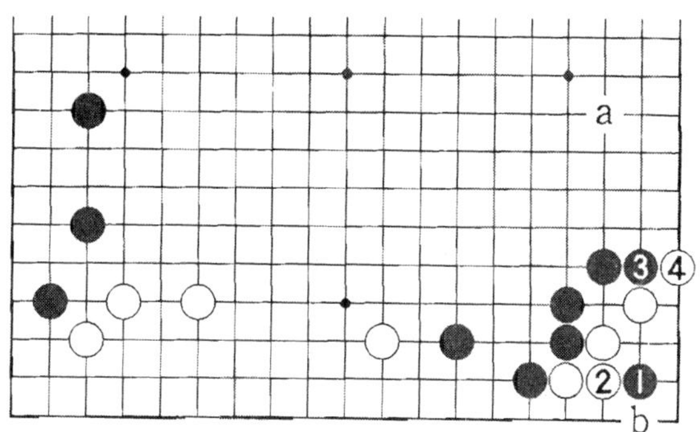

그림 10 *

그림 10 (산다) 黑1의 공격은 a방면의 상황에 따라 白4를 활용하면 白 b로 산다.

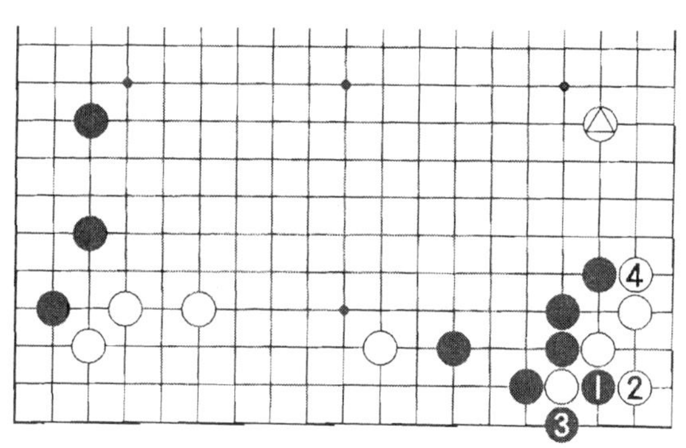
그림 11

그림 11 (간명) ◬이 있으면 黑1로 끊고 건너가게 해도 黑은 알기 쉽다.

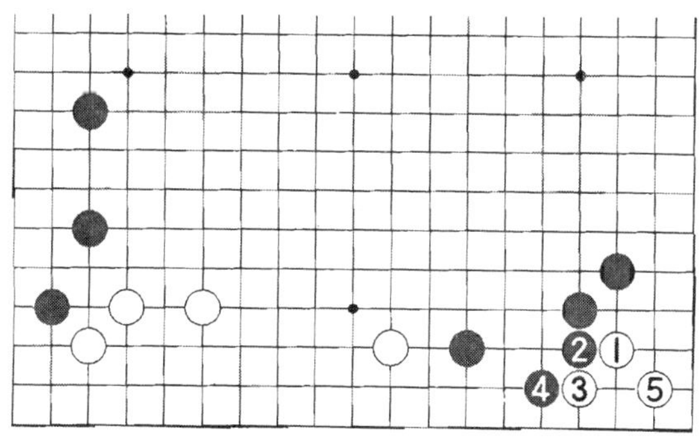
그림 12

그림 12 (단독) 白3에서 5로 단독으로 살기를 도모하지만 잘 되지 않는다.

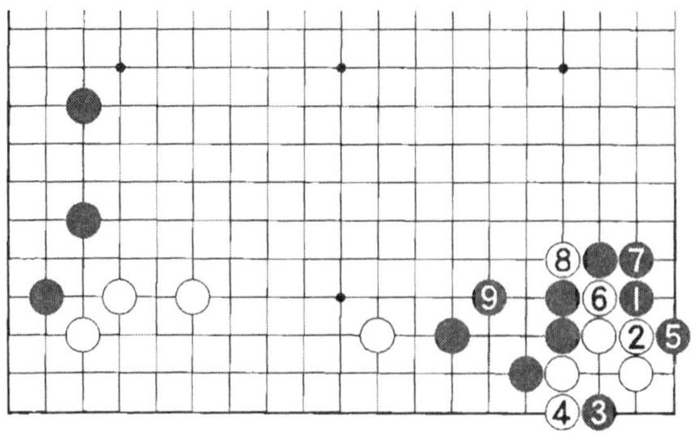
그림 13

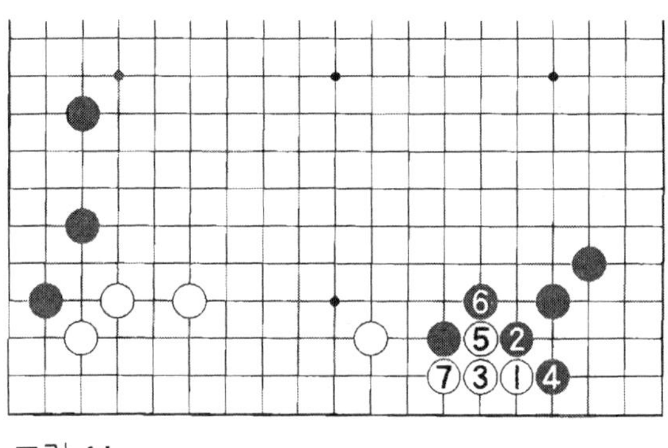
그림 14

그림 13 (맛이 없다) 계속해서 黑1에서부터 차례로 공격하여 눈이 없다. 바깥쪽의 맛은 괜찮다.

그림 14 (다른 수법) 이밖에 생각될 수 있는 수단으로서 白1의 뛰어들기가 고려될 수 있다. 黑2에서 白7까지가 보통의 응수로서 일단락이다. 또한 白1로서 5의 붙임수 등도 유력한 수단으로서 黑2, 白3, 黑6, 白7 등이 무난할 것이다.

포인트

세수나 둔 구축도 3三이 비어 있기 때문에 완전히 집으로 차지하려면 일정한 좋은 조건이 필요하다. 화점을 중심으로 한 집 모양은 굳힘수 중심의 모양에 비해 다소 허술하다는 것은 부득이한 일이다. 그러나 그림 6을 상정해 본다면 黑도 상대가 도려낸 몫만큼 등을 두텁게 하고 있다.

제 2 형

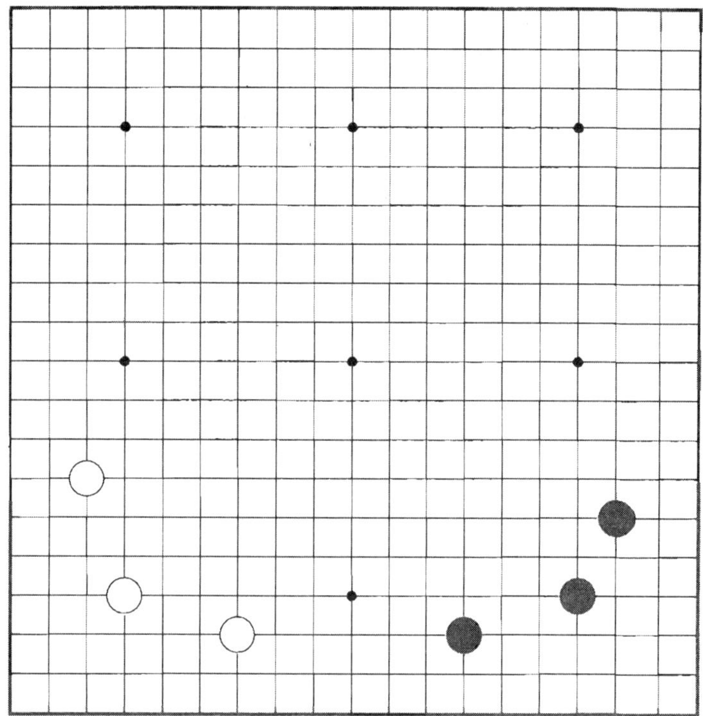

白번, 黑번

우하는 白번, 좌하는 黑번으로 생각하여 주기 바란다.

앞의 형에 비해 한칸 다시 한칸이 넓어지고 있으므로 단독 수단의 사용이 점점 편안해지고 있다. 특히, 왼쪽의 구축은 집을 차지하는 효율로 좋지 않다.

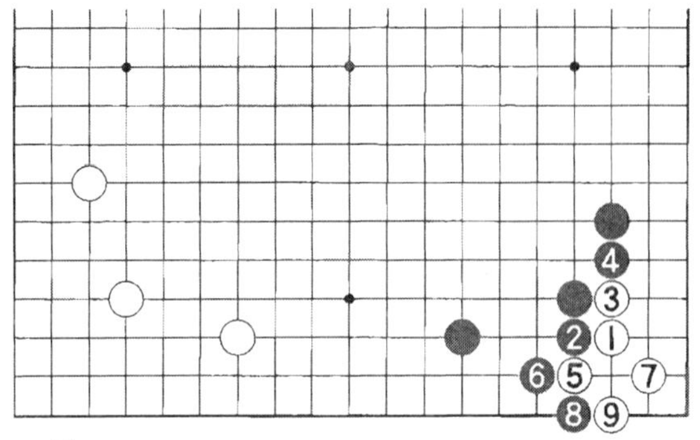

그림 1＊

그림 1 (패) 3三 침투에서부터 큰 패이므로 쌍방의 팻감의 다소 문제이다.

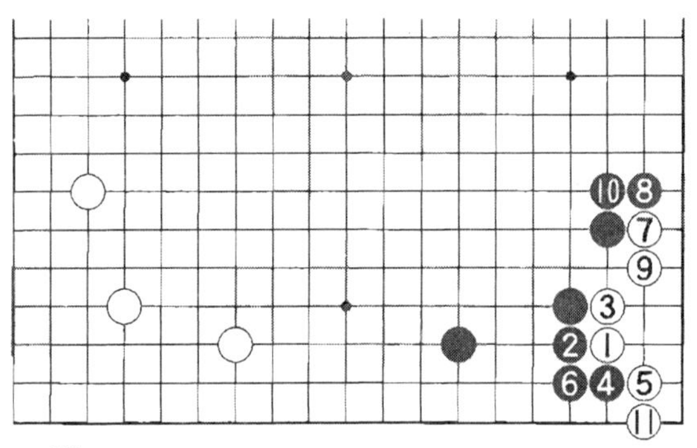

그림 2

그림 2 (살린다) 黑은 살린다고 해도 두텁다. 두터움의 활용 여하에 달려 있다.

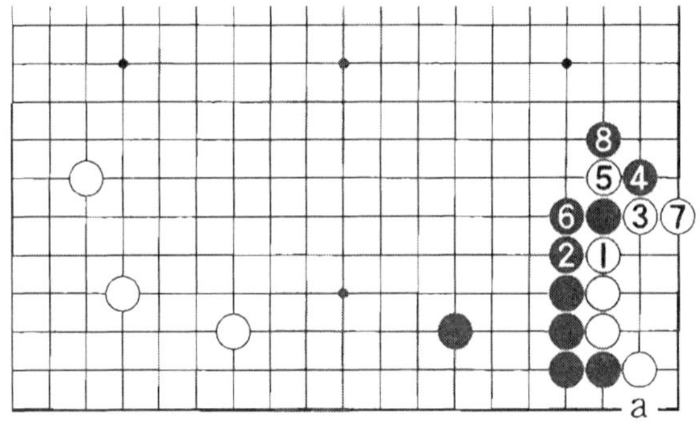

그림 3

그림 3 (패가 남는다) 앞 그림의 7의 변화로 黑8다음 白a라면 살 수 있지만 이 상태로는 패이다.

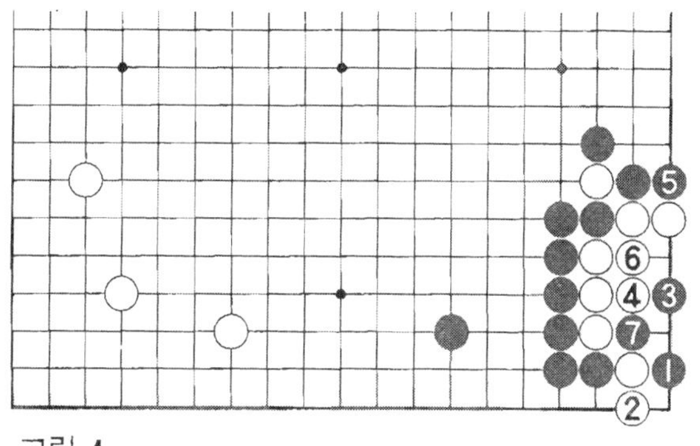

그림 4

그림 4 (패) 패의 수순은 黑1의 끼워 붙이기부터 시작된다. 수순이 중요하다.

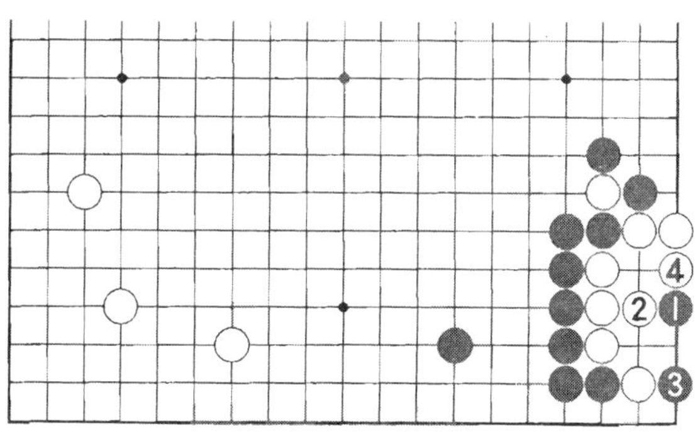

그림 5

그림 5 (읽기 부족) 黑1에서부터 3으로 두는 것은 수순이 나쁘다. 白4까지로 산다.

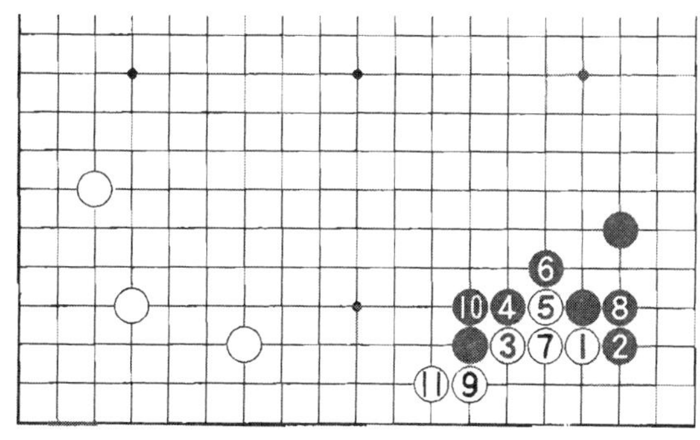

그림 6

그림 6 (변에 기댄다) 白1로 붙여도 죽지 않는다. 白3의 뛰어 붙이기가 정수이다.

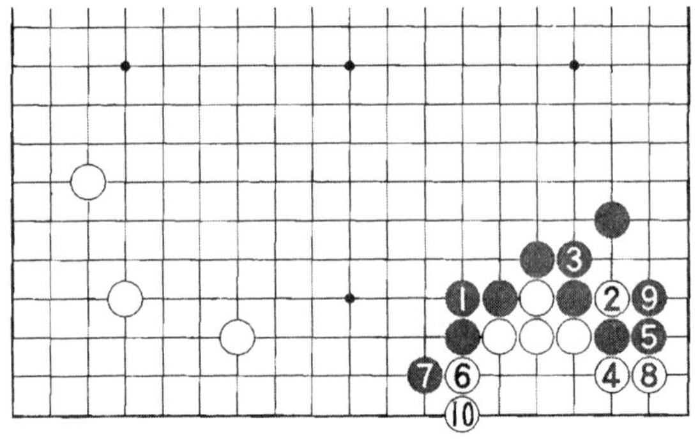

그림 7

그림 7 (평범) 黑1쪽을 이어도 白2이하 평범하게 두어 사는 것은 마찬가지이다.

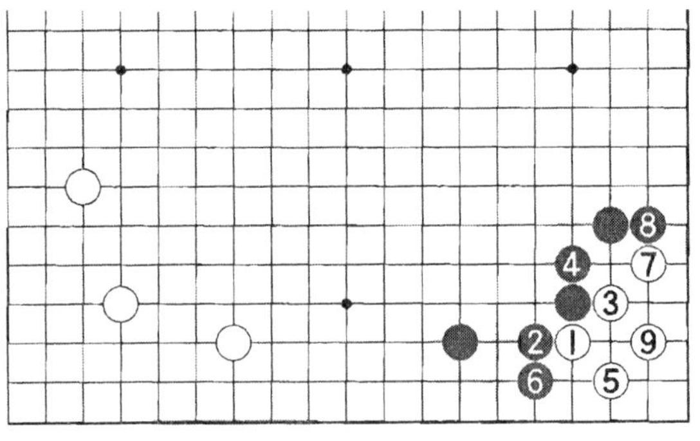

그림 8

그림 8 (살린다) 黑2의 바깥쪽 막기는 귀에서 작게 살리려는 방침으로 형세에 따른다.

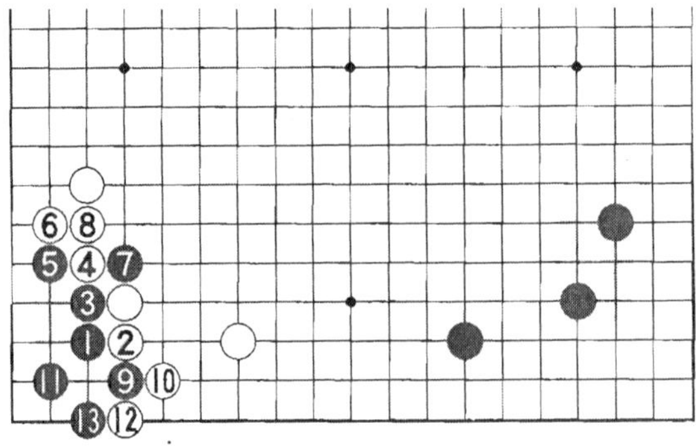

그림 9 *

그림 9 (편안하다) 좌하귀는 黑1의 3三으로 편안하다. 黑13까지 패가 되는 것은 白도 두렵다.

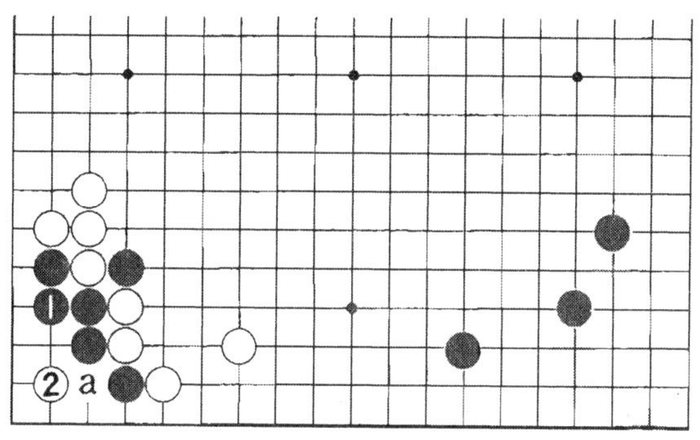

그림 10

그림 10 (무조건 살 수 없다) 앞 그림 11을 1로 이으면 白2로 黑은 죽는다. 1을 a라면 白1로 결국 죽는다.

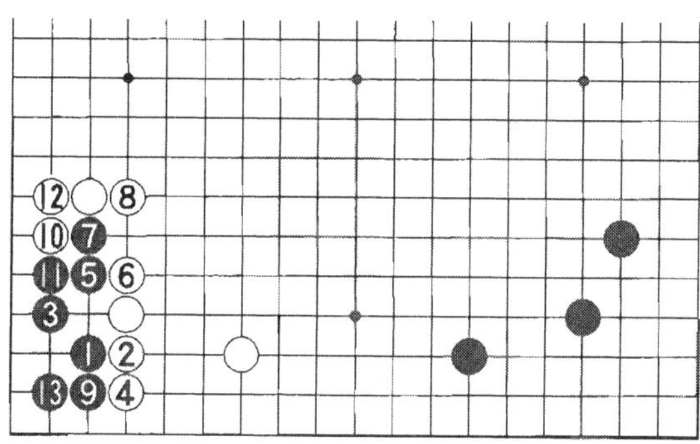

그림 11

그림 11 (살기는 하지만) 黑은 무조건 살려고 한다면 3의 ㅁ자 정도로 간단하다. 단, 白4의 내림수에서부터 白도 매우 두터워진다고 본다.

포인트

이 형은 좌우에 모두 패의 그림이나 살기의 그림이 몇 가지 있는데, 사는 측에서도 패보다 그냥 사는 것이 좋다고는 단언할 수 없다.

전 국면을 보아, 사는 것보다 패가 즐거운 경우가 많으므로 부분만으로는 정해를 결정할 수 없다.

그러나 일단 그림 1과 그림 9를 기본형으로 보아도 무방하다.

제 3 형

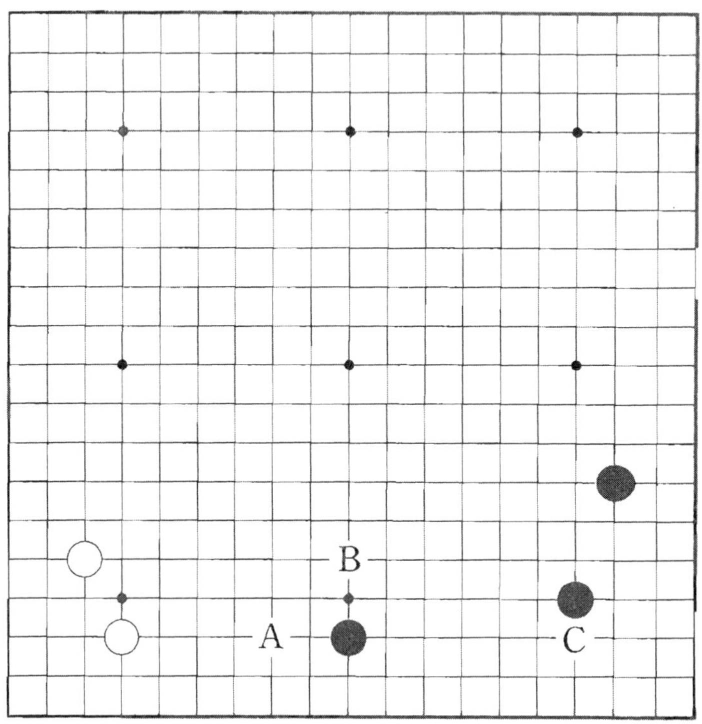

白번

이 모양은 큰 자리의 감각으로는 白A의 육박이 눈에 떠오를 것이다. 그것은 그것대로 나쁘지 않지만 黑B의 뛰기로 모양을 넓히든가, 혹은 黑C로 굳힐지도 모른다.

여기서는 黑이 모양의 파괴로 눈을 보기 바란다.

黑번이라면 C의 굳힘수가 호형이다.

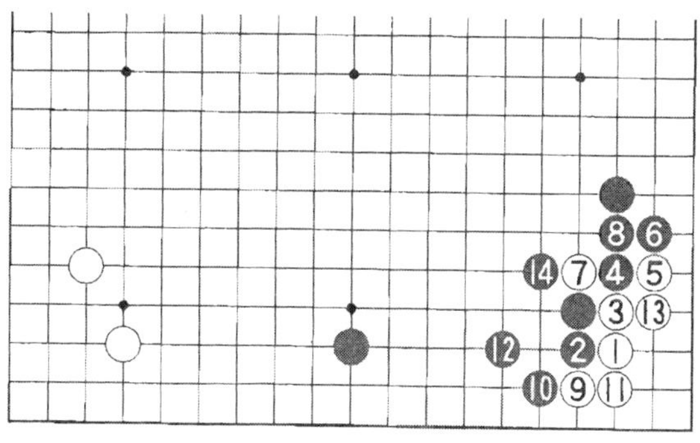

그림 1＊

그림 1 (근본을 파괴한다) 白1로 침투하면 모양의 근간을 파괴한다. 黑14까지 정석이다.

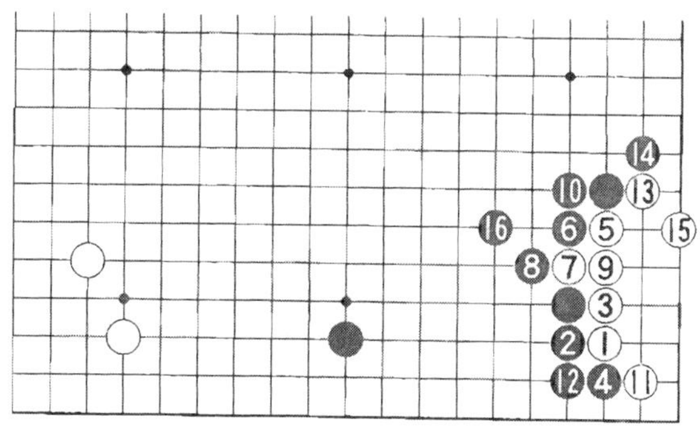

그림 2＊

그림 2 (방침) 黑4의 젖히기는 집을 중시하는 수법으로 역시 살 수 있다.

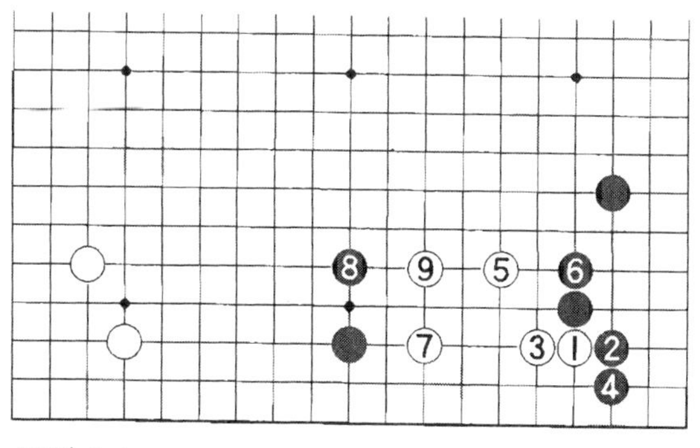

그림 3＊

그림 3 (안정된다) 白1의 붙임수도 이 모양에서는 급소로 白5, 7로 벌리면 안정된 모양이다.

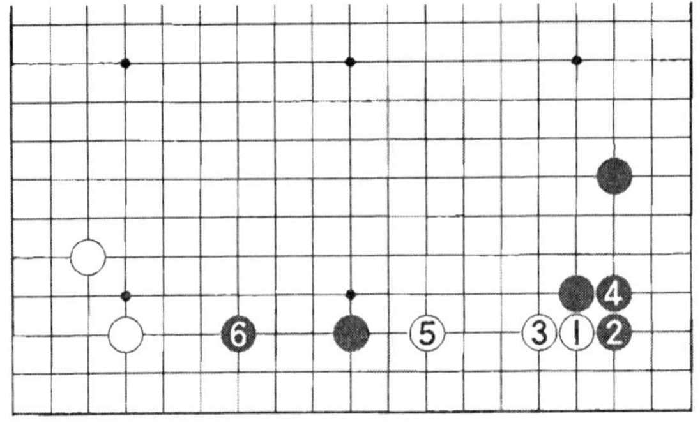

그림 4 *

그림 4 (대동 소이) 黑4의 잇기는 앞 그림보다 집은 적지만 위쪽에 강한 수단이다.

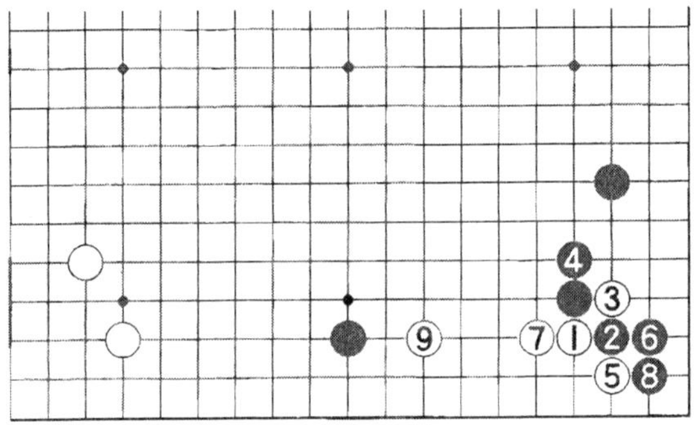

그림 5

그림 5 (난해한 수) 白3의 끊기는 난해한 수로 黑4는 간명하지만 白도 능률적인 모습이다.

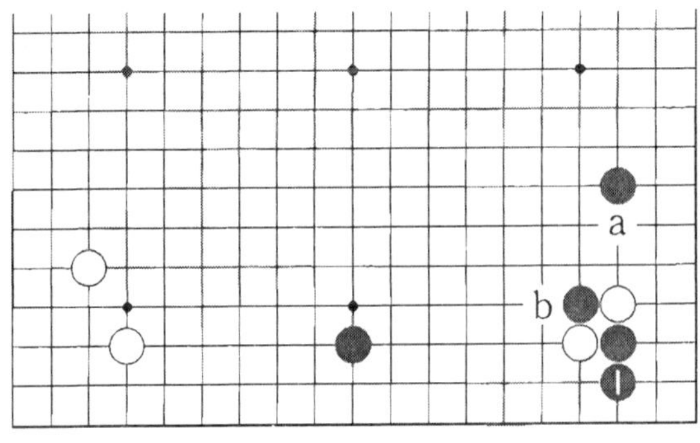

그림 6

그림 6 (저항) 黑은 1 등의 저항을 생각할 수 있다. 白a, 黑b 등으로 난해한 운용이다.

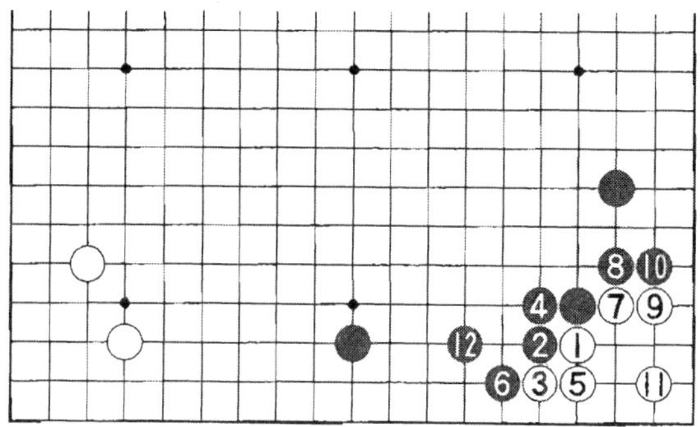

그림 7 *

그림 7 (외세 지향) 黑이 외세를 지향한다면 이 바깥쪽의 막기가 정석이다.

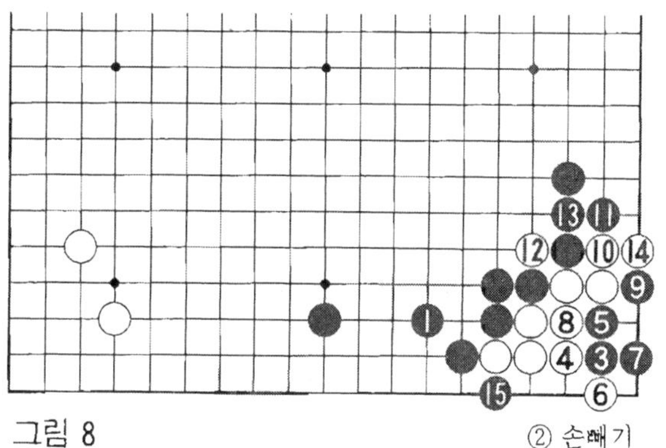

그림 8

② 손빼기

그림 8 (늘어진 패) 1로 호구를 치고 白이 손빼면 3이후의 늘어진 패를 노리는 것도 유력하다.

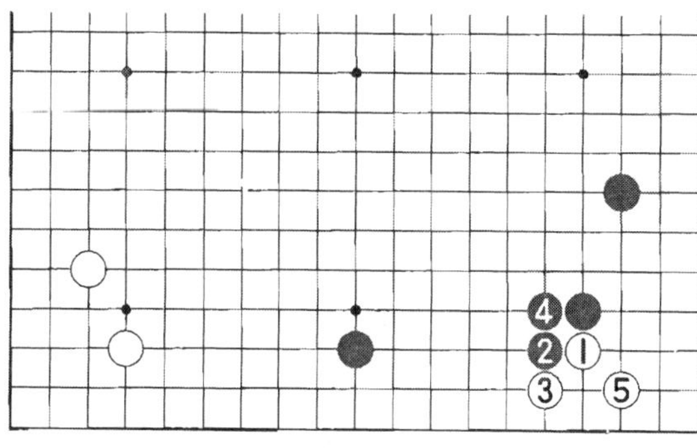

그림 9 *

그림 9 (호구치기) 白은 축머리가 좋으면 5로 호구를 치는 경우가 있다. 요주의 한 다.

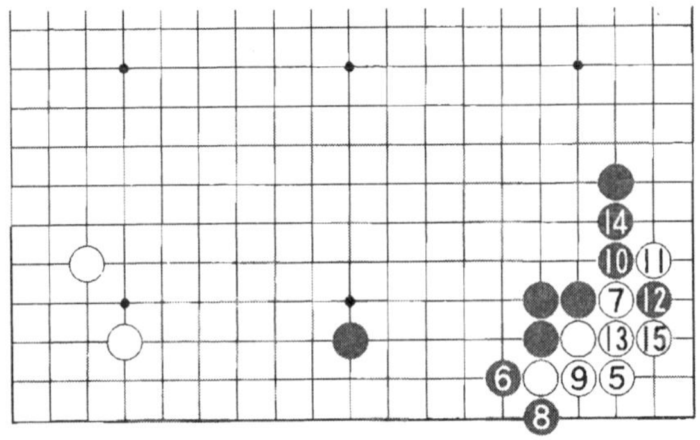

그림 10 *

그림 10 (黑의 외세) 앞 그림에 이어 白11의 2단 젖히기가 상법으로서 15까지 일단락이다.

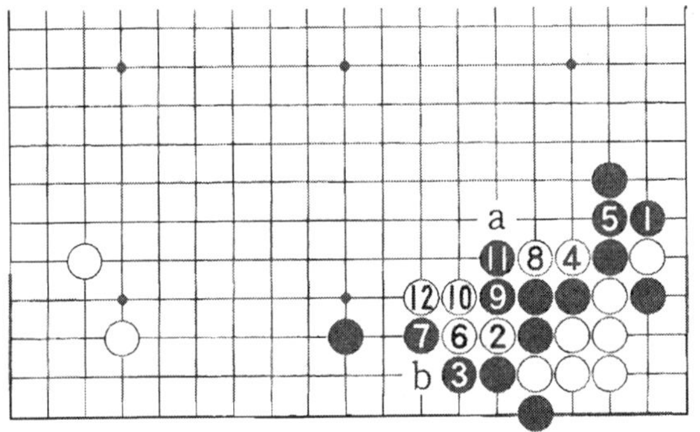

그림 11 *

그림 11 (축머리) 앞 그림의 黑14로 白 한점을 잡으면 白12까지 a의 축과 b가 맞보기이다.

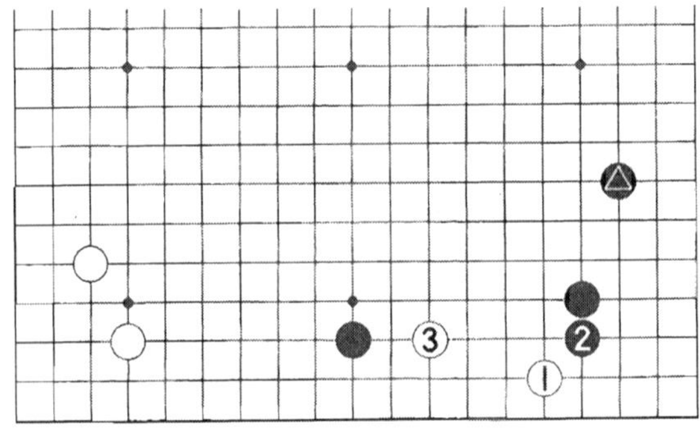

그림 12 *

그림 12 (가벼운 파괴) 白1, 3은 귀의 가벼운 파괴이다. ▲의 폭이 黑의 좋은 모양이다.

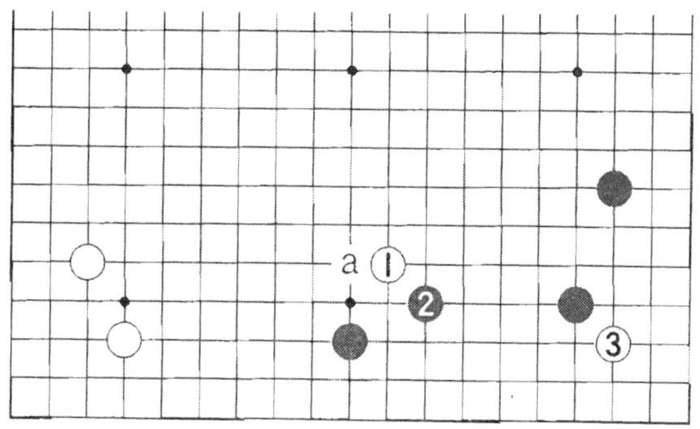

그림 13

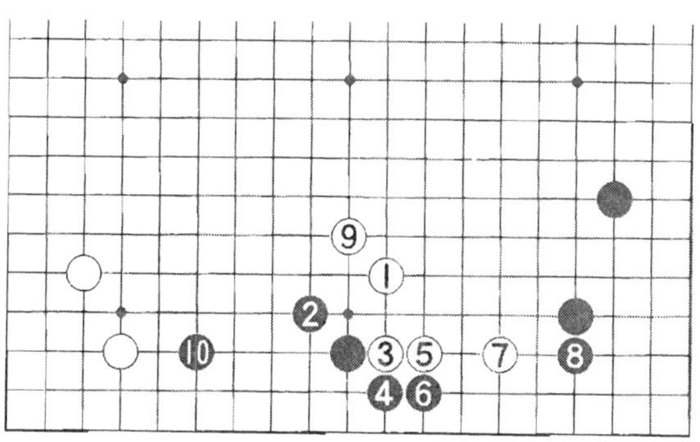

그림 14

그림 13 (삭감) 직접적인 침투와는 별도로 白1 혹은 a 근처의 삭감도 있다. 黑2의 받기라면 여기서 3의 침투가 유력하고 그림 1, 그림 2를 상정하여도 白1, 黑2가 예상되는 黑의 외세를 제한하고 있다.

그림 14 (반발) 단, 黑도 2로 반발할 것이다. 이하는 생각해 볼 수 있는 하나의 수순에 지나지 않는다.

포인트

그림 1, 그림 3, 그림 7 등이 가장 중요할 것이다.

이 그림과 같은 모양에 임할 때에는 귀를 파괴하거나, 변을 파괴하거나, 혹은 위쪽에서 삭감의 태도로 임하든가 등 세 가지 수단을 생각할 수 있다. 그러나 위쪽에서 활용하고 실리를 주는 것도 경우에 따라서는 유력하다.

제 4 형

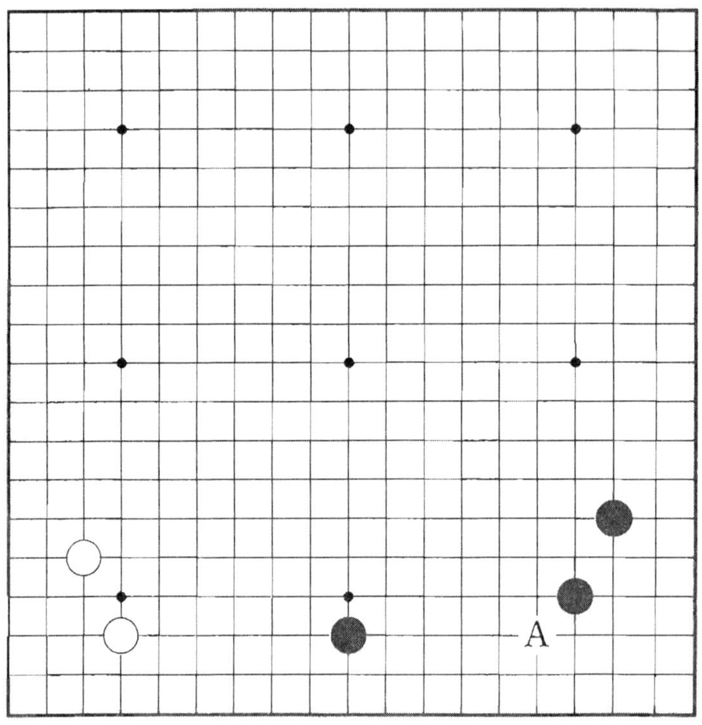

白번

앞의 형과 다른 점은 黑의 目자 대신 日자가 되고 있다는 곳 뿐이다. 그러므로 사안의 본질은 큰 차이가 없다.

그러나 白이 귀를 파괴하려고 할 때, 이것은 당연하지만 미묘한 차이가 나타날 것이다.

또 黑번에서 모양을 지역화하려면 A가 모양이다.

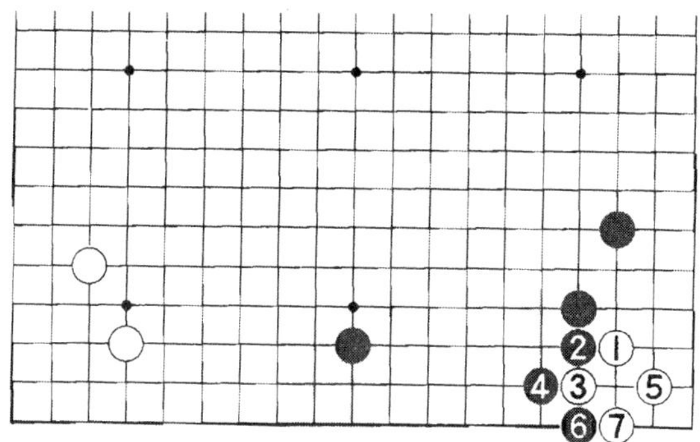

그림 1 *

그림 1 (패) 白1로 단독으로 침투하면 간단하게 패가 된다. 시기가 어렵다.

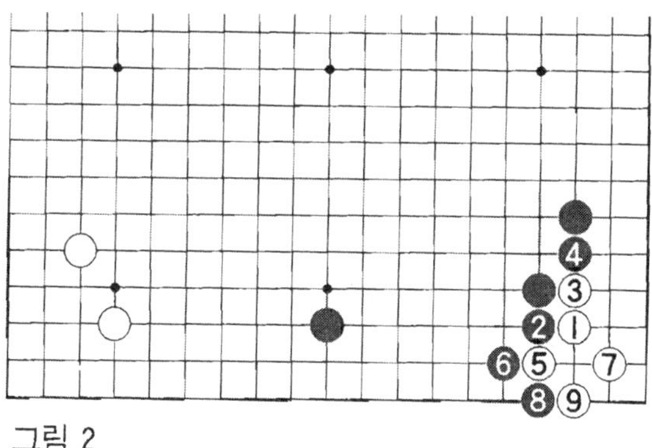

그림 2

그림 2 (다소의 차이) 白3으로 한번 민 다음 패이다. 패를 졌을 때에는 손해이므로 白은 이길 작정이다.

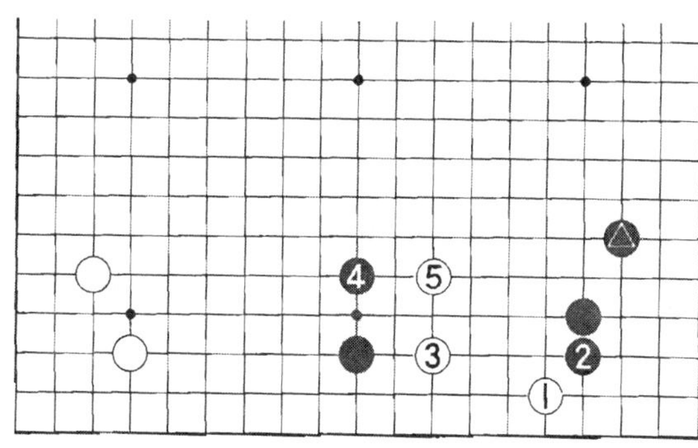

그림 3 *

그림 3 (白이 둘 수 있다) 白1은 이때 유력하다. ▲의 폭이 좁으므로 白도 둘 수 있다.

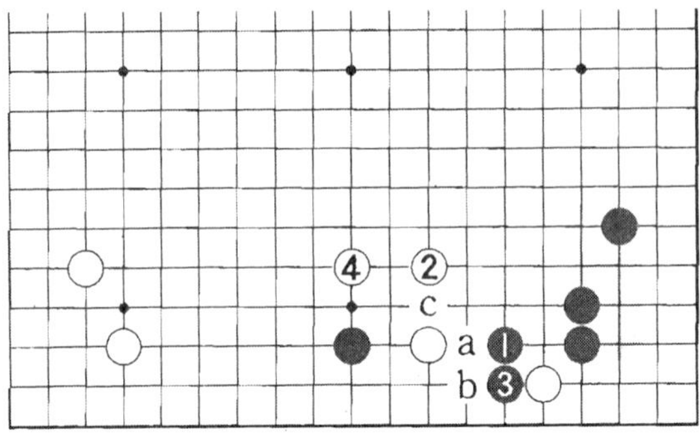

그림 4

그림 4 (피한다) 단, 黑1도 있다. 白2, 4로 피하게 될 것이다.

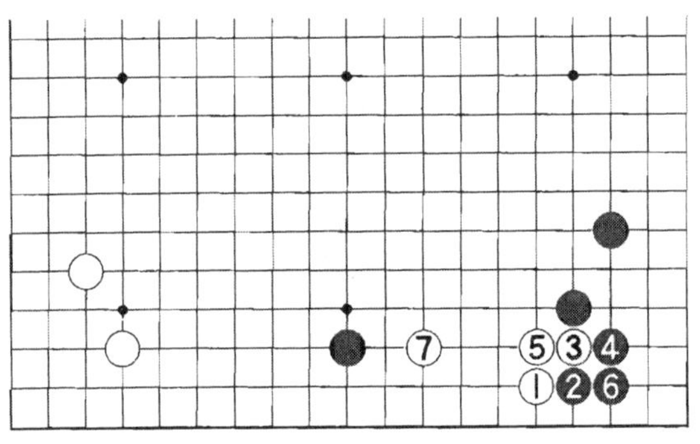

그림 5

그림 5 (白도 만족) 黑2로 뛰어 붙이면 白3으로 끼운다. 黑4는 약간 활용당한 모양이다.

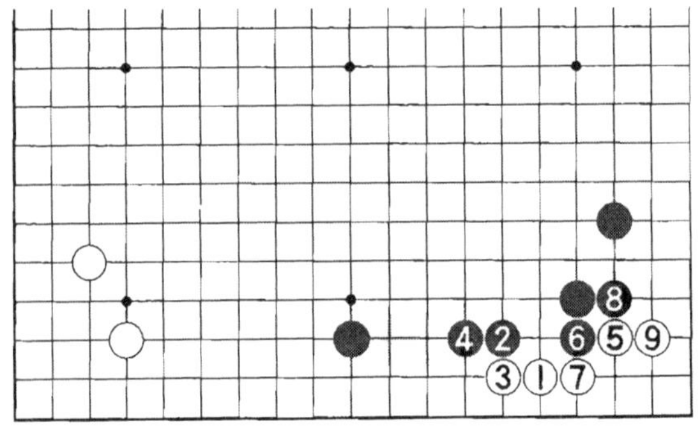

그림 6

그림 6 (모양 중시) 黑2로 씌우는 것은 우변에 큰 모양을 기대한다는 의미이다.

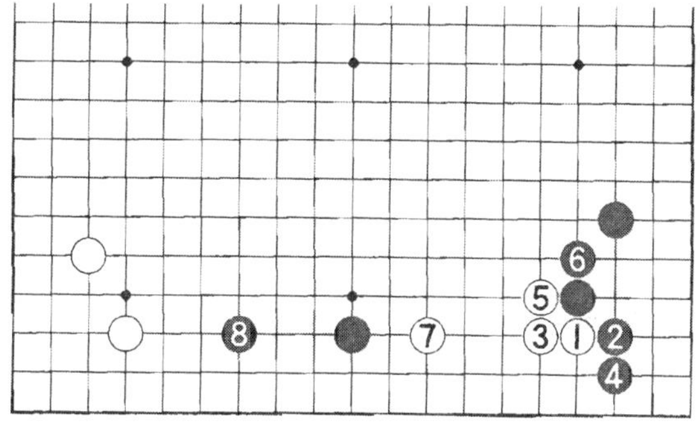

그림 7 *

그림 7 (안정된다) 白1의 붙임수가 3三보다 보통일지 모른다. 8까지 쌍방이 만족이다.

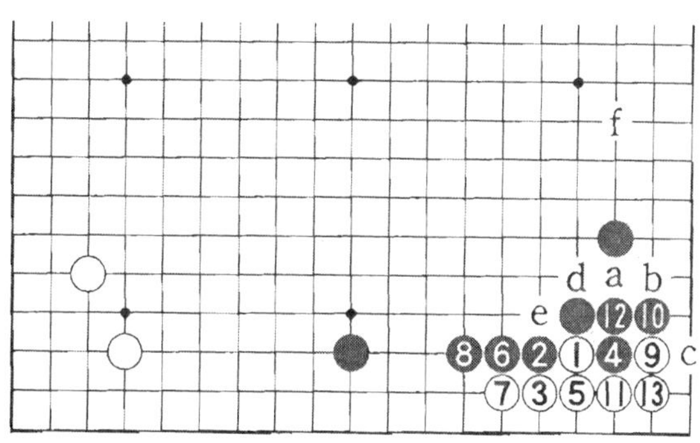

그림 8

그림 8 (黑의 외세) 黑2는 외세 지향으로 白13까지 호각이다. 白3으로 4는 黑3으로 白이 위험하다.

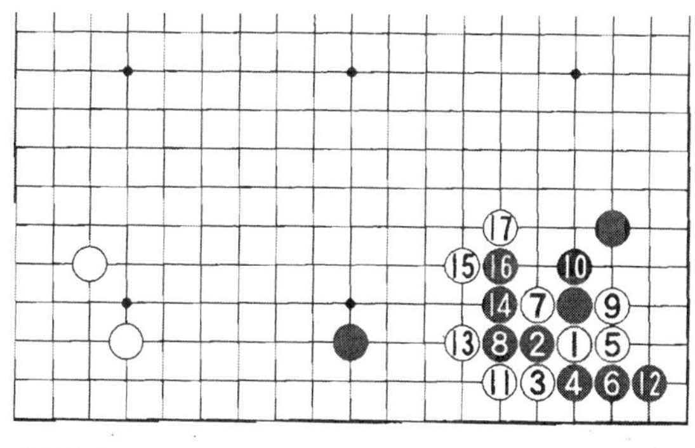

그림 9 *

그림 9 (黑의 실리) 黑4, 6으로 실리 지향으로 바꾸는 것도 유력한데 白도 수습한 느낌이다.

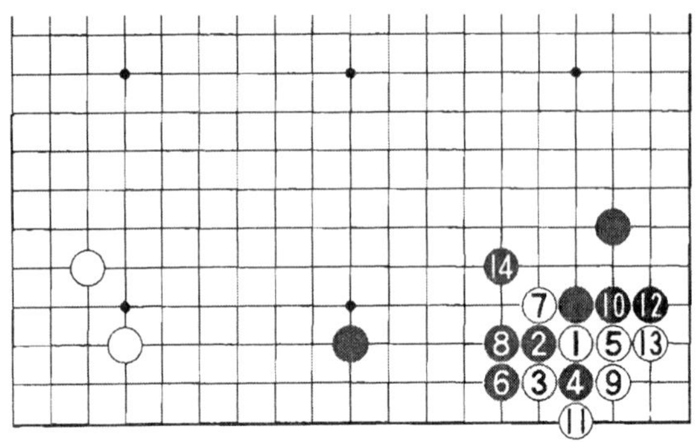

그림 10

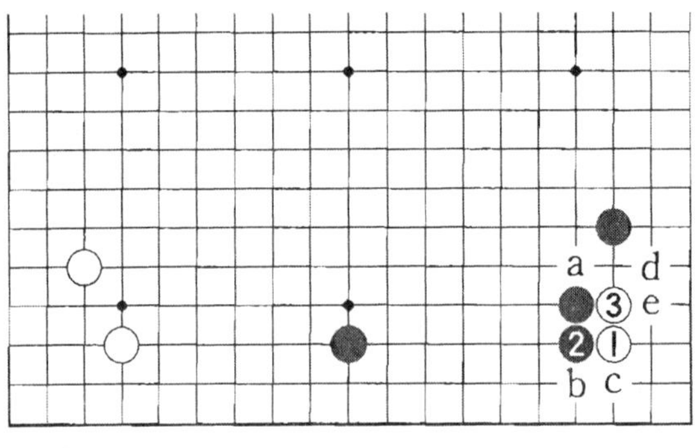

그림 11

그림 10 (알기 쉽다) 白3의 수에 14까지로 두는 것도 후수이지만 두텁고 간명하다.

그림 11 (보완) 白의 3三 침투에 대하여 보완을 하게 되면 白1, 3일 때 반드시 패가 된다고는 할 수 없다.

黑a, 黑b, 혹은 黑c의 젖히기로 살릴지도 모르고, 黑d도 살리는 수이다. 白도 3의 미는 수로 e로 口자 하고 살려고 할 수도 있으며, 이것은 모두 작전의 문제이다.

포인트

이 배치에서는 하변일때의 세력 분야가 아직 뚜렷하지 않으므로 3三 침투는 약간 빠르다는 생각이 든다.

그림 3, 그림 7 등의 파괴가 보통이나 변화가 많으며 역시 주변 상황 여하에 달려 있다.

제 5 형

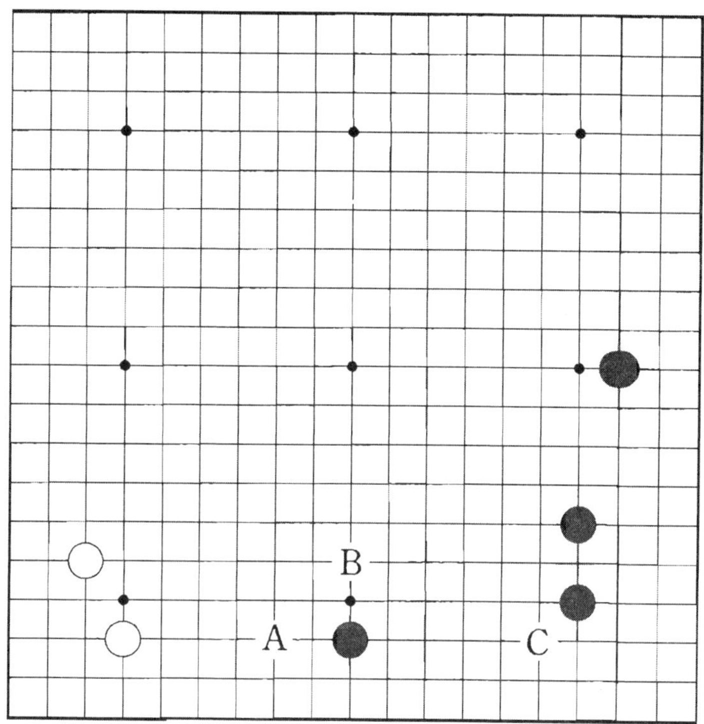

白번

白A로 육박하고 黑B로 뛰면, 우하 방면에 관한 한 더욱더 큰 모양이 될 것이다.

직접 모양의 파괴로 향한다면…….

우하가 화점을 기조로 한 모양이므로 여기서 黑번이라면 黑B 또는 C 등이 좋은 구축이 된다.

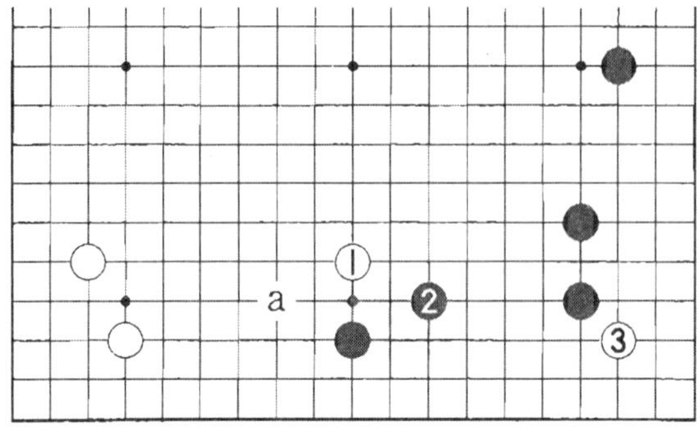

그림 1 *

그림 1 (순조롭다) 白1에서부터 3의 파괴는 순조롭다. 단, 黑2는 a의 반발이 가능하다.

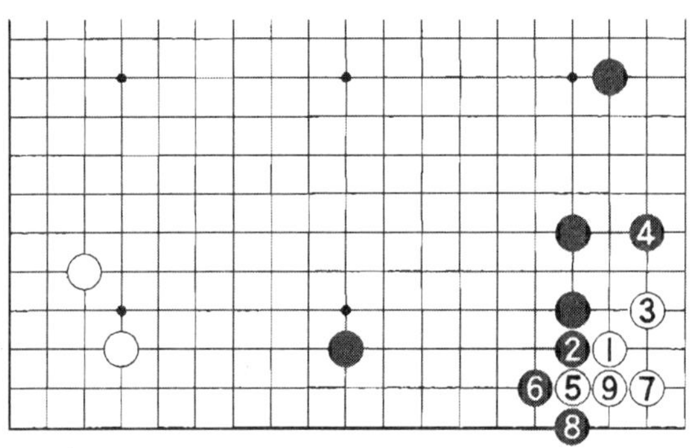

그림 2 *

그림 2 (산다) 귀만에 한정한다면 살 수 있다. 白3이 좋으며 黑4라면 白5, 7이다.

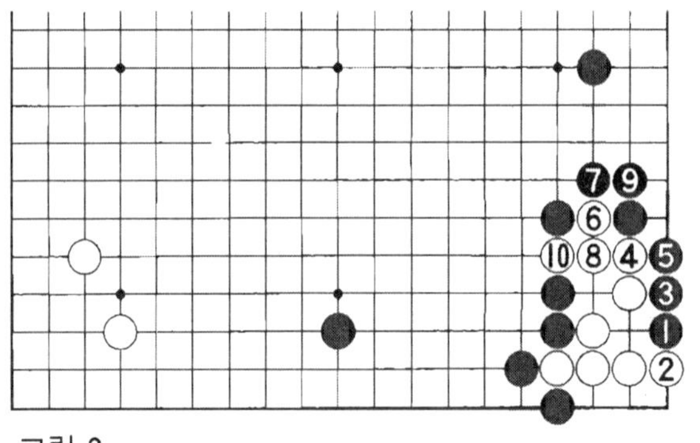

그림 3

그림 3 (무리) 이 다음에, 黑1로 잡으려고 하는 것이 무리라는 것을 나타내고 있다.

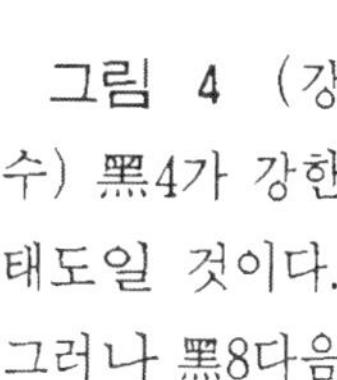
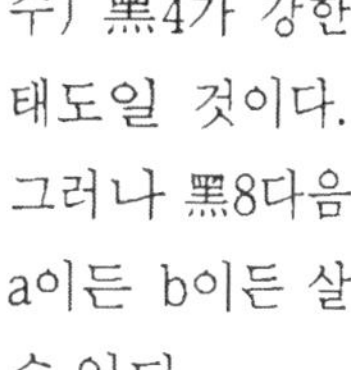

그림 4 (강수) 黑4가 강한 태도일 것이다. 그러나 黑8다음 a이든 b이든 살 수 있다.

그림 4 *

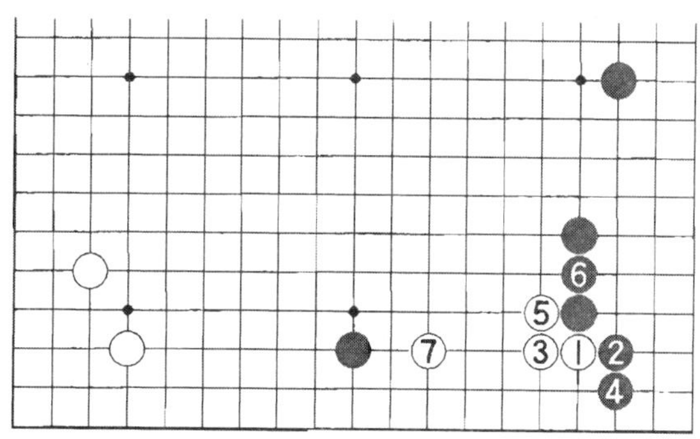

그림 5 (변을) 白1의 붙임수는 여기서도 큰 것 같은 변의 파괴를 지향하고 있는 것이다.

그림 5 *

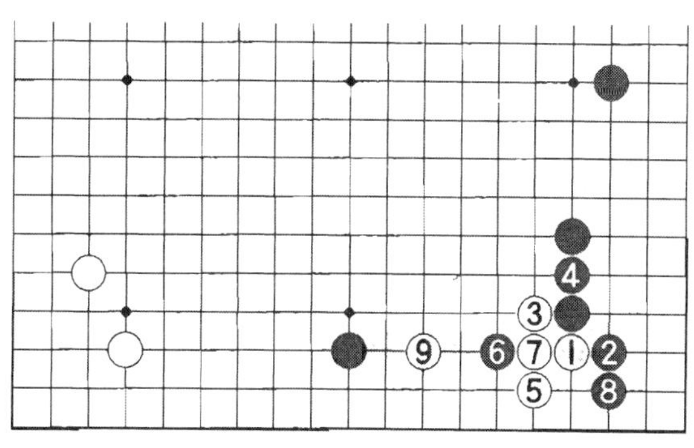

그림 6 (호구치기) 앞 그림은 기본이지만 白3에서부터 5로 호구를 치는 것도 있다.

그림 6

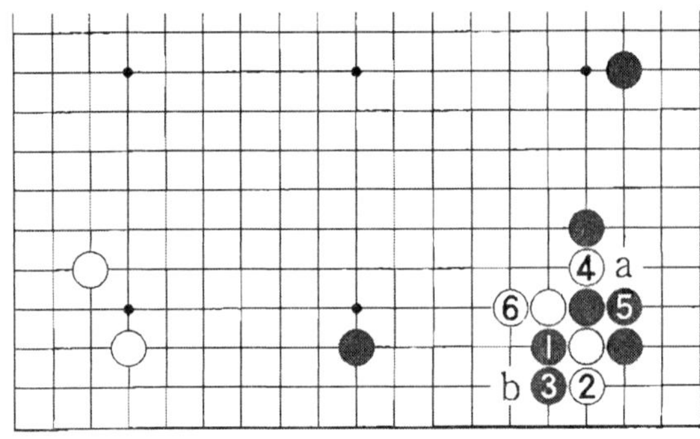

그림 7

그림 7 (정형) 앞 그림의 변화에서 黑1, 3이라면 白6 다음 a와 b가 맞보기가 된다.

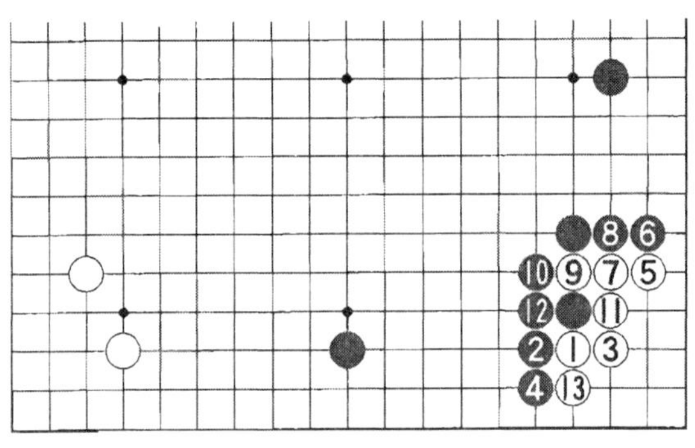
그림 8

그림 8 (외세) 바깥쪽을 중시한다면 黑2의 막기이다.
귀에서는 白이 편안히 살 수 있다.

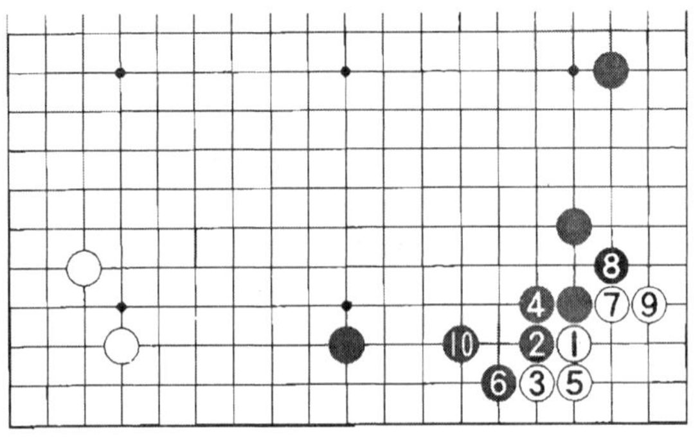
그림 9

그림 9 (늘어진 패가 남는다) 白3이라면 黑10까지는 이미 등장한 사는 모양이다.

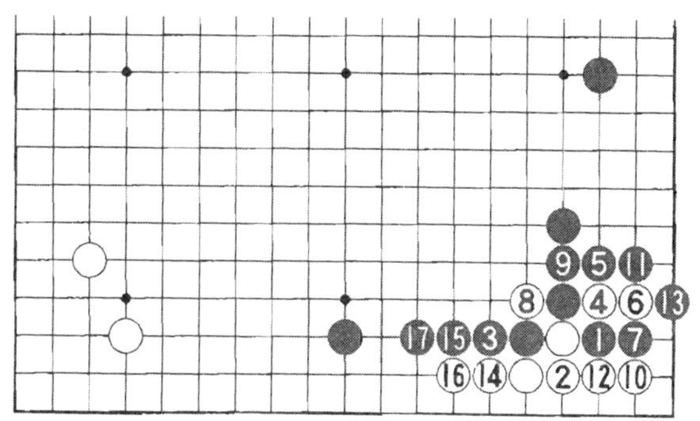

그림 10 *

그림 10 (실리) 黑1, 3이라면 白4, 6으로 두점을 버리고 黑17까지로 실리와 외세의 갈림이다.

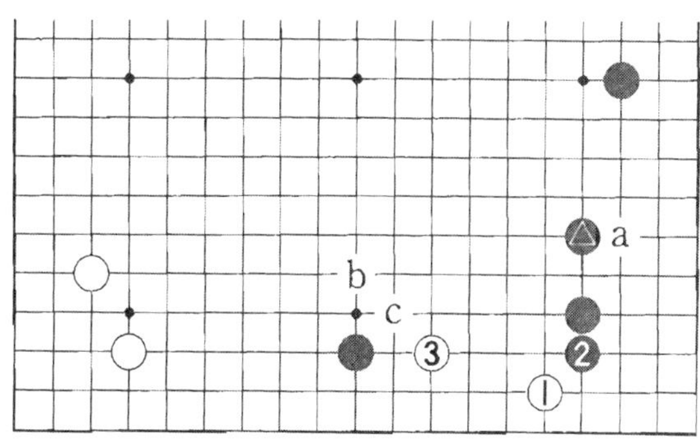

그림 11

그림 11 (안정) 여기도 白1이 있고 빠른 안정을 지향하고 있다. 단, ▲의 한칸이 중앙에 강하므로 a의 日자에 비하여 이 다음 공격에는 강할 것이다.

포인트

화점에서 양날개로 벌리고 다시 한칸에 구축한 이 모양은 매우 입체적이므로 위쪽에서부터 삭감할지, 근본부터 파괴할지 상당히 망설이게 될 것이다.

삭감이라면 앞에서 말한 b의 씌우기 이외에, c의 어깨짚기도 물론 생각할 수 있다.

침투라면 이미 소개한 것처럼 귀에 직접 향한다. 이것도 저것도 아닌 수는 안 된다.

제 6 형

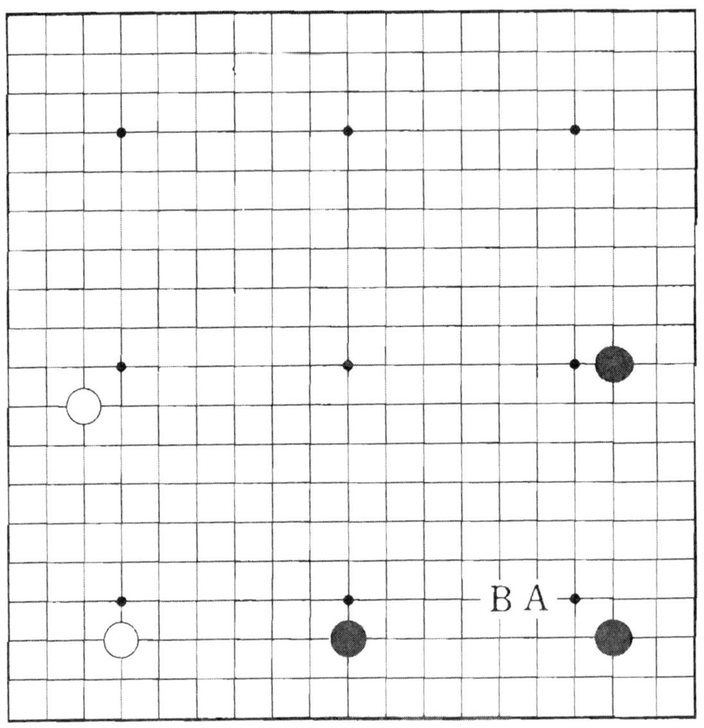

白번

3三에서 양날개를 전개한 모양을 "삭감"하는 수단으로 생각하여 보기 바란다. 아직까지의 예에서 화점을 중심으로 한 모양은 3三 침투에 집이 허술하다는 면이 있었다. 그렇다면 3三의 모양의 약점은 어디에 있을까?

黑번이라면 A, B 등으로 구축하는 것이 훌륭한 형태라고 할 수 있다.

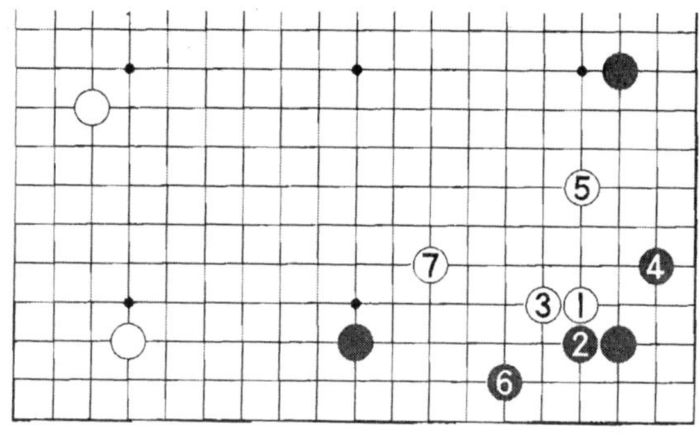

그림 1＊

그림 1 (어깨짚기) 白1의 어깨짚기로 삭감하는 것이 적합하다. 3三의 정석이다.

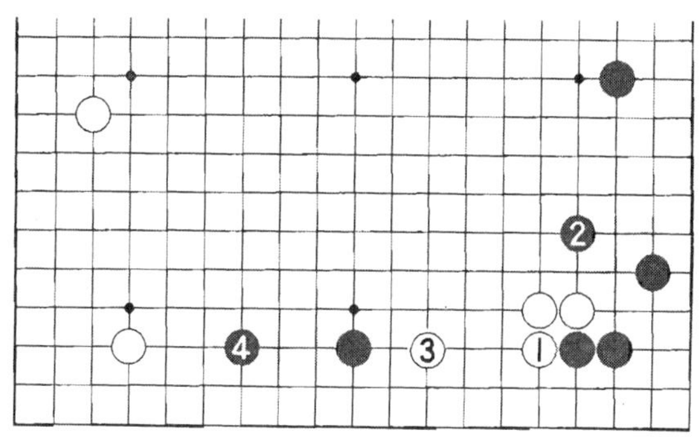

그림 2

그림 2 (막기) 도중에 白1의 막기도 있으며 黑2의 日자가 호각이 되고 있다.

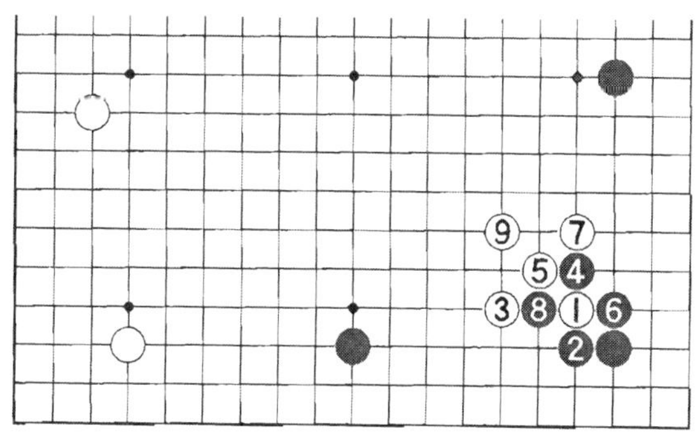

그림 3

그림 3 (가볍다) 白3의 뛰기도 가벼운 태도이고 모양의 입체화를 저지하고 있다.

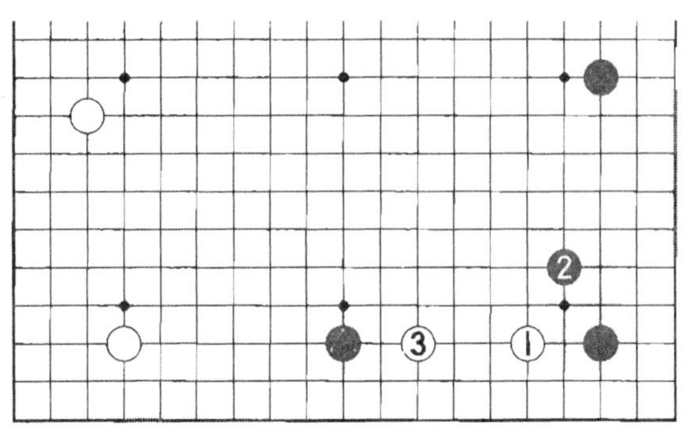

그림 4

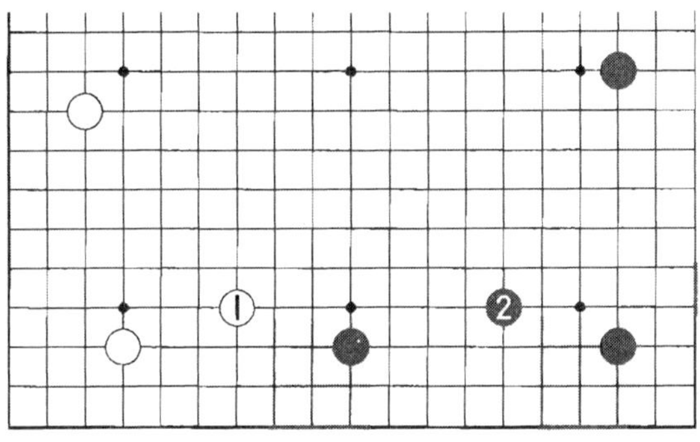

그림 5

그림 4 (따분하다) 당당히 白1로 침입하고 3으로 벌린 것이 훌륭하지만 두칸 벌리기가 막혀 약간 따분한 느낌이다. ▲돌이 힘을 발휘할 것이다.

그림 5 (입체화) 이밖에 수단, 예를 들어 白1 등은 黑2정도로 구축하여 모양이 입체적으로 부푼다. 3三의 어깨짚기는 이 부풀기를 저지시키고 있다.

포인트

3三을 기점으로 한 모양은 위치가 낮기 때문에 위쪽에서부터 삭감하면 대단치 않다.

3선 중심의 모양, 즉 위쪽에서부터 삭감한다. 4선 중심의 모양, 즉 깊게 침투한다. 이것이 일반적인 원칙이다.

제 7 형

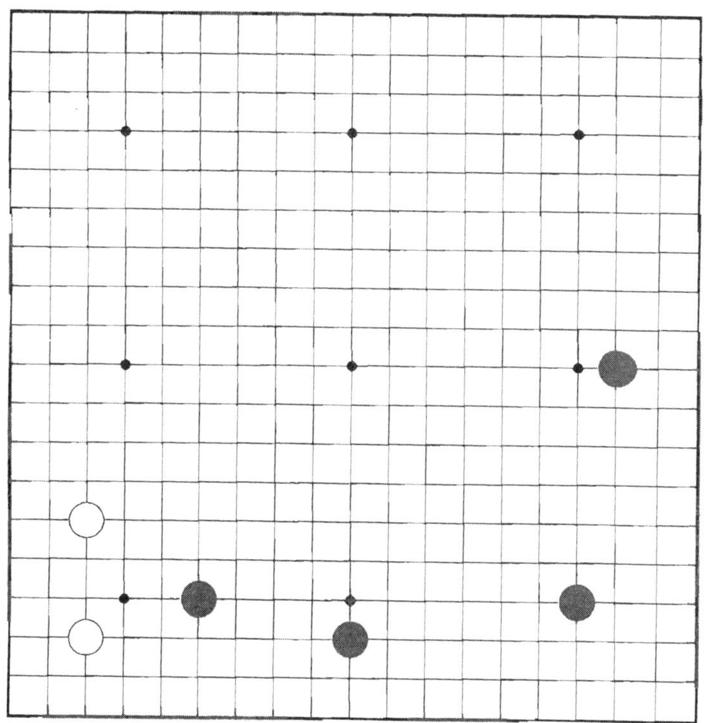

白번

왼쪽은 도외시하고 우하의 화점으로부터 양날개로 전개한 모양에 착안한다.

앞의 형의 3三으로부터 양날개 모양에는 "삭감"의 태도가 적절하였지만 이번에는 어떨까?

단, 이 형은 어느 것이 정해라고는 할 수 없다. 여러 가지 수단이 있는데 각 수마다 그 나름대로 가치가 있다.

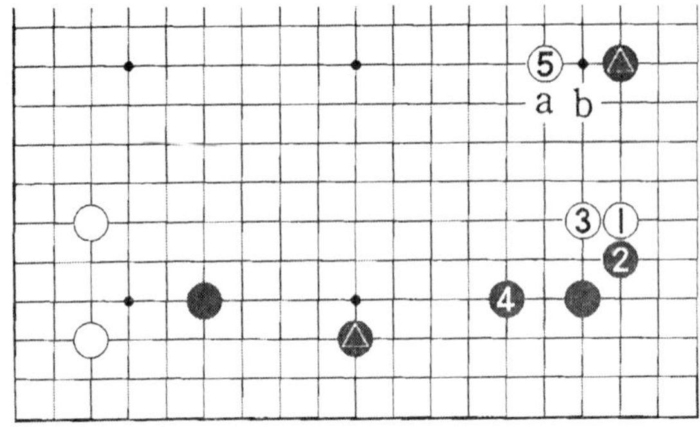

그림 1＊

그림 1 (걸치기) 걸치는 방향은 ▲의 강약비교에 의한다. 白5나 a, b 등으로 처리한다.

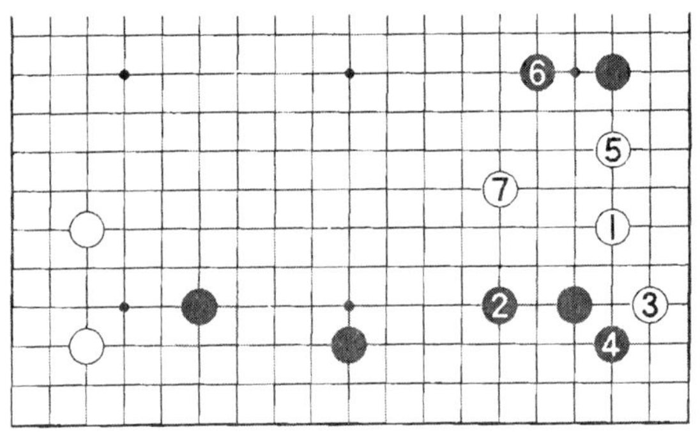

그림 2

그림 2 (허술하다) 黑이 ㅁ자 붙임수를 두지 않고 白3, 5를 허용하는 것은 약간 허술하다.

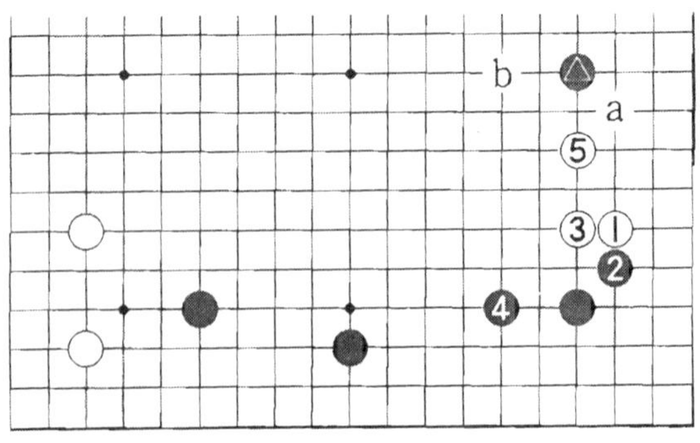

그림 3＊

그림 3 (상형) ▲이 높을 때에는 白5까지 상형이다. 다음에 黑a나 b로 공격을 속행한다.

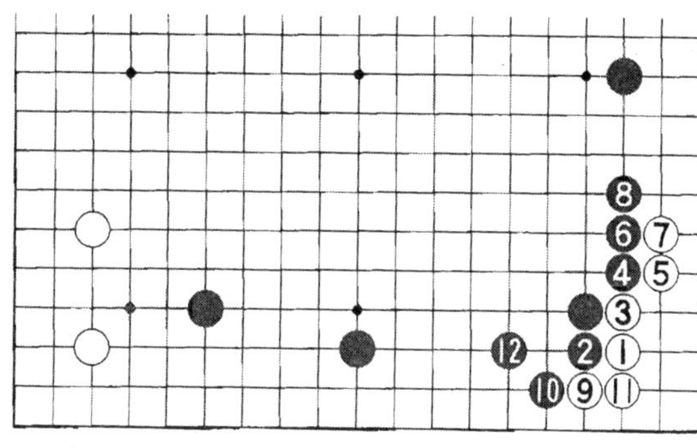

그림 4 *

그림 4 (간명) 3三 침투라면 간명하다. 화점의 양날개의 약점이다. 黑2는 넓은 쪽을 막는다.

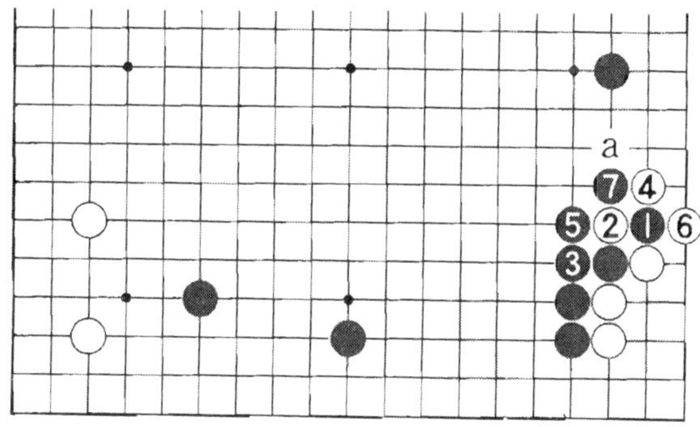

그림 5 *

그림 5 (선수) 앞 그림의 黑6의 변화로 白8을 1로 이으면 黑이 선수이다. 그러나 白a의 단수도 있다.

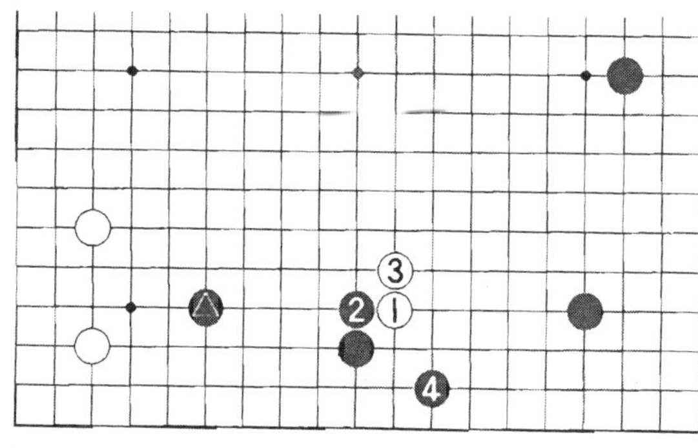

그림 6

그림 6 (삭감) 白1의 어깨짚기라면 삭감의 태로로, ▲ 방면의 간격이 넓으면 문제이다.

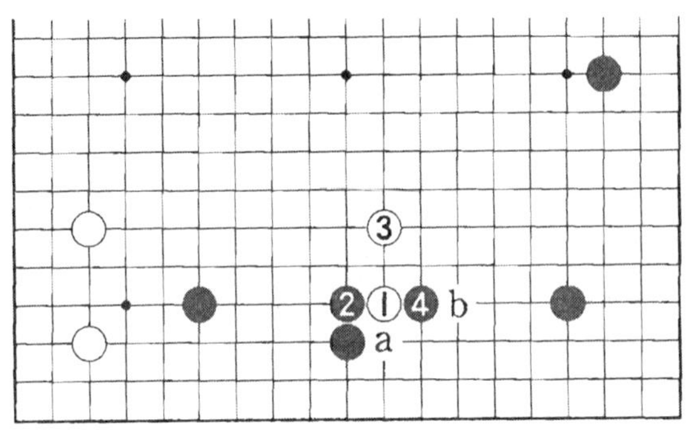

그림 7

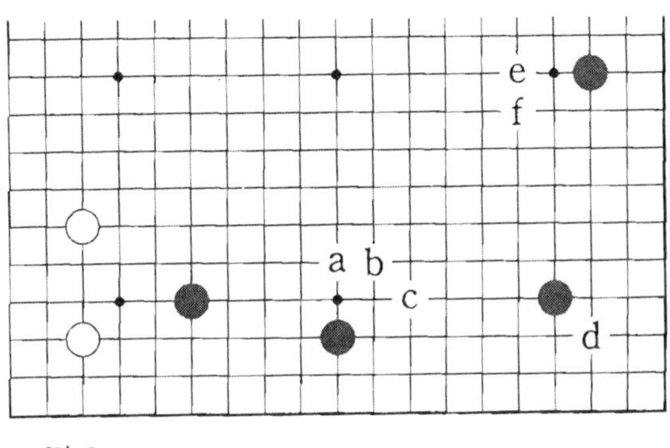

그림 8

그림 7 (가볍다) 白3의 뛰기도 가볍다. 黑4에 손빼기로 삭감을 달성한다. 그렇지만 黑집은 견고하다. 黑2를 a로 기는 경우도 있는데 白은 b로 뛰든지 4로 뻗는다.

그림 8 (이 밖의 삭감) a 혹은 b의 씌우기도 삭감의 태도이다. 黑c로 받게 하고 d의 3三을 노리는 수가 있다. 우변e, f도 같은 뜻이다.

포인트

이상은 이 형에서의 간단한 변화에 지나지 않지만 다음 세 가지가 중요하다.

1. 화점의 양날개 모양은 3三 침투가 있다.

2. 화점에 대한 걸치기는 약한 쪽에서 걸친다. 그렇게 하는 것이 싸우기가 편하다.

3. 어깨짚기, 씌우기의 삭감은 중요한 쪽의 변에서부터 둔다.

제 8 형

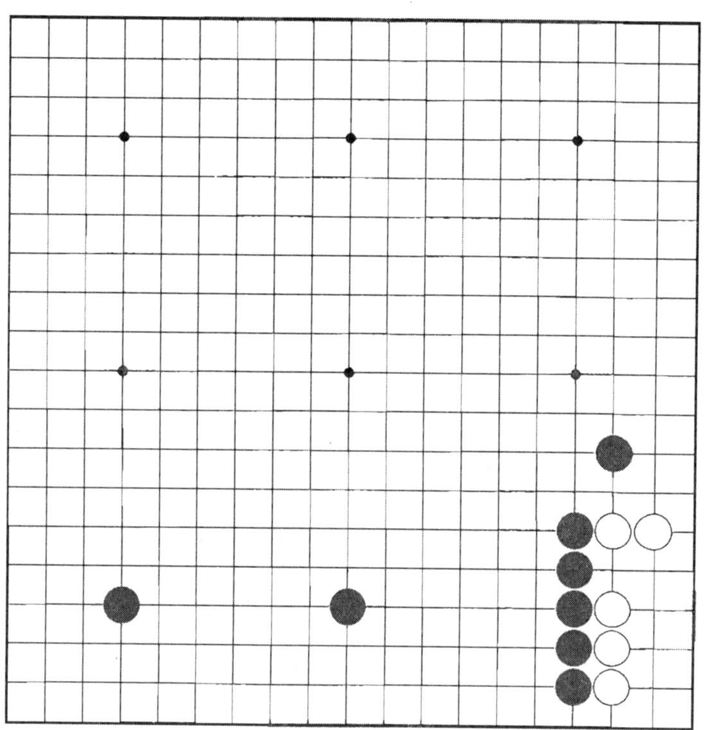

白번

3連星에서 발생한 모양이다. 이 대규모의 모양에 임하려면 어떤 사고 방식이 중요할까?

하변만 한정시킨다면 어느 것이 옳다고 할 수 없지만 여러 가지 침투와 삭감에는 장점과 단점이 있을 것이다.

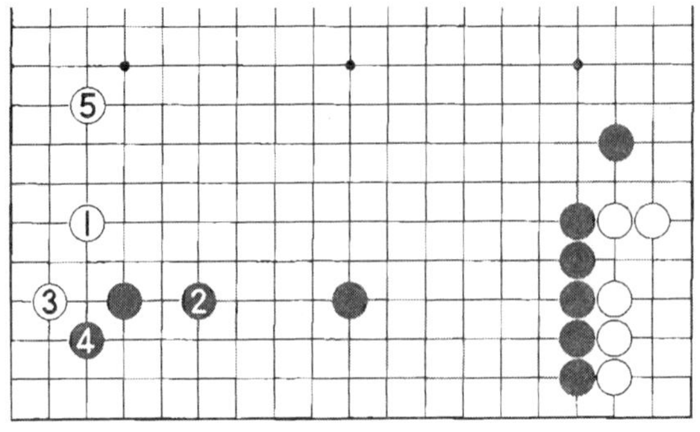

그림 1＊

그림 1 (온당) 白1로 바깥쪽에서 걸치는 것은 온당하다. 白5로 벌려 불만은 없다.

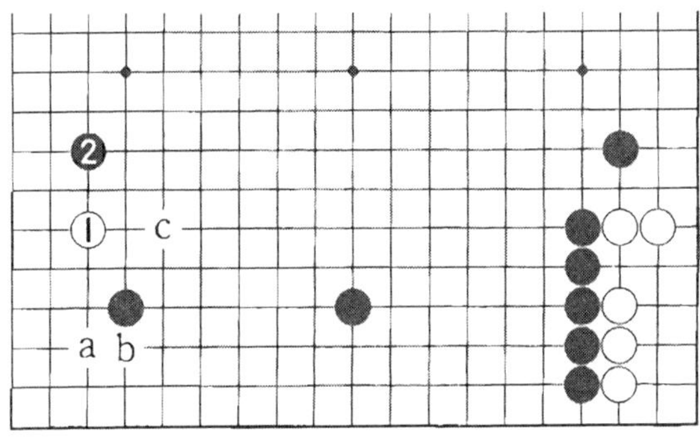

그림 2

그림 2 (작전) 그러나 黑2에 협공할 수도 있으며 白a는 黑b이하 두터움이 강대하다. 白c는 싸움이다.

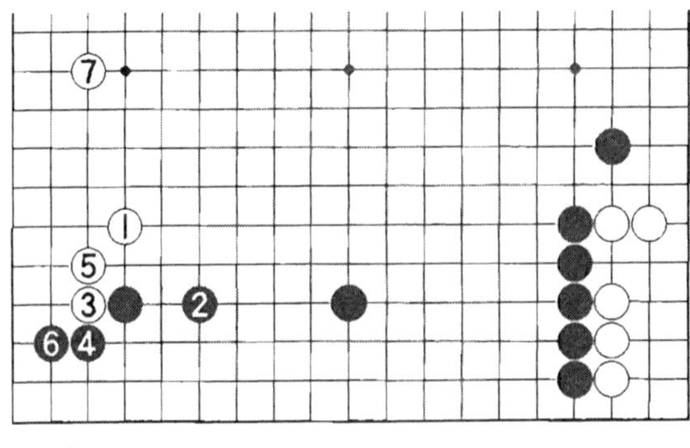

그림 3＊

그림 3 (손해) 앞 그림의 협공을 꺼린다면 白1도 하나의 수법으로 白7까지 부분적으로는 白이 손해이다.

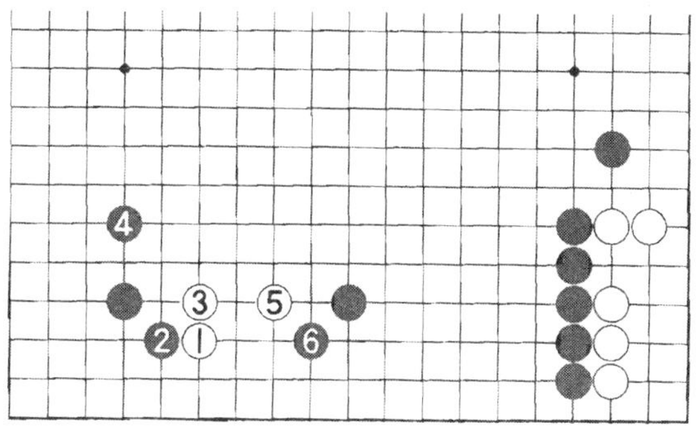

그림 4

그림 4 (괴롭다) 안쪽에서부터의 걸치기는 따분한 모습으로 경우에 따라 다르겠지만 약간 괴롭다.

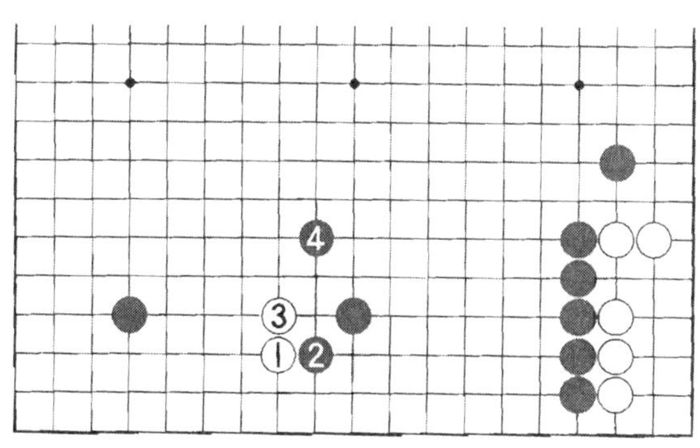

그림 5

그림 5 (공격) 白1의 침투라면 黑2, 4로 공격한다.

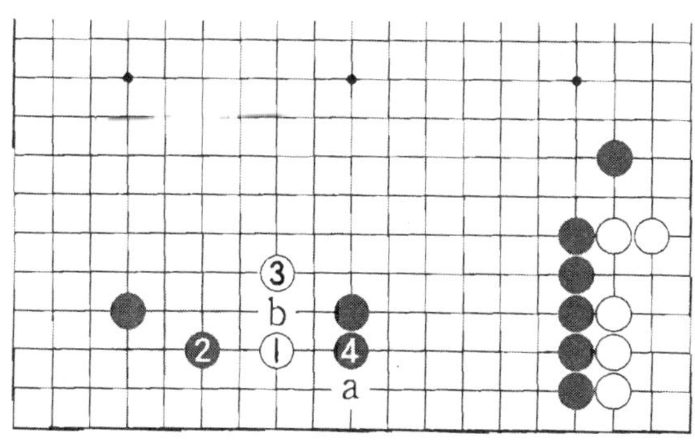

그림 6 *

그림 6 (근거가 없다) 黑2쪽에서 공격한다. 白3으로 a는 黑b로 봉쇄한다.

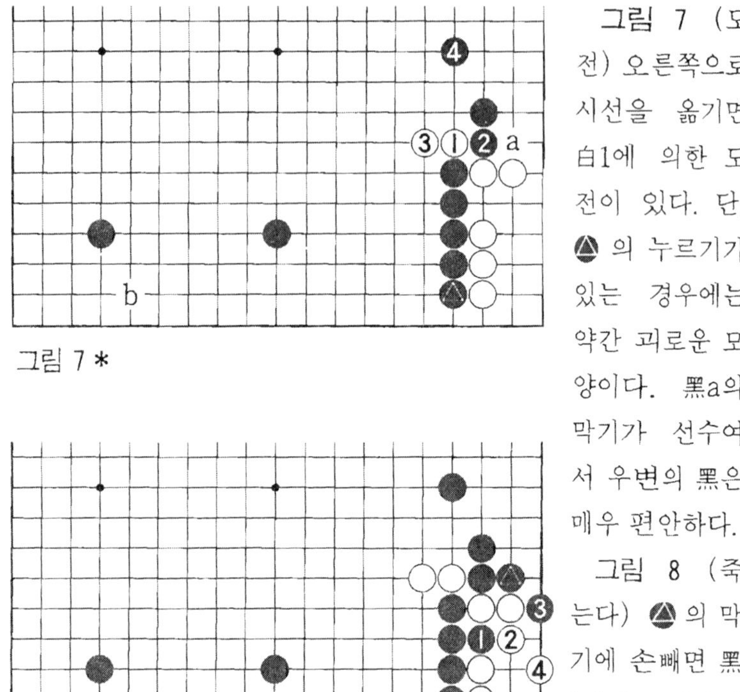

그림 7＊

그림 8

그림 7 (도전) 오른쪽으로 시선을 옮기면 白1에 의한 도전이 있다. 단, ▲의 누르기가 있는 경우에는 약간 괴로운 모양이다. 黑a의 막기가 선수여서 우변의 黑은 매우 편안하다.

그림 8 (죽는다) ▲의 막기에 손빼면 黑1이하 평범한 수순으로 죽는다.

포인트

그림 1의 기본이며, 黑의 응접이 온당한가 과격한가에 따라서 白의 걸치기 이후에는 싸움이 예상된다.

바깥쪽 걸치기가 불만이라면 모양에 따라 깊게 침공하는 수단을 생각한다.

그림 7에서 설명한다면 白b의 잠수 영법도 형세에 따라 생각할 수 있다.

제 9 형

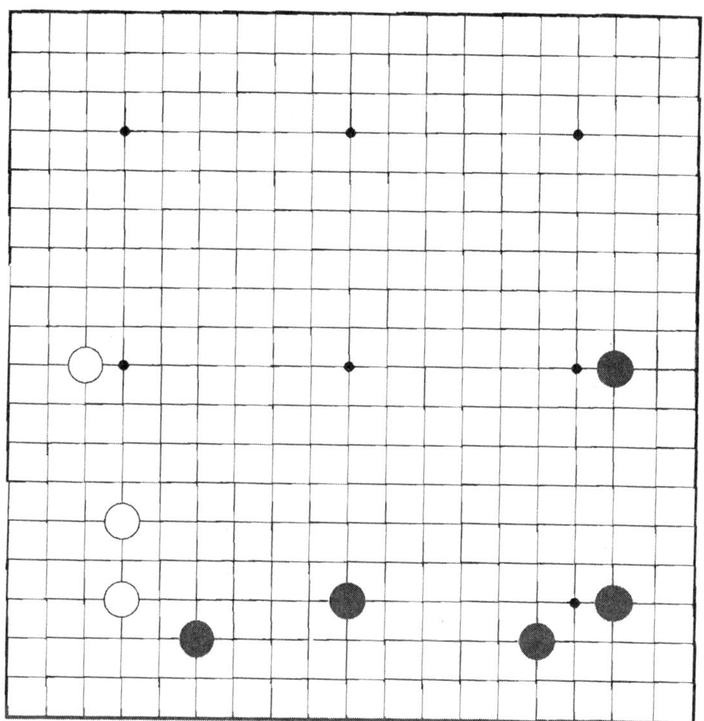

白번

이번에는 日자 굳힘수를 기점으로 한 양날개 모양이다. 귀가 견실하기 때문에 독자적인 침공을 도모한다면 깊은 침투는 좀 생각해 보아야 할 것이다.

깊게 침투하면 일방적으로 공격을 받을 것 같다. 따라서 이 자리는 얕은 삭감으로 임하는 것이 좋다.

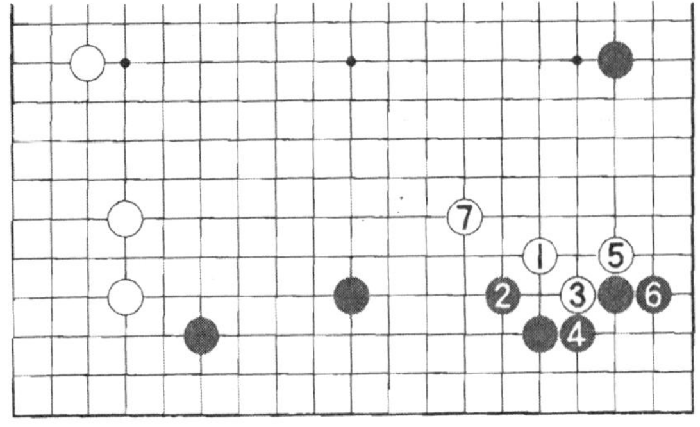

그림 1 *

그림 1 (중앙의 삭감) 모양의 중심점으로 白1이 급소이다. 하변이 중요하다면 黑2이다.

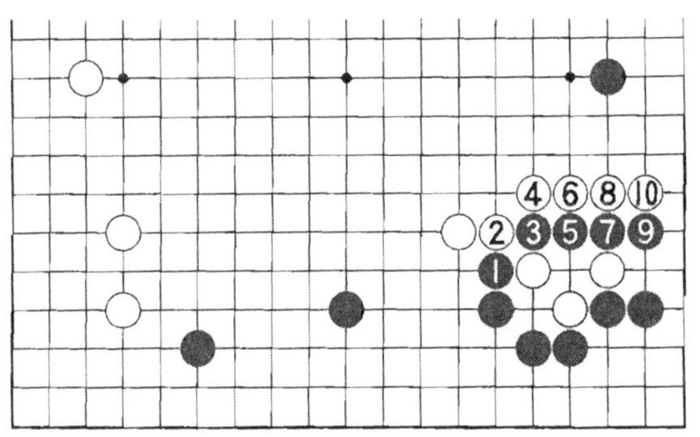

그림 2

그림 2 (白이 유리하다) 앞 그림 다음, 1, 3에는 白4이하로 버려 白이 유리하다.

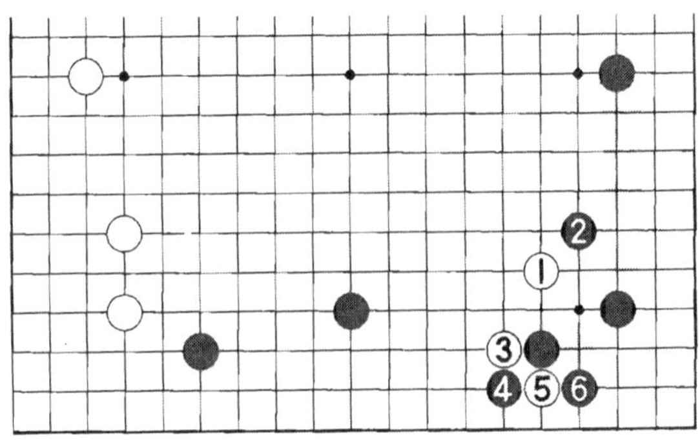

그림 3 *

그림 3 (끊기) 우변이 중요하다면 黑2, 白3, 5가 정수로 黑6으로 단수한다.

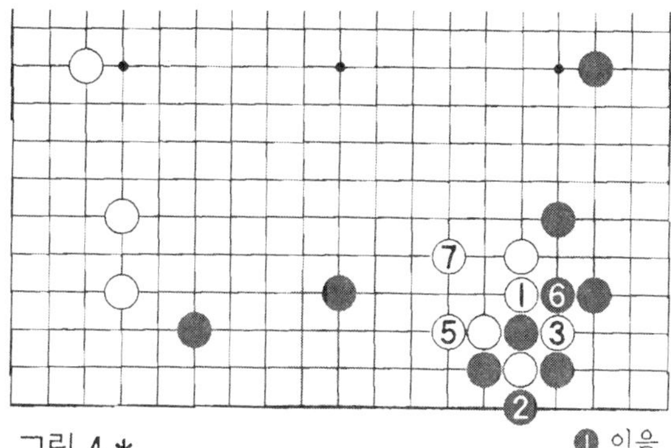

그림 4 *

그림 4 (안정) 그러면 黑1로 단수를 친다. 黑2라면 7까지이고 白은 黑 모양 안에서 안정된다.

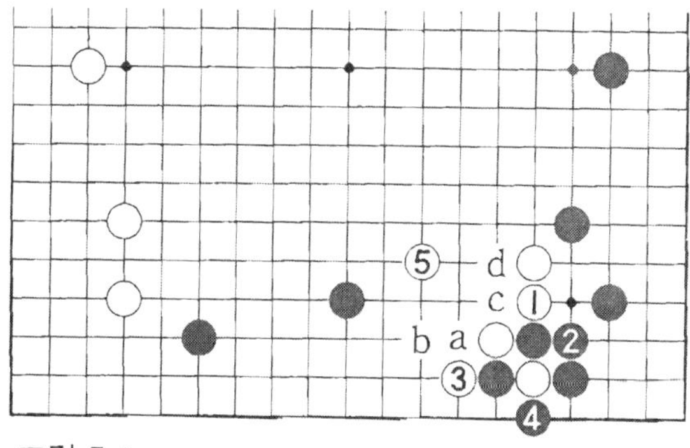

그림 5 *

그림 5 (구축의 모양) 黑2의 잇기에는 白3에서부터 5가 모양이고 黑a는 白b, 黑c, 白d로 정비한다.

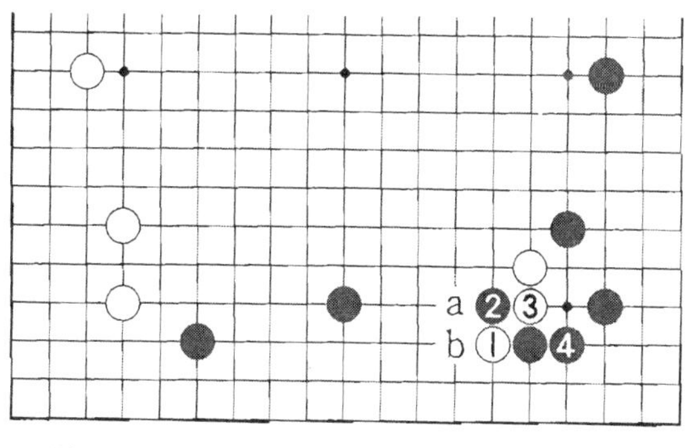

그림 6

그림 6 (반격) 그러나 黑2, 4의 반격에는 요주의 한다. a의 축이 좋지 않아 白b는 불만이다.

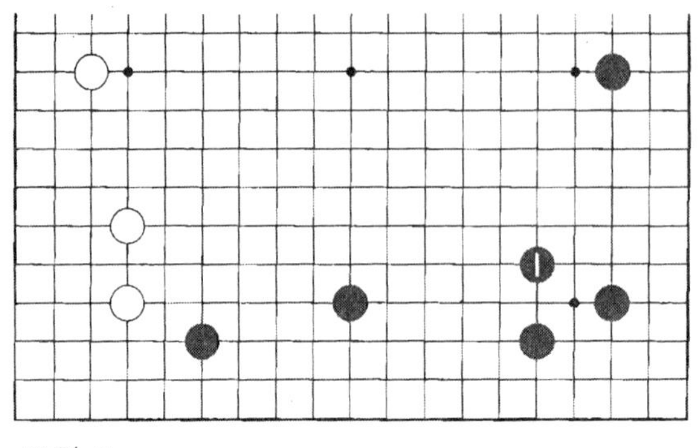
그림 7

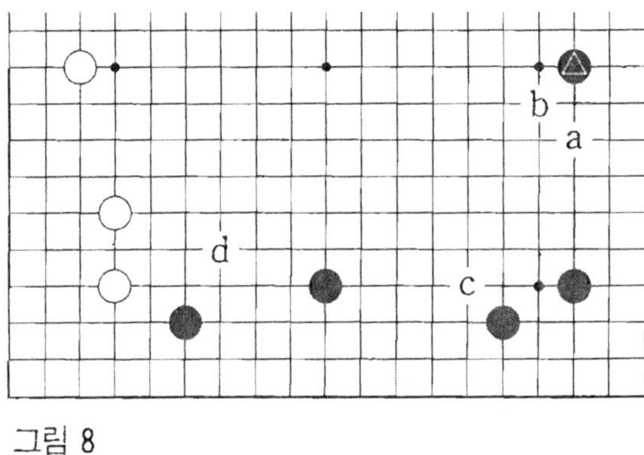

그림 8

그림 7 (당당하다) 적의 급소는 나의 급소이다. 黑1이 좋은 구축이다. 다소 미지근하면서도 좌우를 거의 영역화하고 있어 훌륭한 한수이다.

그림 8 (다른 작전) ▲의 강약 여하에 따라, 말하자면 위쪽에 白의 육박이 있을 때에는 白a의 침투도 생각할 필요가 있다.

또한 白b의 어깨짚기에 의한 삭감도였는데 이것은 좌상의 배치에 따른다. 깊은 삭감이라면 c의 어깨짚기가 떠오를 것이며, 좌변을 부풀게 하는 白d도 유력할 것이다.

포인트

그림 1과 그림 3~그림 5가 가장 중요하다. 어떤 진로를 취하여도 모양의 근간을 삭감시킨다는 것에 성공할 것이다.

"삭감은 씌우기에서부터"를 명심하라.

제 10 형

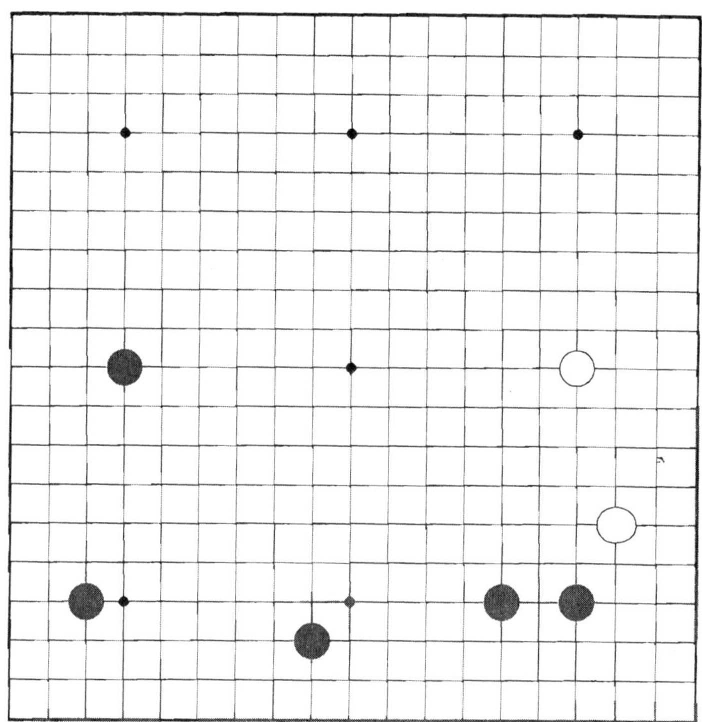

白번

中國流에서 파생한 모양이다.

어디서부터 침투하는가, 혹은 어디서부터 삭감하는가는 中國流의 경우, 항상 고민거리이다. 높은 中國流인가, 낮은 中國流인가, 아니면 화점에 白의 걸치기가 있는가의 여부에 따라 모양에 대한 대처가 달라진다.

그런데 이 경우라면 어떨까?

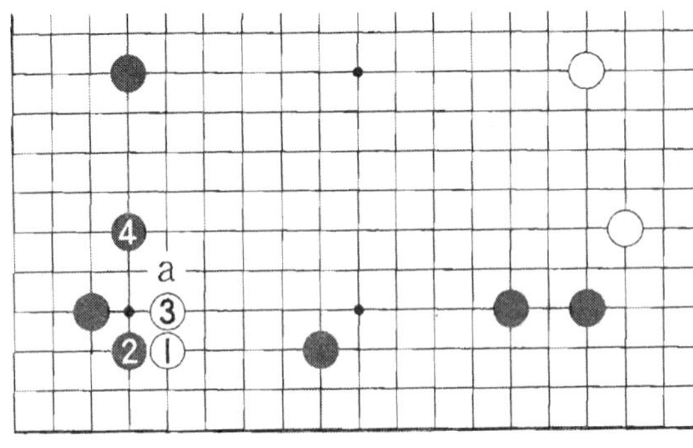

그림 1

그림 1 (무겁다) 낮은 걸치기는 무겁다. 白3의 뻗기는 a가 아니면 안 된다.

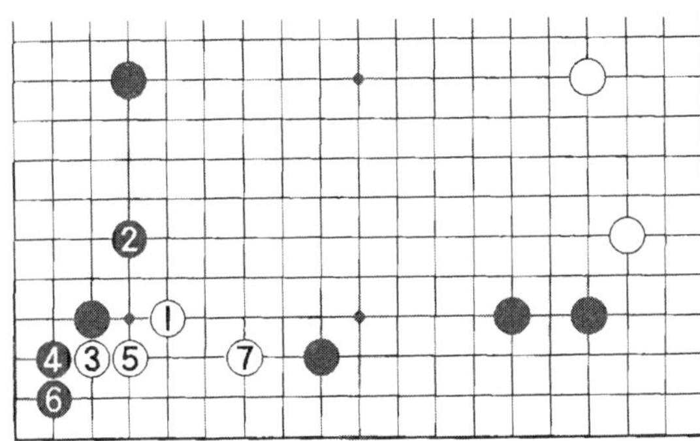

그림 2 *

그림 2 (작게 산다) 둔다면 높은 걸치기이다. 白7까지 정석으로서 작지만 안정되었다.

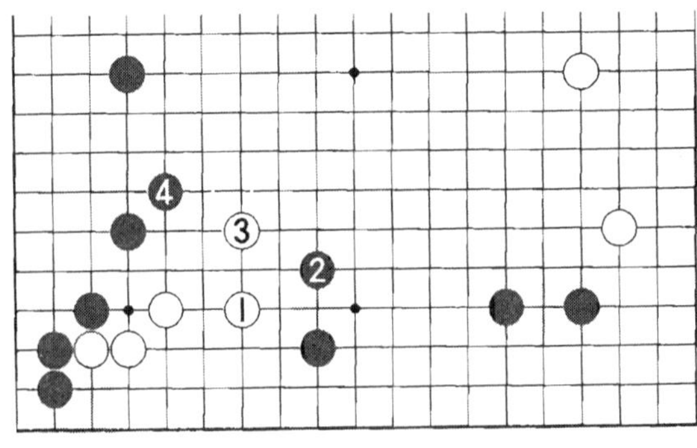

그림 3 *

그림 3 (달아난다) 높게 白1이라면 중앙으로의 진출은 한걸음 빠르지만 안정은 미정이다.

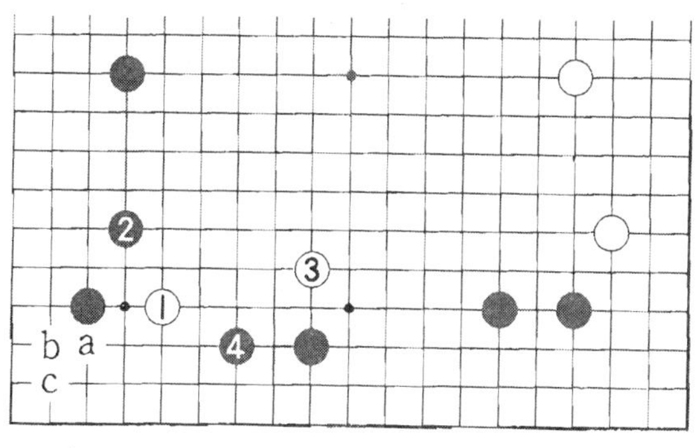

그림 4

그림 4 (삭감) 白3은 삭감의 태도로 黑4 다음에 白a, 黑b, 白c가 노림수이다.

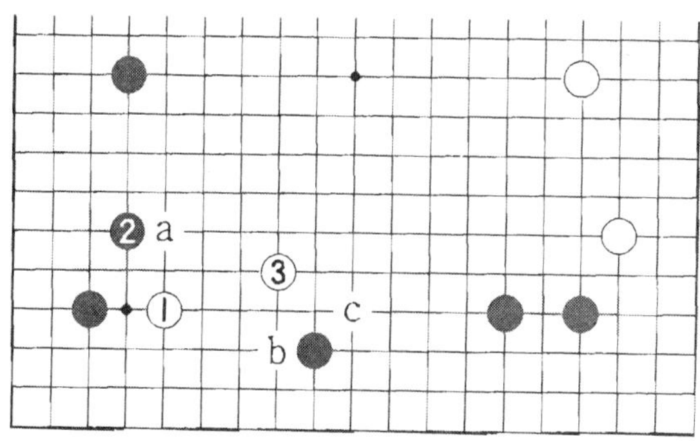

그림 5 *

그림 5 (처리) 白3으로 한 칸 좁히면 a와 b가 맞보기가 된다. 黑c라면 활용한다.

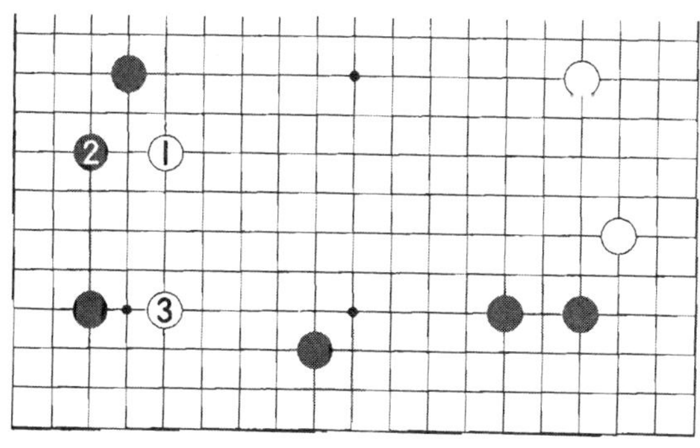

그림 6

그림 6 (연구) 白1근처에서 임하는 것도 전국적인 판단에 따른다. 白1, 3은 재미있다.

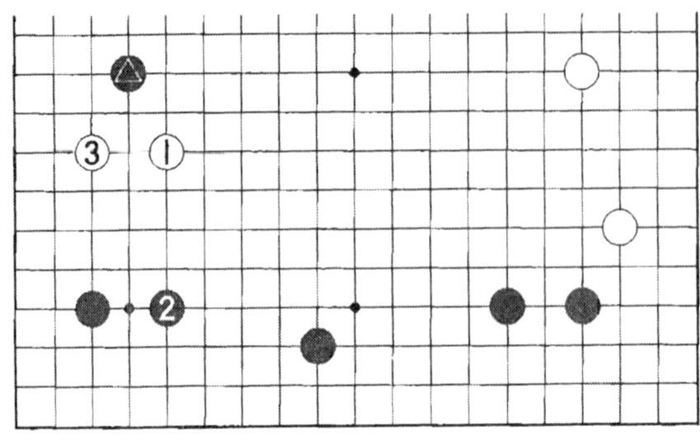

그림 7 *

그림 **7** (침투한다) 黑2로 굳히면 白3으로 뛰어 들려는 것이다.

▲의 강약 및 좌상의 배치 여하에 따라 다르다.

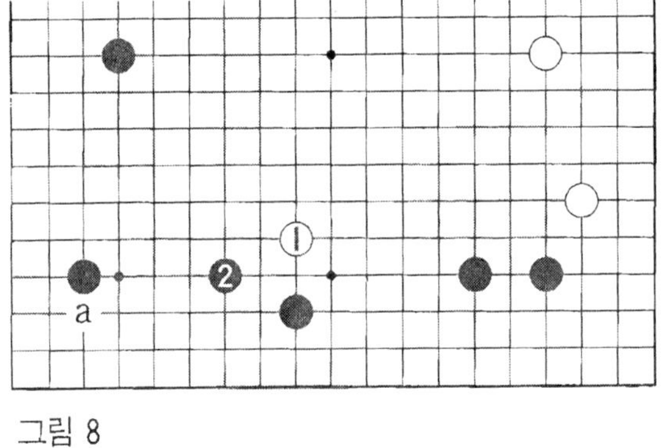

그림 8

그림 **8** (약간 허술하다) 白1은 단순한 삭감으로 黑2이면 장차 白a의 맛을 보고 있다. 그러나 걸칠 수 있는 자리를 걸치지 않는 것이 불만이고 그림11에 비하여도 성과를 거두고 있다고는 할 수 없다.

포인트

그림 2, 그림 3, 그림 5, 그림 7 근처가 중요할 것이다. 넓은 장면이므로 뭐라고 말할 수 없지만 기본은 얕게 삭감할 것인가 깊게 뛰어들 것인가의 선택이 중요하다.

깊게 뛰어들어 주변에 악영향을 미칠 것인가의 여부는 큰 모양 작전에에서는 계속 문제인 것이다.

제 11형

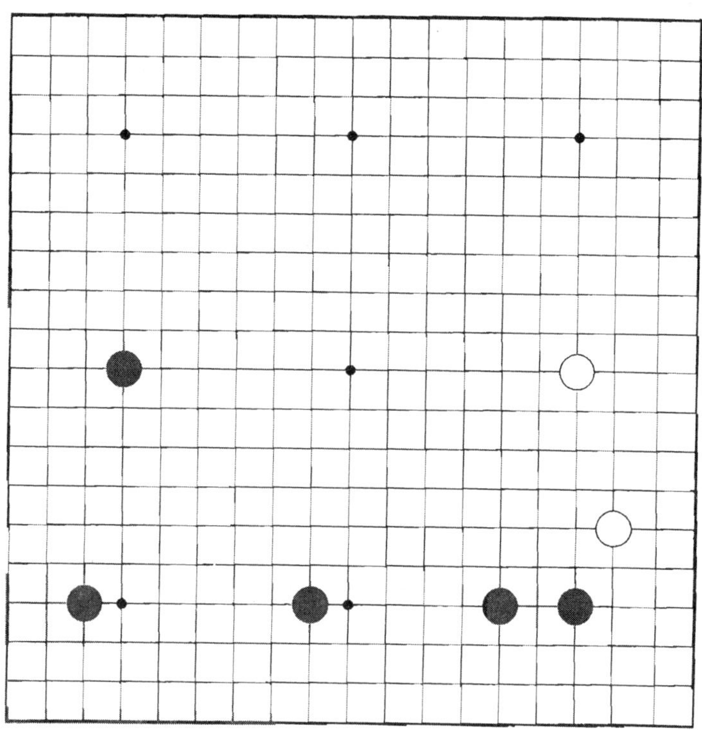

白번

이번에는 높은 中國流이다. 오른쪽이 白의 걸치기에서부터 모양이 결정되었으므로 역시 좌하의 小目주변이 문제가 된다는 것은 말할 것도 없다.

제1감은 걸치기인데 다음의 싸움이 약간 까다로운 것이다.

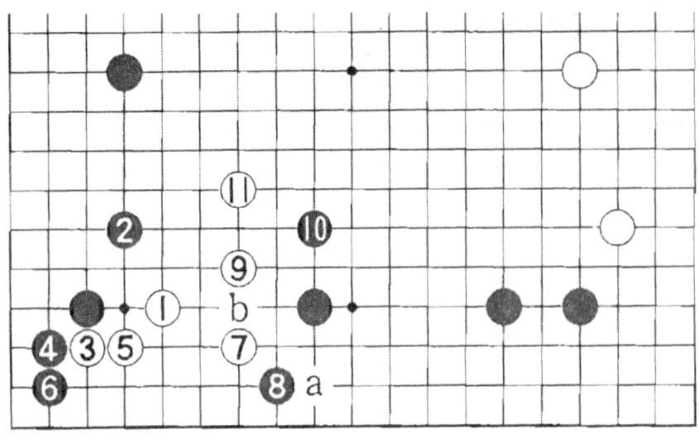

그림 1 *

그림 1 (뛰기) 白1에서 7까지는 보통으로 白a를 허용할 수 없고 黑8, 10으로 같이 뛰게 된다. 白7은 b도 있다.

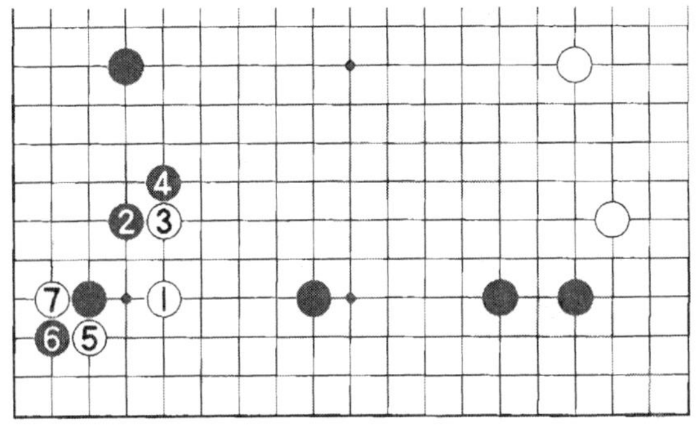

그림 2 *

그림 2 (타개) 앞 그림을 꺼린다면 3, 5, 7의 타개가 유력하다.

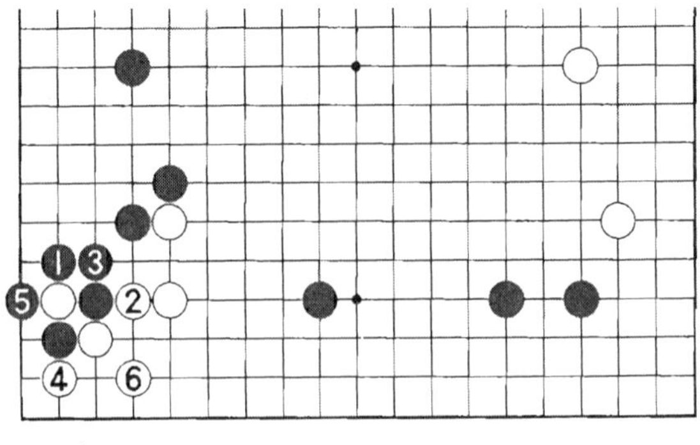

그림 3

그림 3 (주문) 黑1이라면 白2, 4로 수습하여 충분하다.

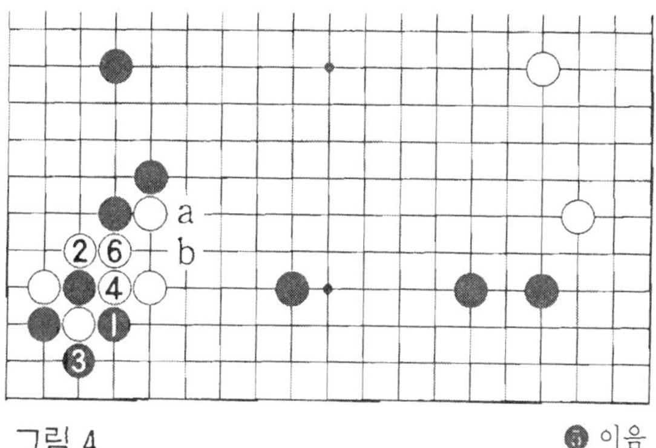

그림 4

❺ 이음

그림 4 (돌파) 그림 2의 黑1이라면 白2, 4로 돌파하여 충분하다. 다음 黑a는 白b이다.

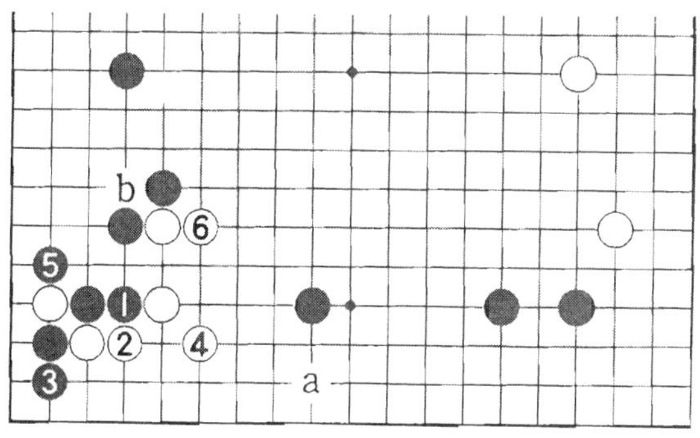

그림 5 *

그림 5 (맞보기) 黑1의 부딪치기는 白6다음 a와 b가 맞보기이다.

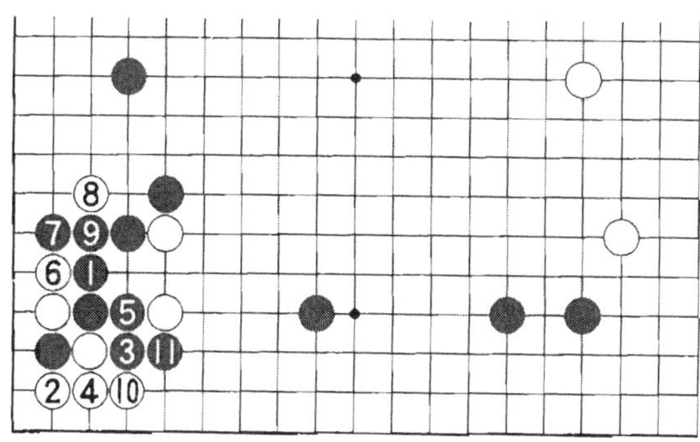

그림 6 *

그림 6 (정석) 1에서 黑11까지가 정석이다. 두터움 대 白의 실리 이익의 선수이다.

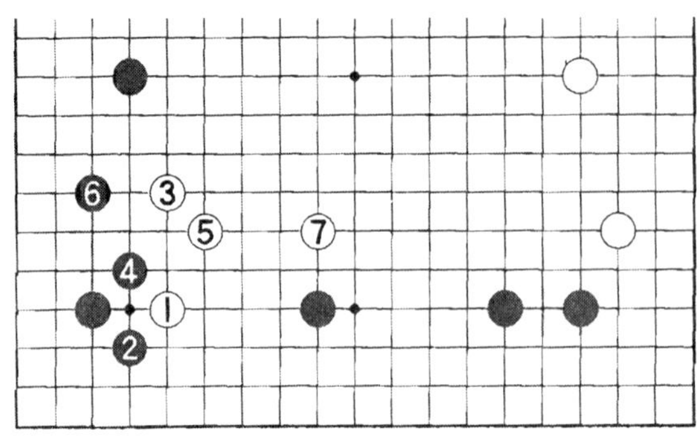

그림 7 *

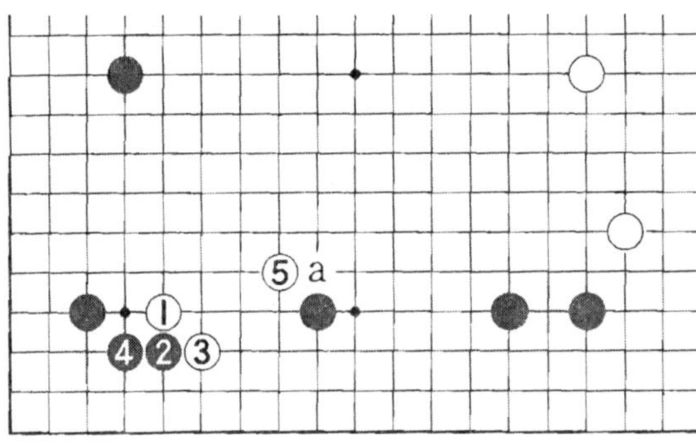

그림 8 *

그림 7 (실리) 黑2의 ㅁ자도 하나의 수법으로 짠 전법이지만 白도 7까지 가볍다.

그림 8 (몰아낸다) 黑2, 4의 붙임수도 공격의 전법으로서 유력하다. 白3, 5로 안정된 모양을 얻으려고 한다. 이 다음에, 두터움이 어떻게 활용될 것인가가 중대한 문제이다.

포인트

그림 6은 부분적으로 일단락하였지만, 그림 7이나 그림 8은 앞으로의 싸움이 전국에 파급하지 않는다고 단정할 수 없다.

이와 같이, 3連星이나 中國流는 계속 변화가 많고 앞을 전망하는 힘이 요구되고 있다. 침투와 삭감의 출발점도 다양하지만 길이 멀고 멀다.

제 12 형

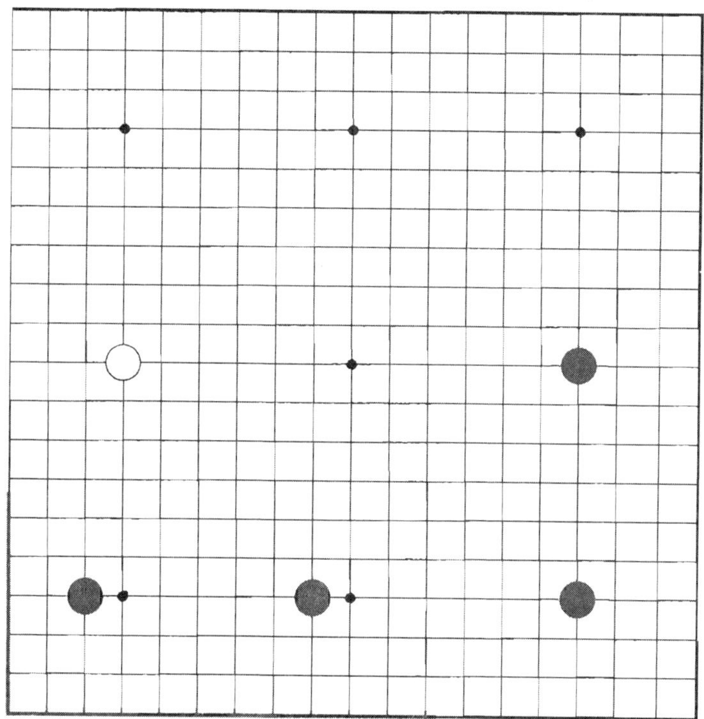

白번

단순한 모양이지만 앞의 형과 다른 점은 우변과 좌변의 배치로 黑, 白이 역이 되었다.

그런데 白은 어디에 착안할 것인가?

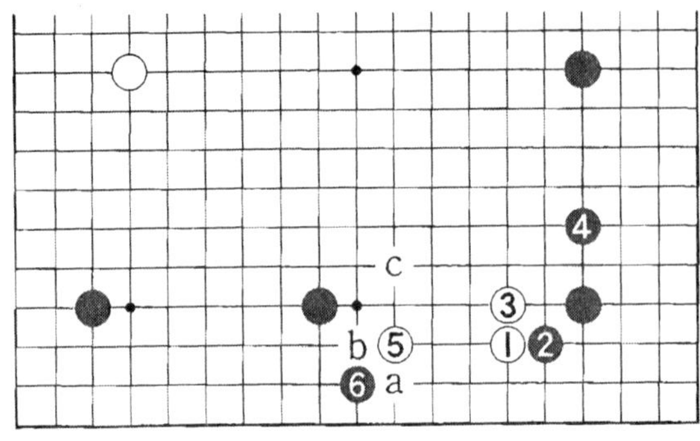

그림 1＊

그림 1 (여유) 白1로 걸치고 싶은 것은 白5로 벌리는 여지가 있기 때문이다. 黑6다음 白a, 黑b, 白c라면 적당하다.

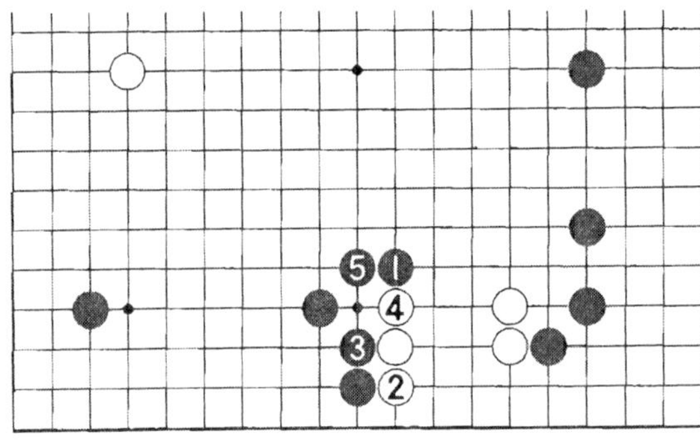
그림 2

그림 2 (압박) 손을 뺀다면 黑1이 준엄하다.

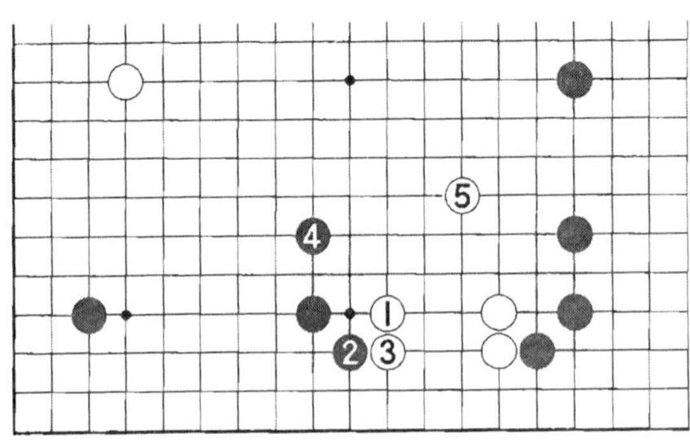
그림 3

그림 3 (유력) 그러나 白1의 높은 벌리기도 상당하다. 2, 4라도 쉽게 공격할 수 없다.

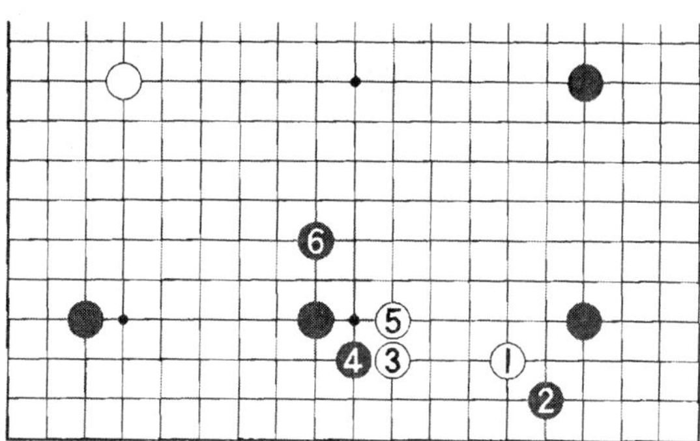

그림 4 *

그림 4 (日자 굳힘) 黑2도 中國流의 독특한 日자 굳힘수로 그림 1과의 비교가 문제이다.

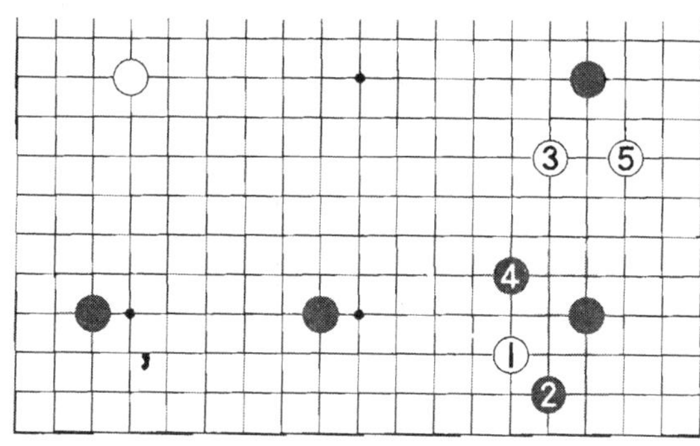

그림 5 *

그림 5 (기세) 예를 들면 반발하는 白3 등이 기세의 응수이다.

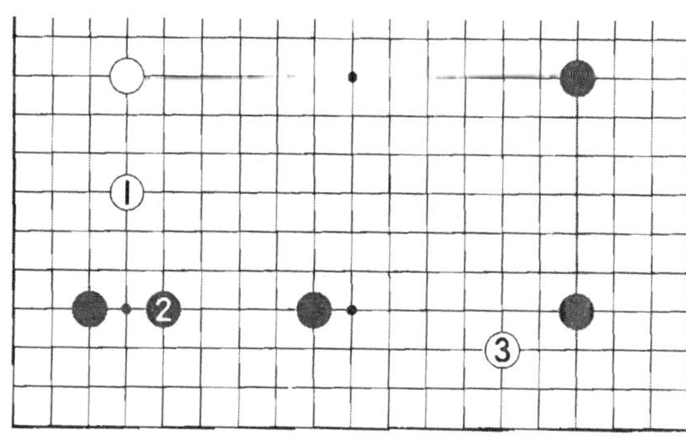

그림 6 *

그림 6 (결정한다) 좌변으로 옮기면 白1, 黑2로 결정하는 것도 생각할 수 있다. 그리고 白3도 마찬가지이다.

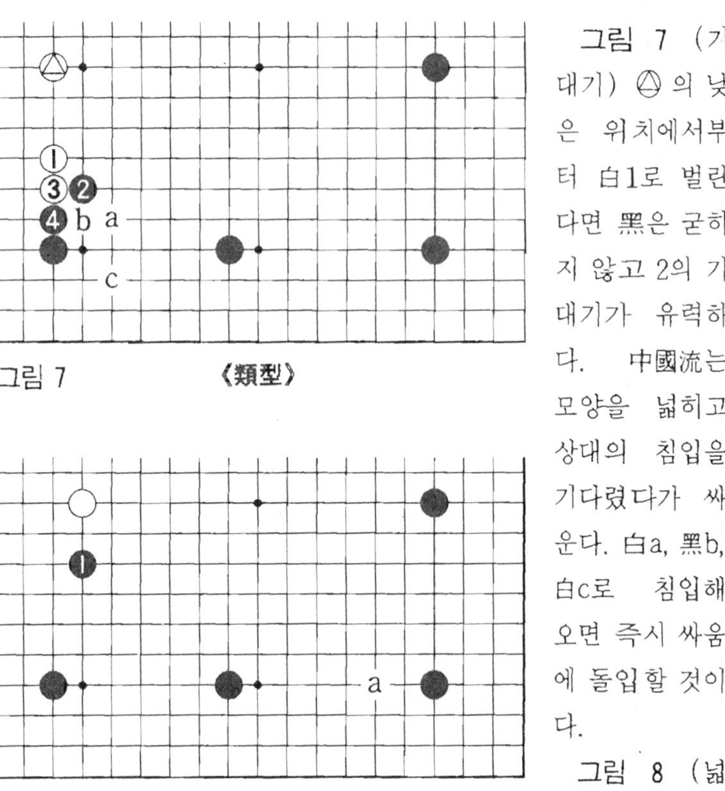

그림 7 《類型》

그림 8 *

그림 7 (기대기) △의 낮은 위치에서부터 白1로 벌린다면 黑은 굳히지 않고 2의 기대기가 유력하다. 中國流는 모양을 넓히고 상대의 침입을 기다렸다가 싸운다. 白a, 黑b, 白c로 침입해오면 즉시 싸움에 돌입할 것이다.

그림 8 (넓힌다) 黑번이라면 黑1로 벌리거나 黑a로 굳히거나 상반부의 배치 여하에 달려 있다.

포인트

두칸으로 벌릴 여지가 있다면 걸치기는 나쁜 수가 아니다. 이 형은 기본이므로 白이 두칸 벌린 다음에는 黑은 이 白에 육박하여 좌우의 黑 모양을 굳혀 나간다. 그림 1과 같이 공격을 보고 있는 한 白도 전선확대가 부자연스럽다.

제 3 장

침투와 삭감을 둘러싼 공방

《침투와 삭감을 익히는 방법 ③》

◈ 상대의 집은 크게 보이고 자기 집이 작게 보이는 사람은 비관파이다. 삭감을 하여도 충분한 때에도 침투를 하여 손해를 거듭하는 경우도 있을 것이다. 언제나 자기 쪽이 크게 보이는 낙관파는 침입에서 부족하다는 경우가 있을 것이다. 이쪽도 차지하고 저쪽도 차지하려고 욕심을 부리는 것은 안 되지만 너무 여유 만만해도 안 된다. 역시 바둑은 균형을 유지하며 기회에 맞게 두는 것이 원칙이다.

침투와 삭감에서 싸움으로

이 장에서는 침투와 삭감을 둘러 싼 공방전에 초점을 맞추기로 하였다. 힘이나 돌의 배치는 제1장, 제2장과 마찬가지로 기본적인 것 뿐이지만 실전형에서의 공격과 타개에 대해 많이 연구하여 주기 바란다. 침투나 삭감 다음의 안정상태, 중앙으로의 진출상태 등 여러 가지 싸움의 양상은 실전면에서 많이 응용할 수 있다.

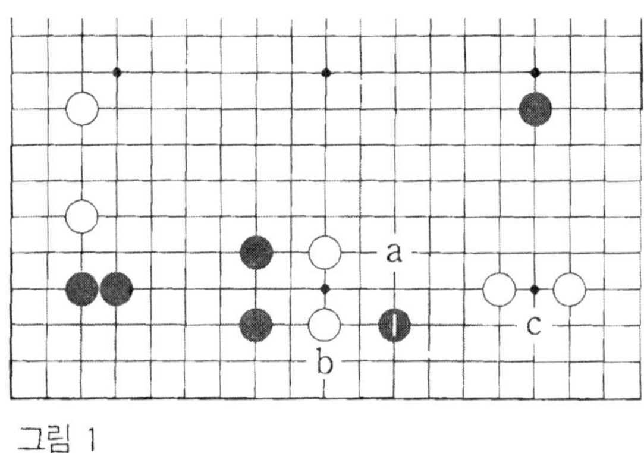

그림 1

그림 1 이 장에 관계가 있어 뛰어든 1의 침투이후의 싸움이 볼만하다. a로 뛰어나오기, b의 건너가기, c의 바꿔치기 등을 본 1에게 白이 어떻게 맞아 싸울 것인가? 실전에서는 다양한 변화중에서 하나를 선택하지 않으면 안 된다.

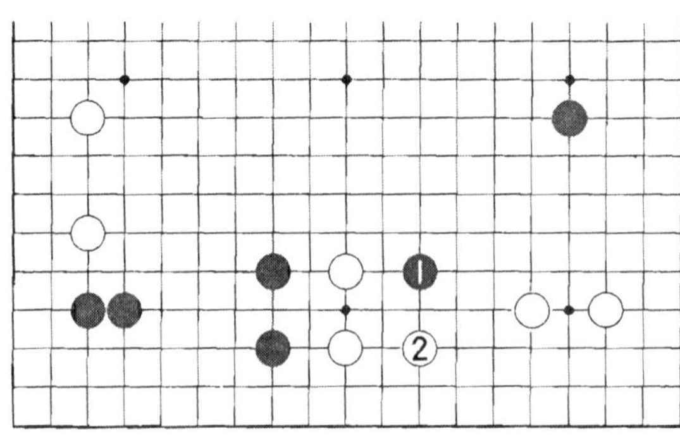
그림 2

그림 2 너무 약하다.

제 1 형

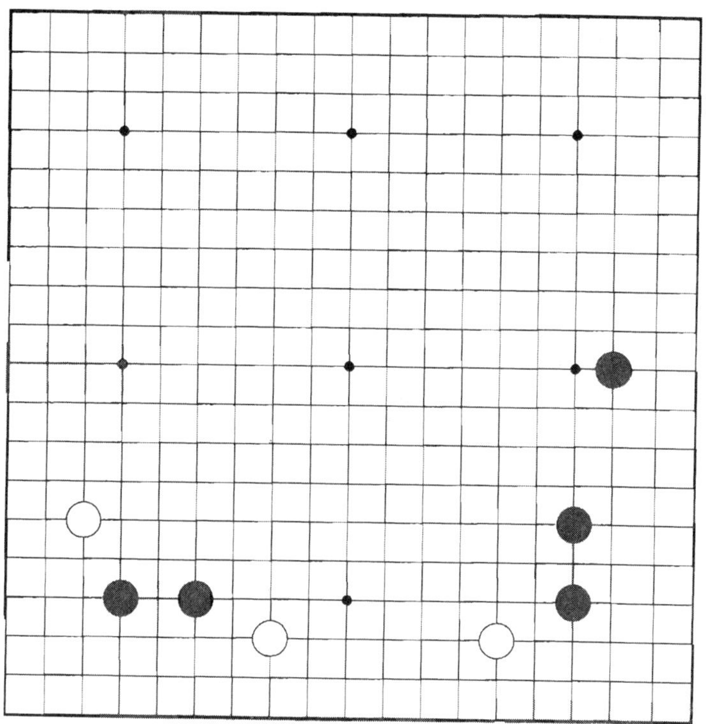

黑번

접바둑에서 가끔 나타나고 있는 배치인데 이런 배치에서는 접바둑, 호선을 불문하고 준엄하게 갈라치지 않으면 기회를 놓치게 된다.

갈라치기의 상식을 기억하기 바란다.(이 장은 모두 黑번으로 통일하고 있다)

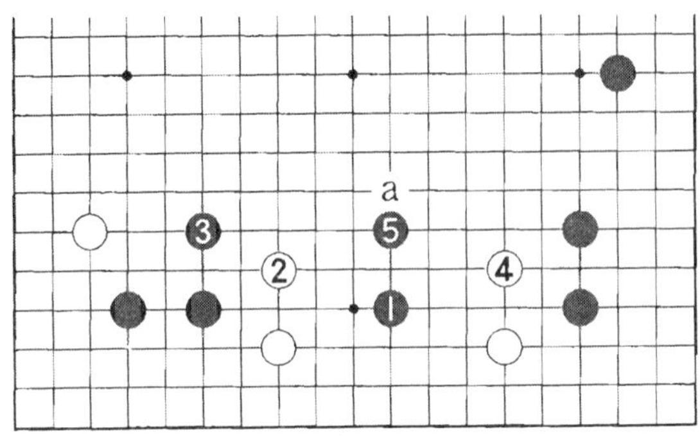

그림 1 *

그림 1 (한가운데로) 높게 黑1로 갈라친다. 黑5 혹은 a로 진출하여 공격한다.

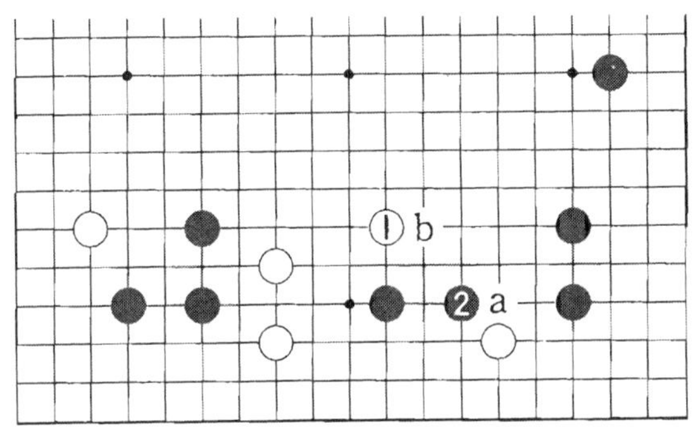

그림 2 *

그림 2 (기대기) 白1의 씌우기라면 黑2의 기대기로 白a에는 黑b로 붙인다.

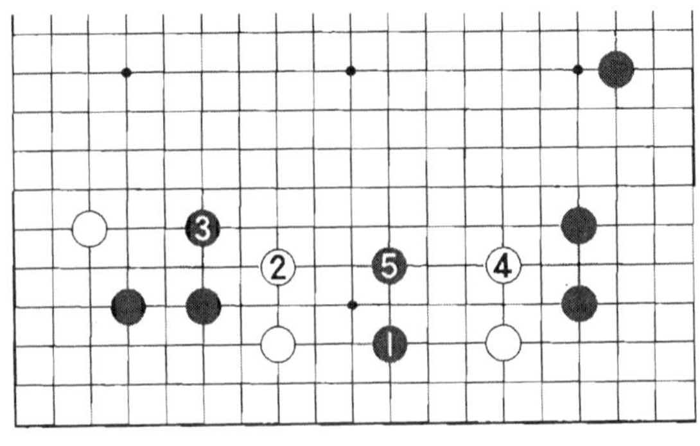

그림 3 *

그림 3 (깊숙하게) 黑1로 낮게 침투하는 경우도 있다. 낮은 쪽이 보다 준엄하다.

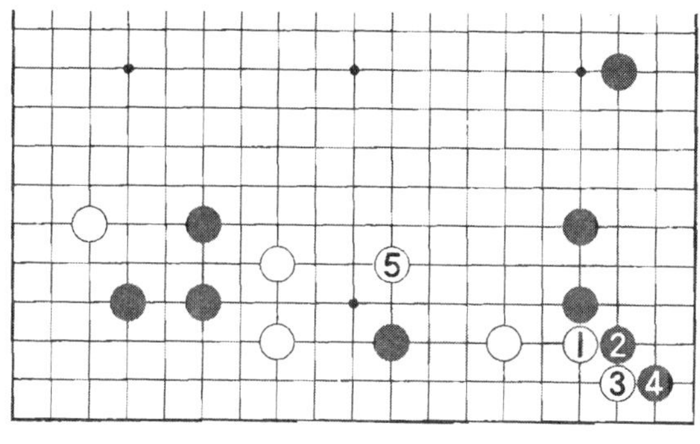

그림 4

그림 4 (위험하다) 깊이 침투하면 위험이 따른다. 예를 들면 1, 3에서부터 5까지이다.

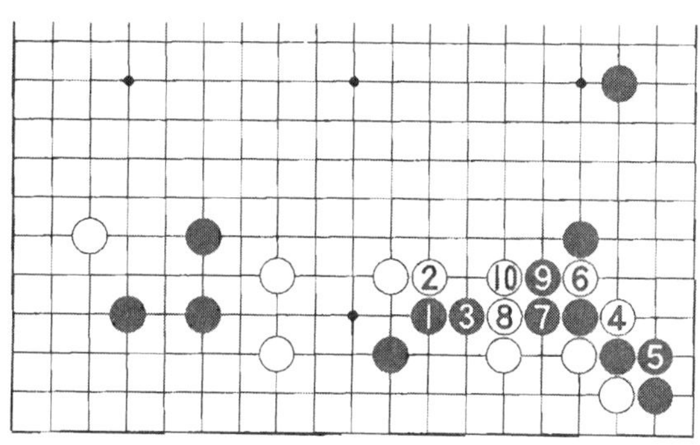

그림 5

그림 5 (함정) 평범하게 1, 3으로 나가면 白4이하로 걸린다.

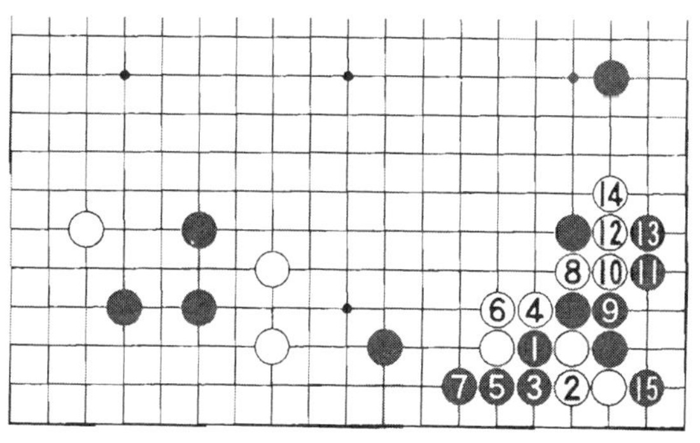

그림 6 *

그림 6 (바꿔치기) 그림 4의 黑4의 변화로 강하게 1, 3으로 두면 黑의 실리의 바꿔치기가 된다.

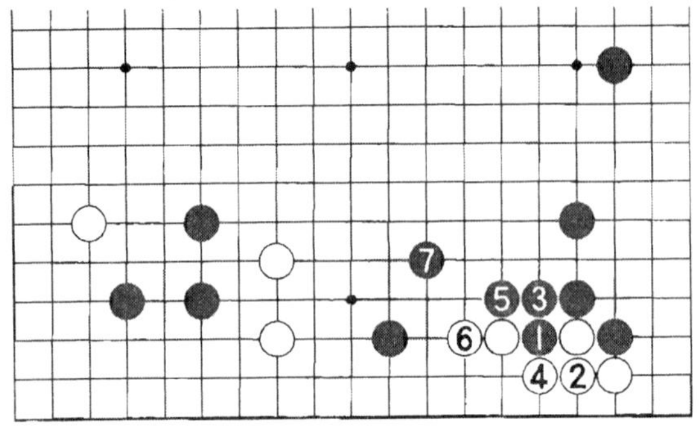

그림 7

그림 7 (두텁게) 黑1, 3은 등을 두텁게 하려는 전법으로 黑7까지 黑도 두터울 것이다.

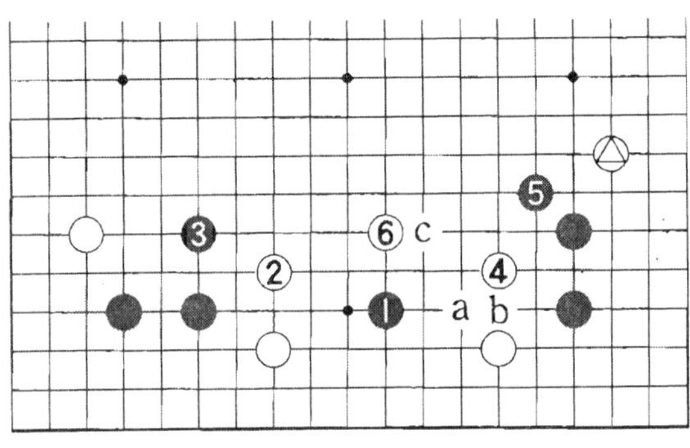

그림 8

그림 8 (활용) △ 이 있는 배치라면 白4가 활용인데 白6일지라도 黑a, 白b, 黑c가 성립된다.

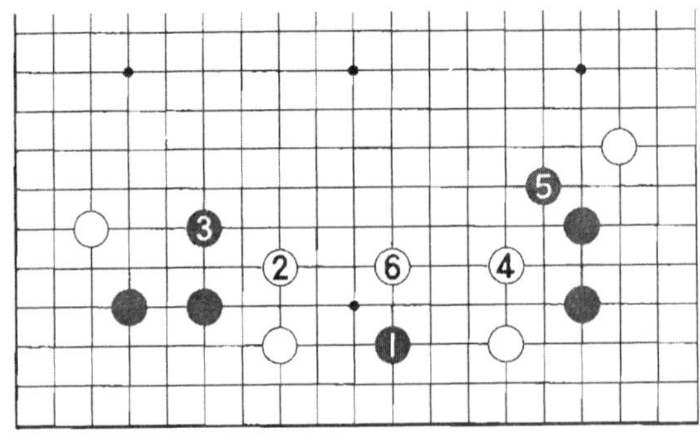

그림 9

그림 9 (크게 나쁘다) 이 경우에는 낮은 침투는 아니다. 白6까지 크게 불리할 것이다.

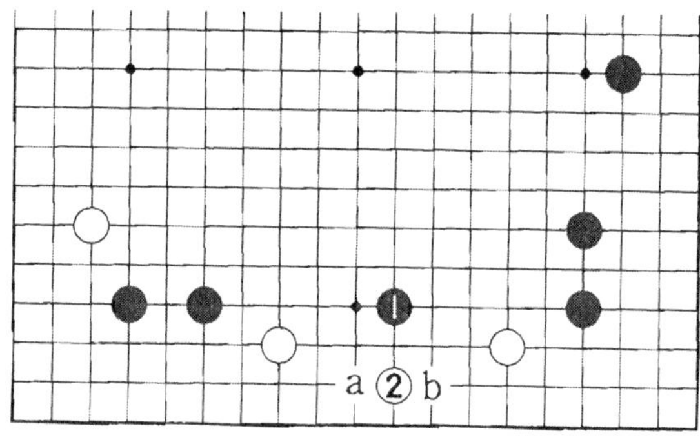

그림 10 *

그림 10 (낮은 자리) 白2로 받는다면 그것만으로도 만족할 것이다. 임시적인 건너가기이므로 黑a나 b로 끊을 수 있지만 급히 끊을 필요는 없다. 白이 한수 더 두어도 모양이 없다.

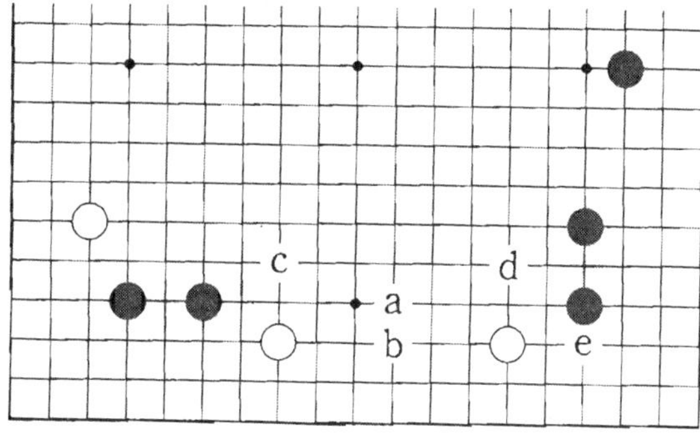

그림 11

포인트

그림 11 (침투가 문제) a나 b, 어느 쪽에 침투하는가 하는 것이 보다 중요한 문제이다. 이 모양에서는 좌우에 기댈 필요도 없이 한 가운데로 침투한다.

침투를 할 때는 白c, d가 선수로 듣는지 읽을 필요가 있다. 이 배치에서는 白c는 다음에 봉쇄를 보아 영향력이 있지만 d는 영향력이 없다.

또한, 白e에 붙이는 수단도 당연히 기억해 두지 않으면 안 된다. 白e는 타개수이다.

제 2 형

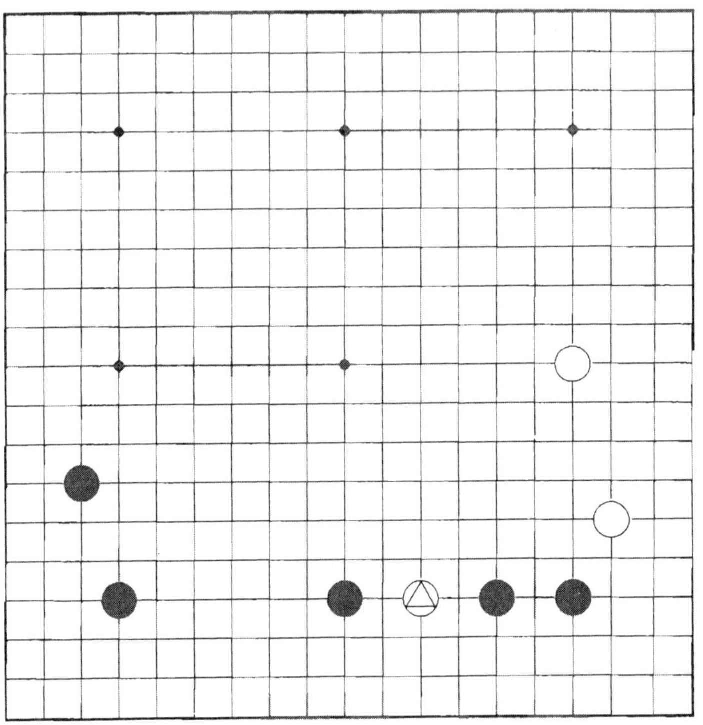

白번

白이 침투형으로부터 출발한다.

△이다. 여섯점 정도의 접바둑에서 고수가 애용하는 침투이다. 이 침투를 맞아 黑은 어떤 태도로 임할 것인가?

이런 좁은 자리에 침투하였으므로 약한 마음은 금물이며 강하게 응수하여야 한다.

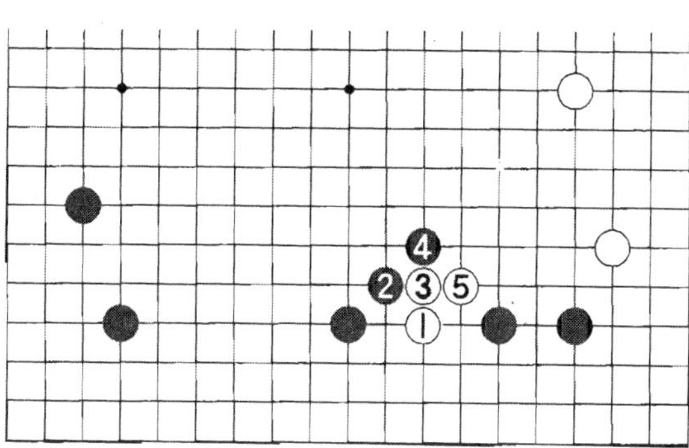

그림 1 *

그림 1 (공격) 黑2로 이쪽에서부터 ㅁ자로 공격하는 것이 강수이다.

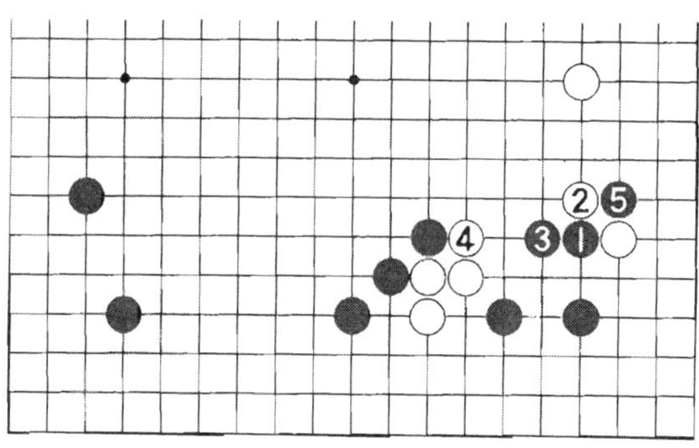

그림 2 *

그림 2 (순조롭다) 白5의 우형으로 나오면 1, 3으로 기대면서 계속 공격한다. 5로 끊으면 상당한 수확을 거둘 수 있다.

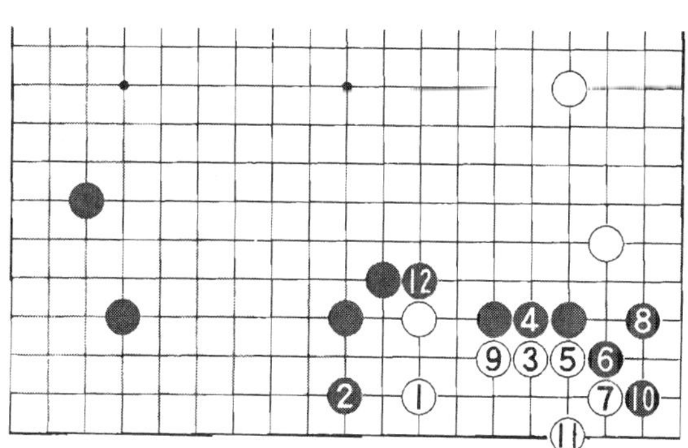

그림 3

그림 3 (완전 봉쇄) 白1에는 黑2이고 白11까지 살 수 있지만 봉쇄한 黑이 유리하다.

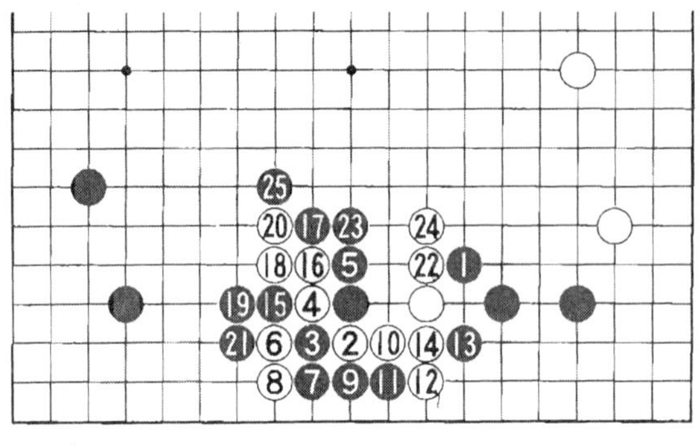

그림 4

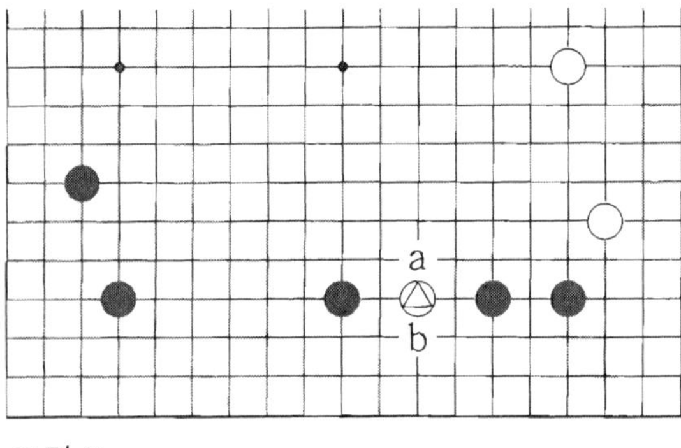

그림 5

그림 4 (黑이 유리하다) 黑1의 口자도 있다. 문제는 白2, 4의 타개에 대해서이지만 黑의 축머리가 좋으면 (白20이 필요), 5에서 이하 黑25까지 매우 유리해진다.

白2를 22라면 黑24로 두들겨서 白이 중앙으로 나오거나 하변에서 살아도 좋은 성과를 거둘 수 없다.

포인트

그림 5 (냉정하게) ◬로 침투한 국면을 냉정하게 관찰해 보자. 이 방면은 돌의 수가 3대 3이면서도 분명히 黑이 유리하다. 黑이 유리하기 때문에 강하게 두어야 한다. 黑a로 붙이거나 b에 붙이거나 하는 것은 ◬의 약한 돌을 서서히 강화시키게 된다.

제 3 형

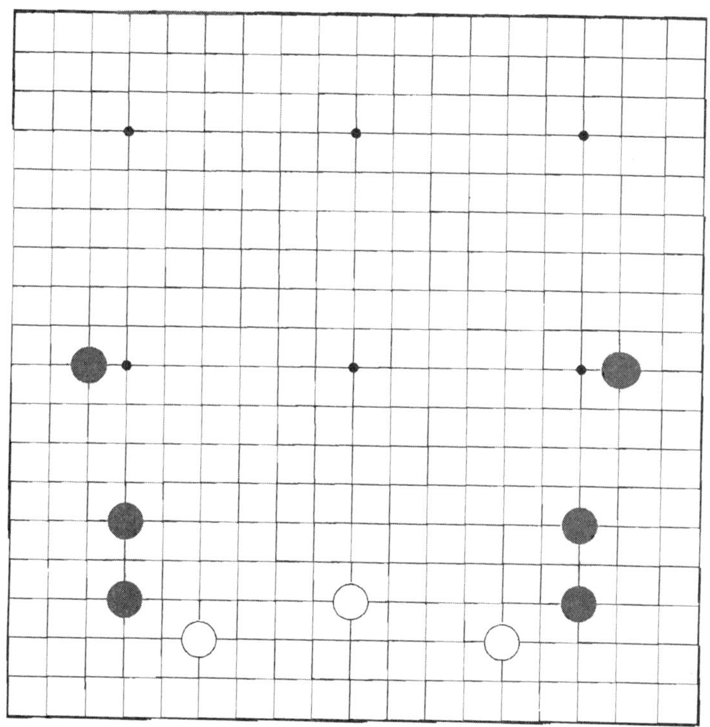

黑번

이 형도 섭바둑의 상형이다. 白의 구축은 엷지만 고수는 바빠서 이를 강화시킬 여유가 없다.

黑이 둔다면 준엄한 수와 부드러운 수 두 가지를 생각할 수 있다.

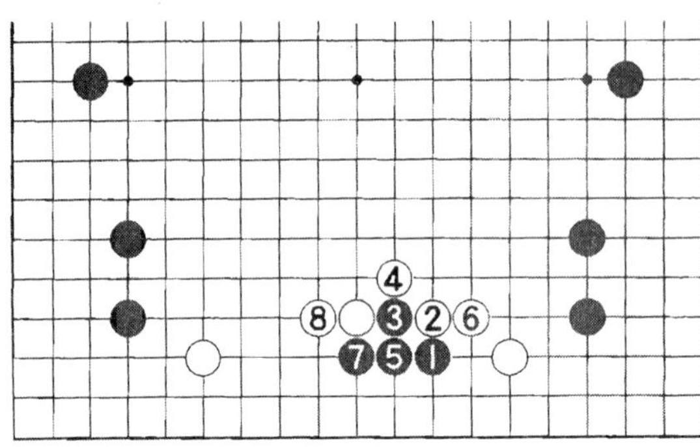

그림 1 *

그림 1 (침투) 세칸에 1로 침투한다. 이하는 정석과도 같은 것이다.

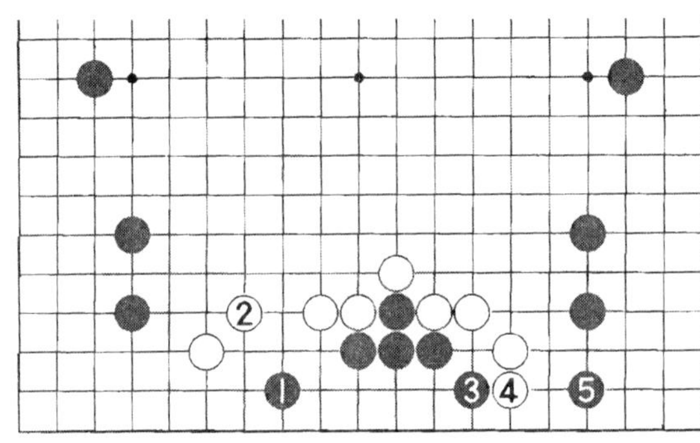

그림 2 *

그림 2 (파괴한다) 계속해서 黑5까지 파괴에 성공한다. 白의 외벽은 아직도 약점을 남기고 있다.

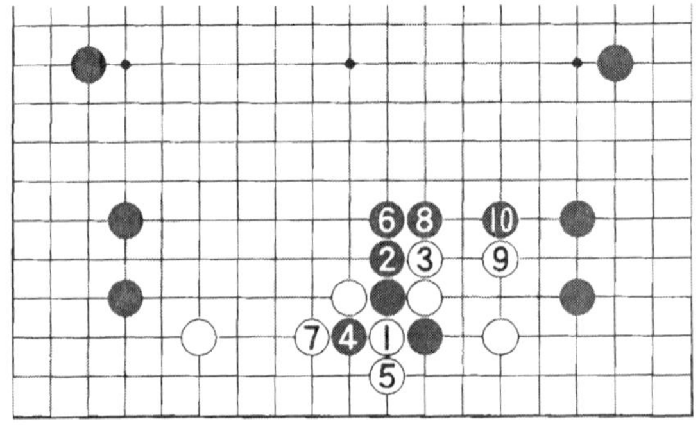

그림 3 *

그림 3 (변화 1) 白1에서부터 3의 밀어올리기로 집을 확보하면 黑10까지 완전 봉쇄하여 성공이다.

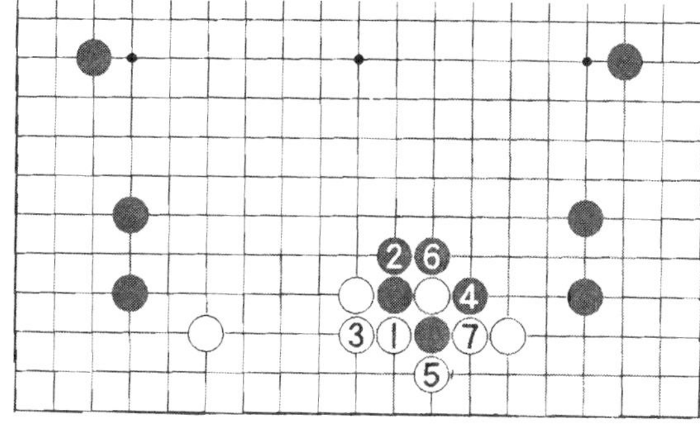

그림 4 *

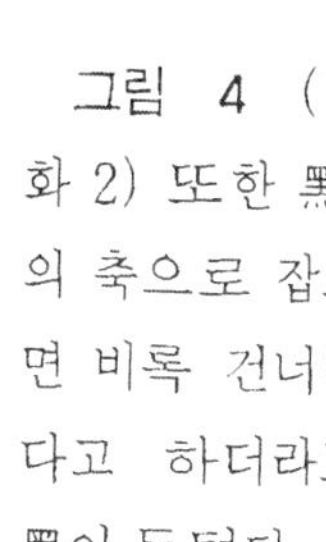

그림 4 (변화 2) 또한 黑4의 축으로 잡으면 비록 건너간다고 하더라도 黑이 두텁다.

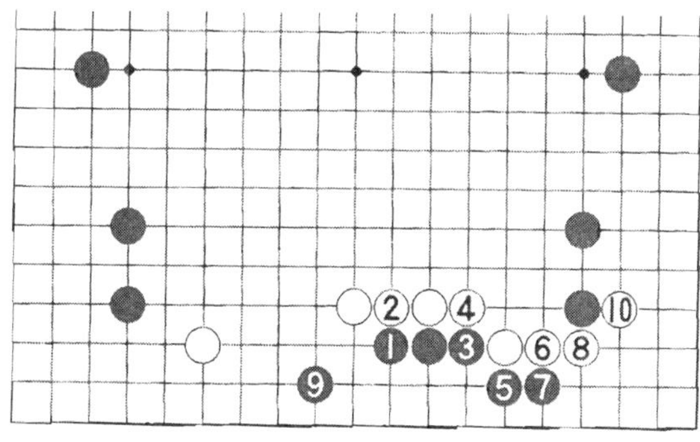

그림 5

그림 5 (불충분) 단순히 黑1은 불충분하다. 5, 7이 갈라지는 모양이 되어, 살아도 불만이다.

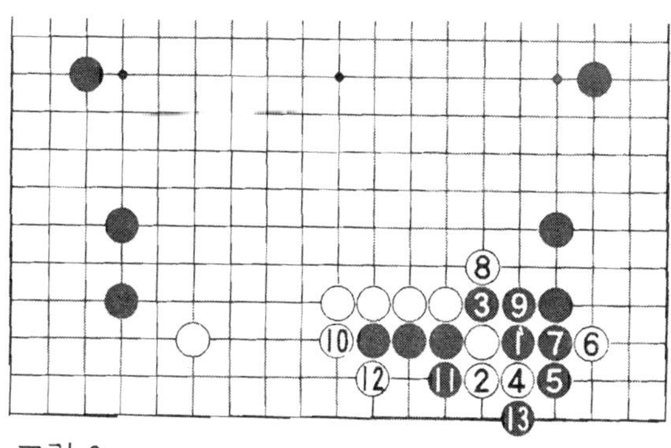

그림 6

그림 6 (집대 누터움) 앞 그림의 변화로 1이라면 집을 차지할 수 있지만 白도 두텁다.

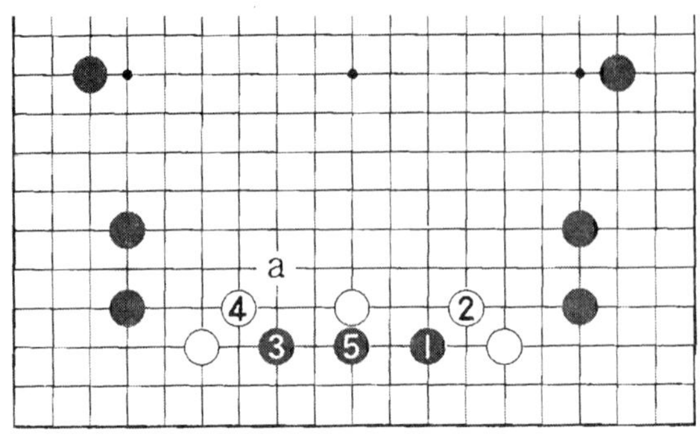

그림 7

그림 7 (편안) 白2로 버티면 3으로 재차 침투해서 5의 뛰기와 a의 뛰기를 맞보기로 한다. 이 모양은 침투를 당하면 白은 저항수단이 없을 것 같다. 그러므로 이 구축자체에 黑은 두려워할 필요가 없다.

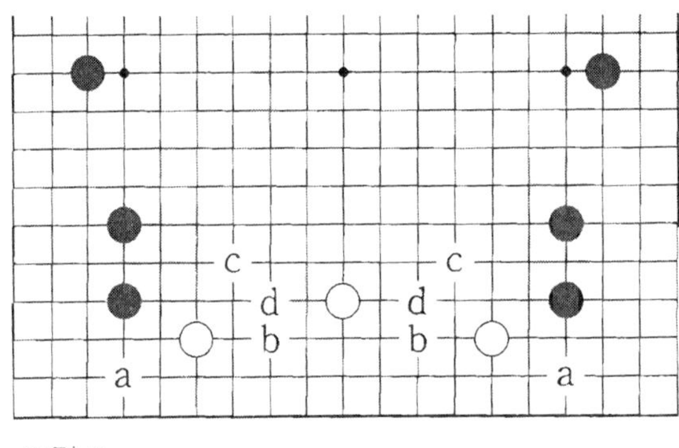

그림 8

포인트

그림 8 (태도 결정) 이상에서 열거한 침투는 준엄한 수법이다. 그러나 직접 침투를 하지 않고 黑a로 일단 조이는 것도 부드럽고, 훌륭한 한수이다.

黑a에서부터 b의 침투를 보는가? 직접 b로 침투하는가?

또한, 모양을 강조한다면 黑c로 위쪽에서부터 두고 白d로 지키게 하는 것도 있다. 黑의 수단이 많은 형이다.

제 4 형

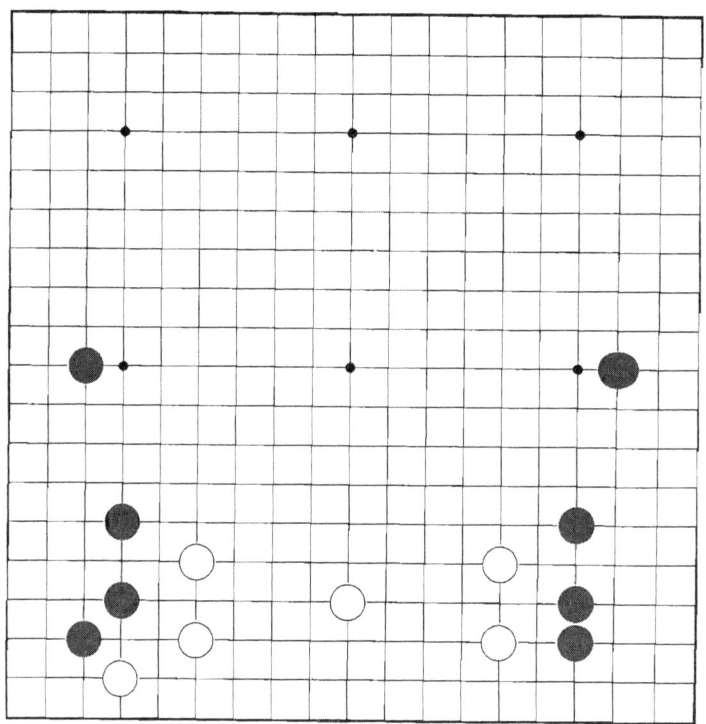

黑번

앞과 유사형인데 白은 매우 튼튼하게 된 것처럼 보인다. 그러나 아직도 침투는 있고, 침투를 하면 상당한 도려내기를 보증할 수 있다.

2선에 미끄러지기가 있는 왼쪽보다도 약간 약한 오른쪽에 주목한다.

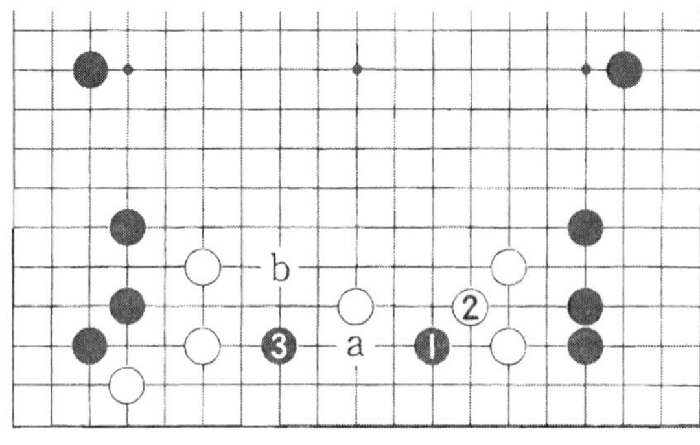

그림 1 *

그림 1 (수) 침투 장소는 역시 1로 白2라면 黑3이고 a, b가 맞보기이다.

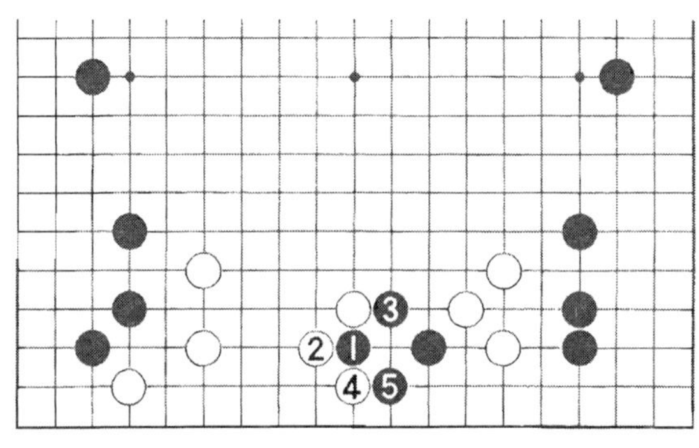

그림 2

그림 2 (패) 패가 자랑이라면 1, 3의 패를 도전할 수도 있다.

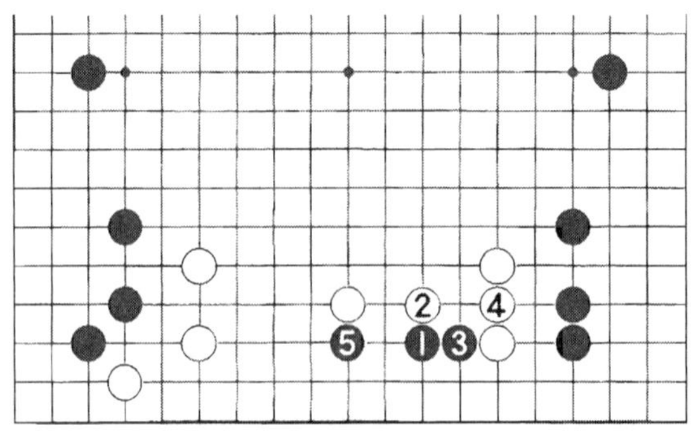

그림 3 *

그림 3 (사는 모양) 白2에는 3에서부터 5로 뛰어 붙이고 죽음은 없는 모양이다.

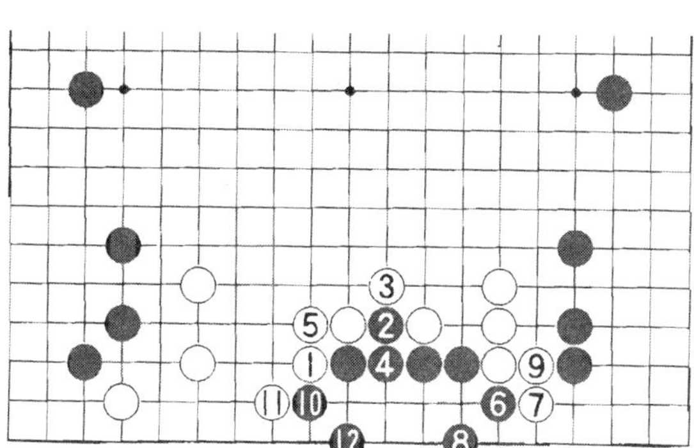

그림 4 ＊

그림 4 (파괴) 앞 그림에 이어, 수순은 길지만 어려운 수는 없다.

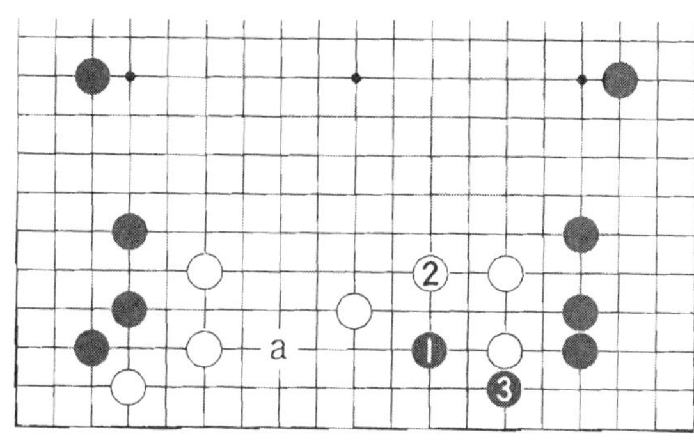

그림 5 ＊

그림 5 (난해) 白2로 크게 봉쇄하면 a가 아니라 3으로 나가고 싶다. 이제부터가 어렵다.

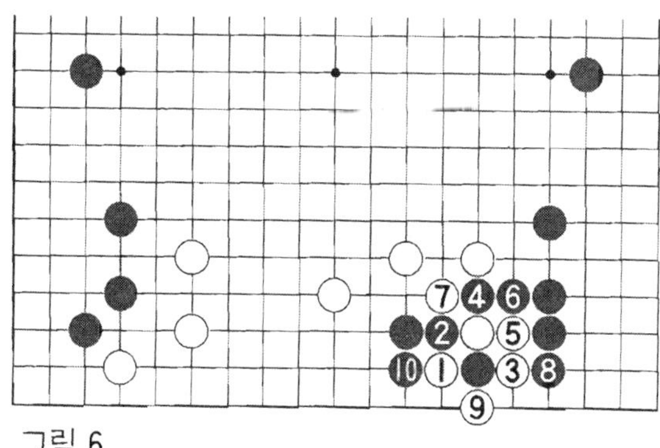

그림 6

그림 6 (역) 계속해서 白1쪽으로 젖혀 나오는 것은 방향이 반대이고 白은 7로 끊을 수 없다.

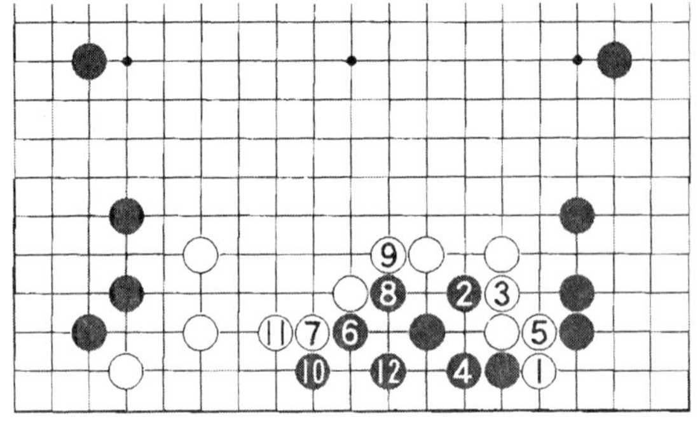

그림 7 *

그림 7 (살 수 있다) 정확하게는 白1인데, 2, 4의 수로 살기는 용이하다.

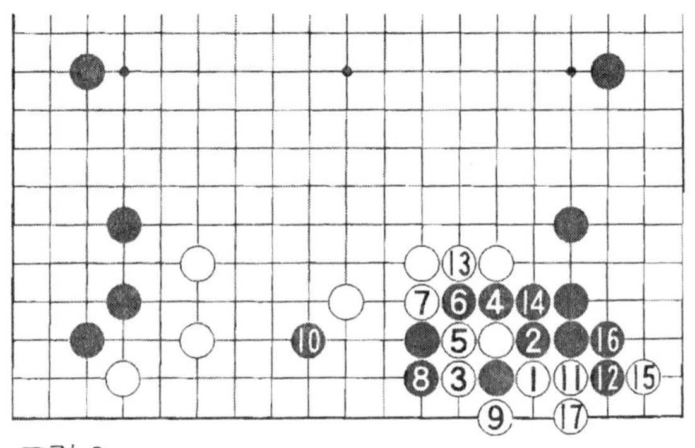

그림 8

그림 8 (속수) 1에 2의 끊기는 속수이다. 17까지는 외길이나 黑이 불리하다.

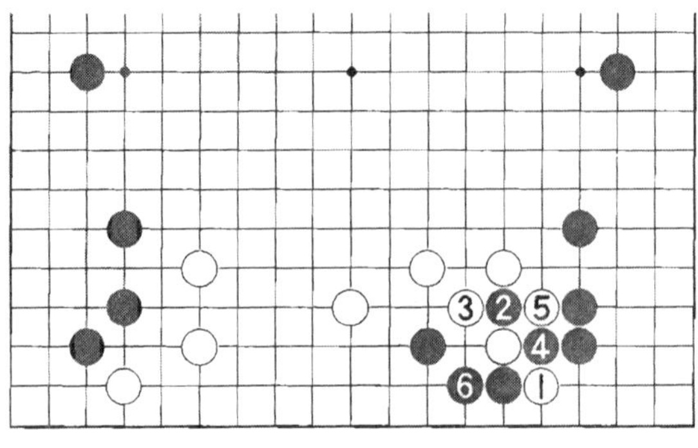

그림 9 *

그림 9 (정수) 그림 7과는 달리 2의 끼우기도 있다. 3이라면 4, 6으로서 간단하다.

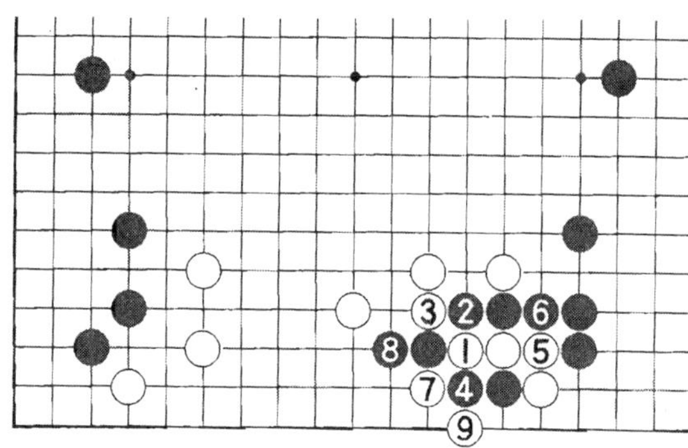

그림 10 *

그림 10 (버티기) 白이 1로 버티면 2이하 난해이지만 외길이 된다.

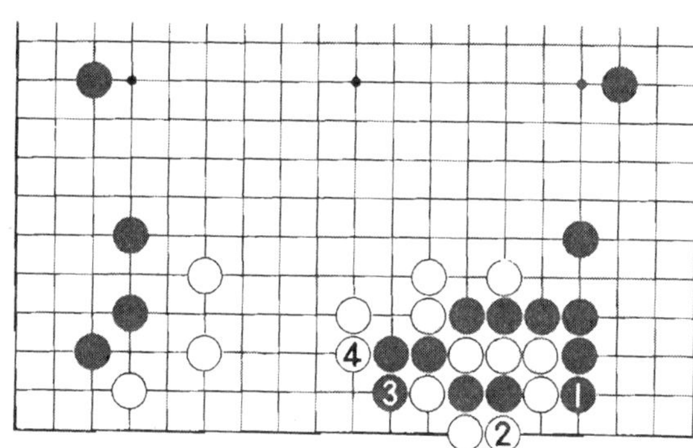

그림 11 *

그림 11 (수싸움) 두점이 잡히지만 1, 3으로 공배를 메워 수싸움이 된다.

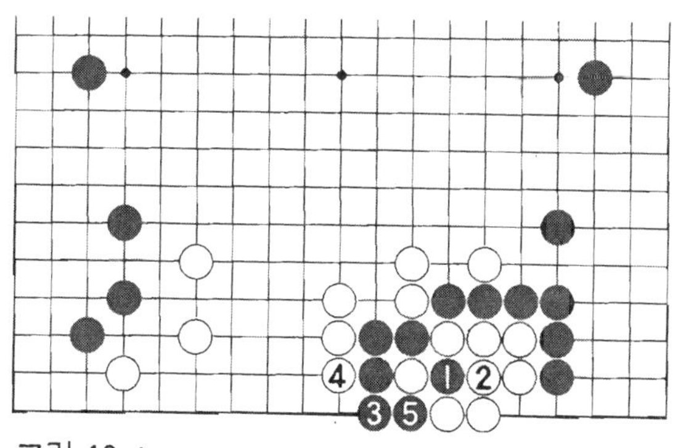

그림 12 *

그림 12 (패) 5까지 패가 되는 것이 결론이다. 白도 두텁고 팻감이 문제이다.

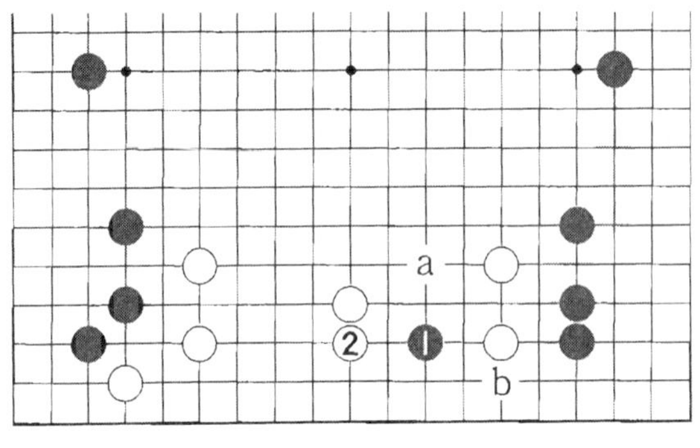

그림 13

그림 13 (평온) 白2로 굳히면 평온하다. 싸움은 일단 피하고 그때에는 黑a로 뛰거나 b로 건너가기를 노리거나 어느 쪽을 선택해도 된다.

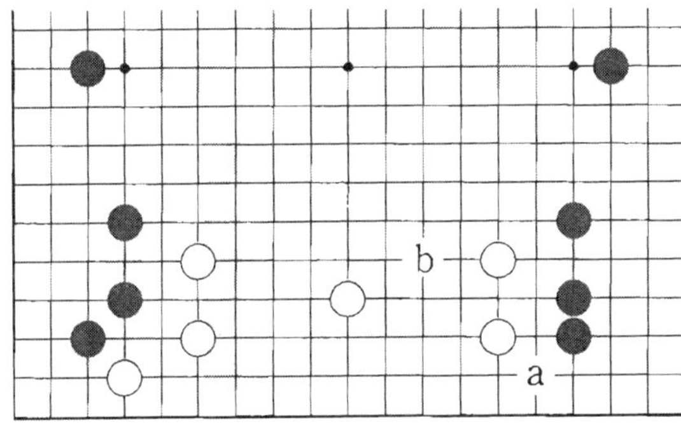

그림 14

그림 14 (방어) 白이 a로 口자 하는 것이 뜻밖에 크고 이것으로 침투를 방지한다. 이번에는 黑b정도에서 얕게 삭감하게 될 것이다.

포인트

그림 9의 끼우기부터 그림 10~그림 12는 매우 어려운 변화이지만 패가 불리하다면 白은 그림 9의 1(젖히기)을 두지 않고 그대로 방치하는 경우도 있다. 방치하면 黑은 기회를 보아 한수를 두고 건너가게 될 것이다.

제 5 형

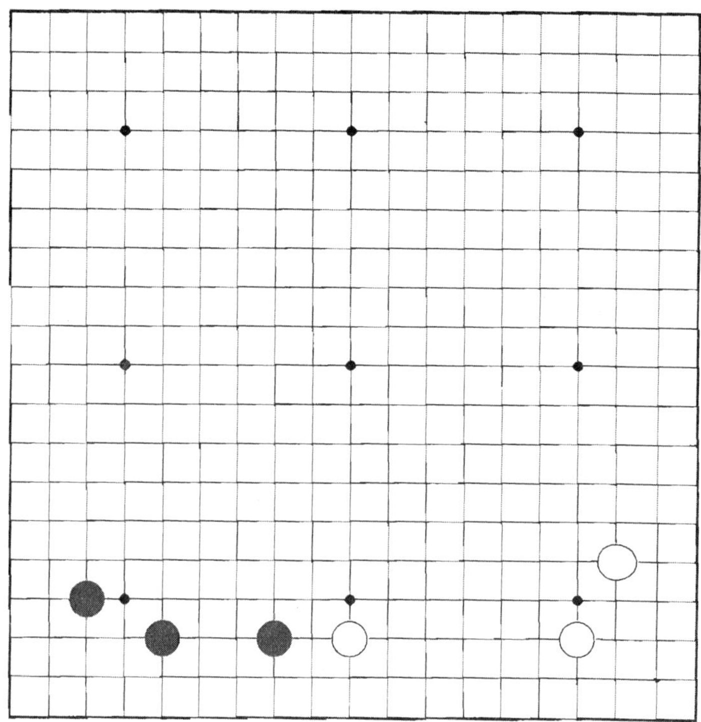

黑번

日자 굳힘에서부터 하점아래로 벌린 모양은 모양의 가장 기본적인 것으로 黑이 육박하면 침투가 있다는 것은 새삼 말할 필요가 없다.

우선 어디에 침투할 것인가? 넓게 보이면서도 침투는 대체로 1개처에 한정된다.

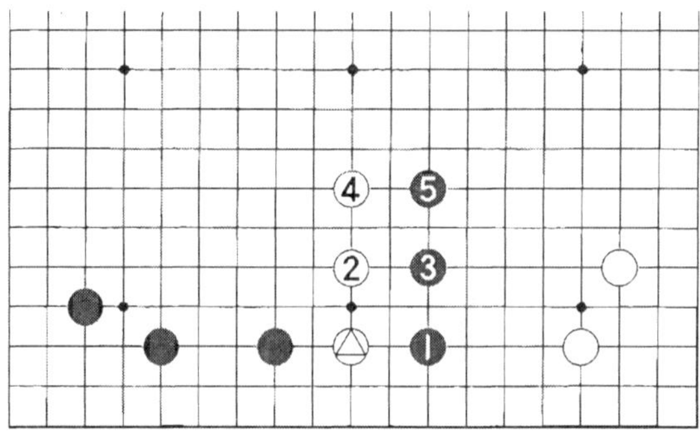

그림 1

그림 1 (黑은 충분) 침투 장소는 △에 영향력을 행사하는 黑1의 평범한 뛰기로 黑은 충분하다.

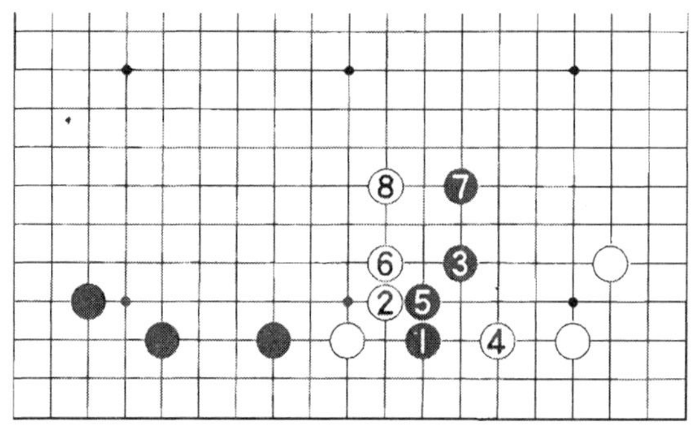

그림 2

그림 2 (급소) 白2로 공격하는 기세로 3이라면 4가 협소하지만 급소가 된다.

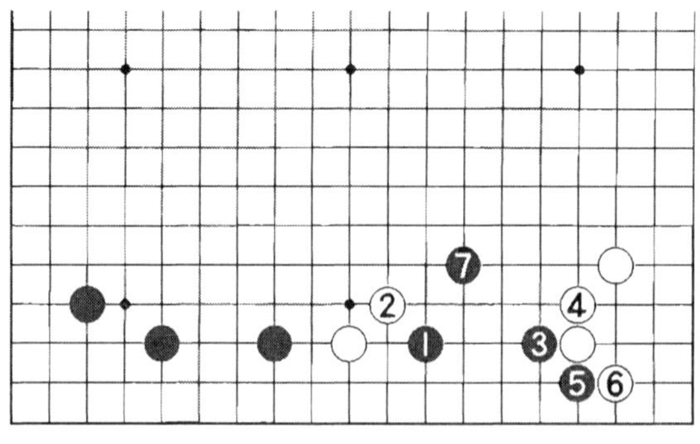

그림 3 *

그림 3 (여유) 黑은 3의 붙임수로 여유가 있다. 3, 5를 활용하면 편안하다.

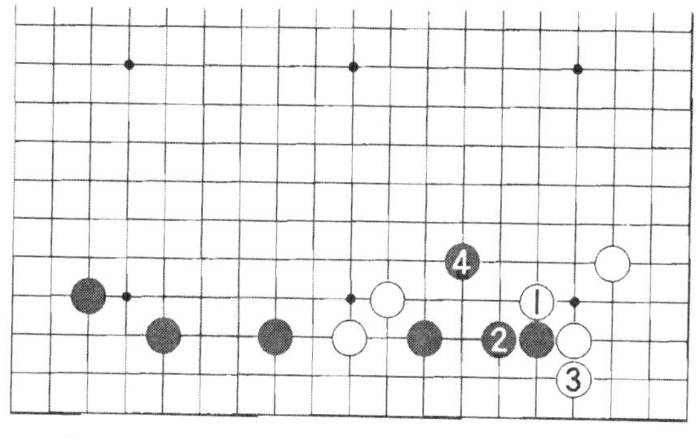

그림 4

그림 4 (대동 소이) 白1로 젖히면 2, 4로 여유가 있는 모습이며 중앙의 싸움이다.

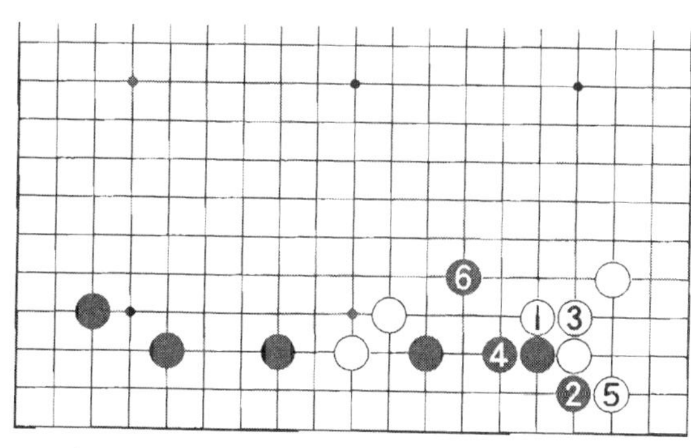

그림 5 *

그림 5 (젖히기 한수) 黑2의 젖히기는 정수로서 黑6까지 앞 그림보다 유리하다.

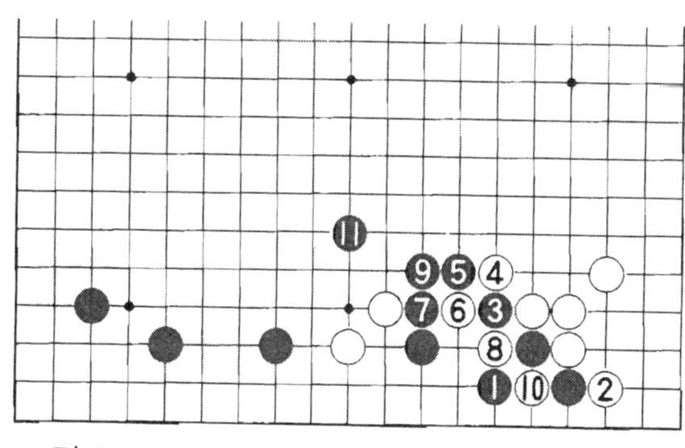

그림 6 *

그림 6 (유력) 단, 1의 호구치기도 유력한 수단으로 白4에는 5의 2단 젖히기를 한다.

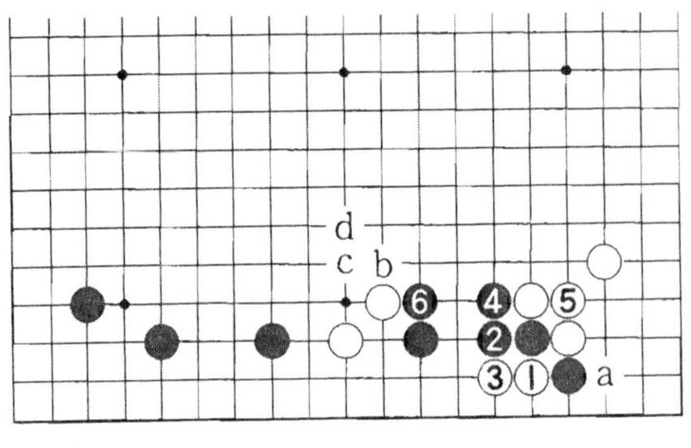

그림 7

그림 7 (타개할 수 있다) 黑의 아래쪽 젖히기에 白1의 끊기는 별로 두렵지 않다. 4의 꼬부리기를 활용, 6이 냉정하다. a의 뻗기와 黑b, 白c, 黑d의 2단 젖히기를 맞보고 있다.

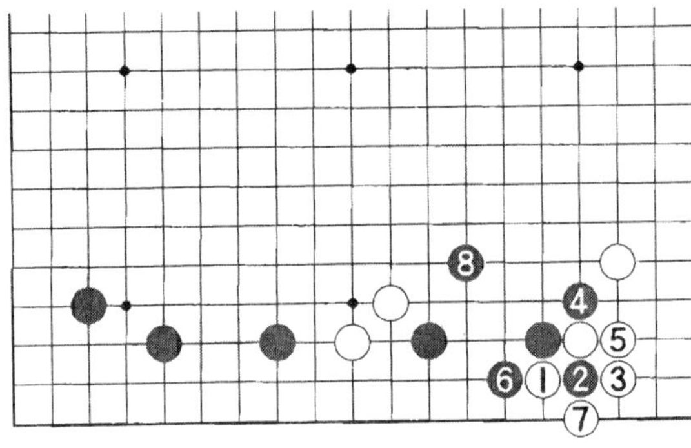
그림 8

그림 8 (처리) 白1로 아래쪽을 젖히면 黑2로 끊고 싶다. 4, 6의 두 단수를 활용하고 8로 진출하면 타개된 모습이다.

포인트

日자 굳힘에 대한 붙이기는 본래가 견고한 굳힘임으로 굳혀도 아깝지 않다는 발상에서 생겨난 것이다. 약한 돌에 붙이면 안 된다. 강한 쪽으로 붙이고 타개하는 것이다.

붙이기는 타개에 있어서 반드시 있어야 한다. 이 경우에도 붙임수로 손해는 없다.

제 6 형

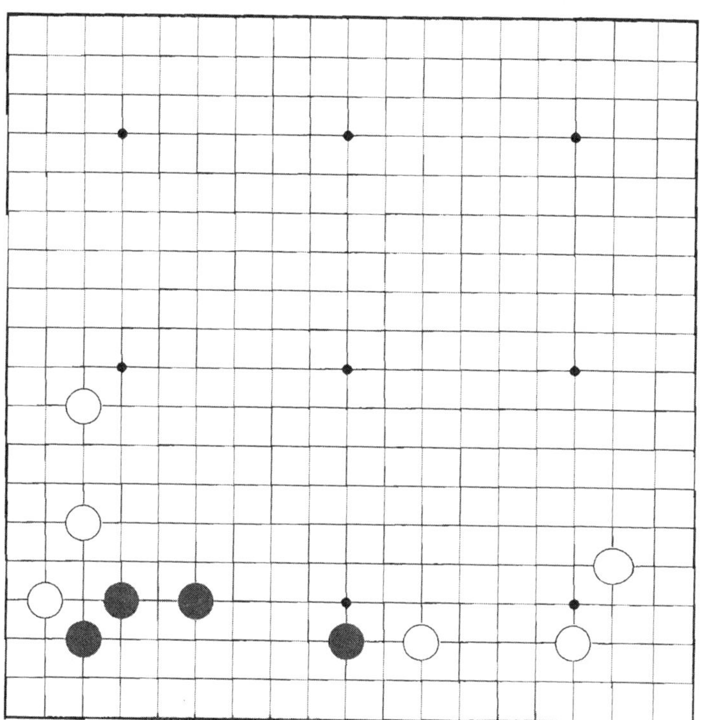

黑번

어디에 침투할 것인가? 白은 굳힘과 세칸 벌리기의 모양으로 아담한 모양이지만 이런 좁은 자리에도 침투에 의한 교란이 있다.

물론, 침투한 다음의 공방이 문제가 된다.

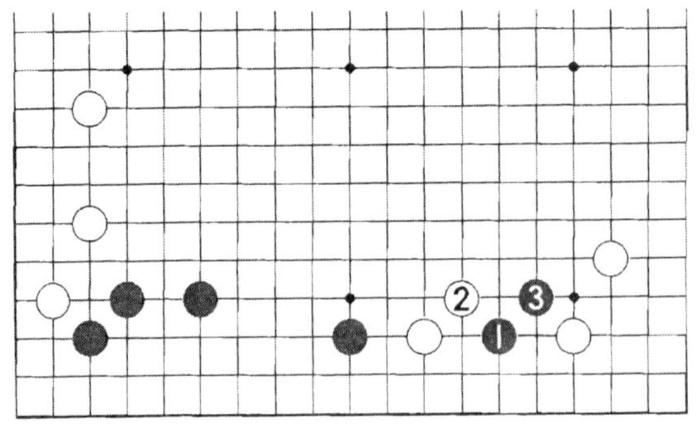

그림 1 *

그림 1 (ロ자) 1로 침투하고, 白2의 공격에는 黑3이 모양으로 이것으로 잡히지 않는다.

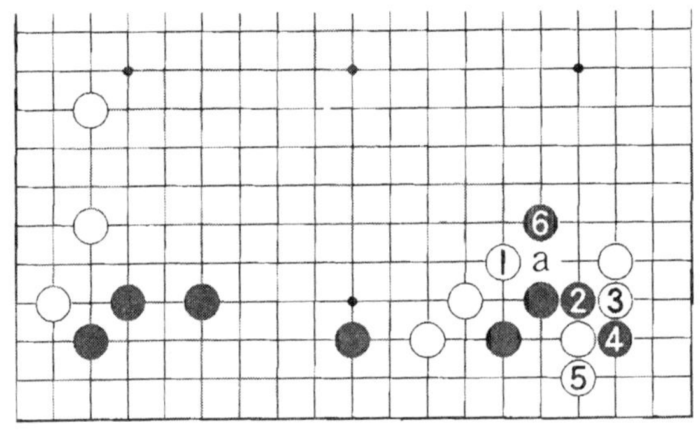

그림 2 *

그림 2 (정수) 또한 白1로 추격하면 2, 4의 끊기에서 6이 정수이고 白a의 끊기는 성립되지 않는다.

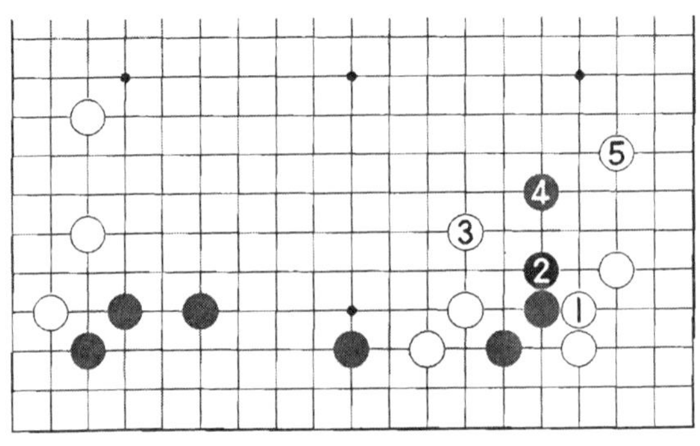

그림 3 *

그림 3 (호각) 白1이 보통의 진행으로서 호각의 싸움이다.

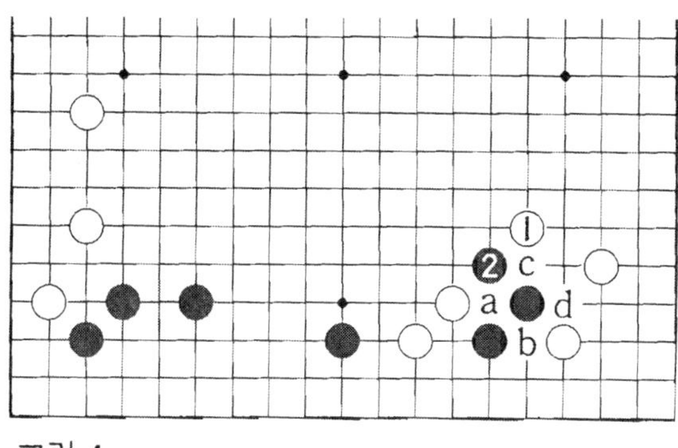

그림 4

그림 4 (안정) 白1의 日자는 黑2로 口자를 한 다음이 난해하다. 黑은 잡히지 않는다. 白a, 黑b, 白c, 黑d는 白이 불만이다.

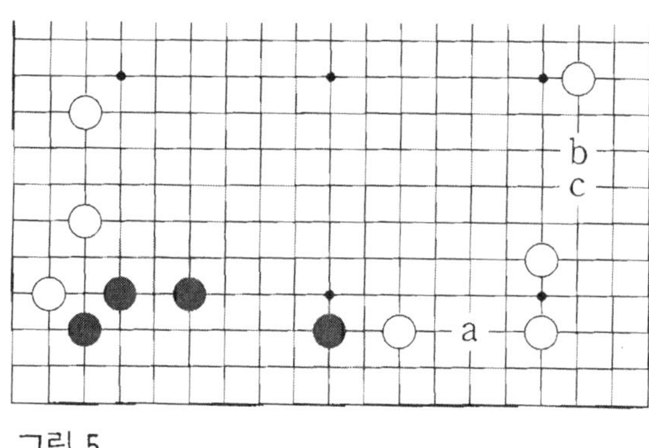

그림 5

그림 5 (침투 장소) 한칸 굳힘이 경우에는 a로 침투해도 아무런 효과가 없다. 이때에는 우변의 상황에 따라 b나 c로 침투하는 것이 효과적이다. 모양의 근본인 굳힘의 바람직한 자세에 유의하여 주기 바란다.

포인트

단, 너무나도 협소한 자리이므로 침투를 감행하려면 전국적인 판단이 필요하다. 부분적으로는 파괴되어도 전국적으로는 그것으로 될까?

제 7 형

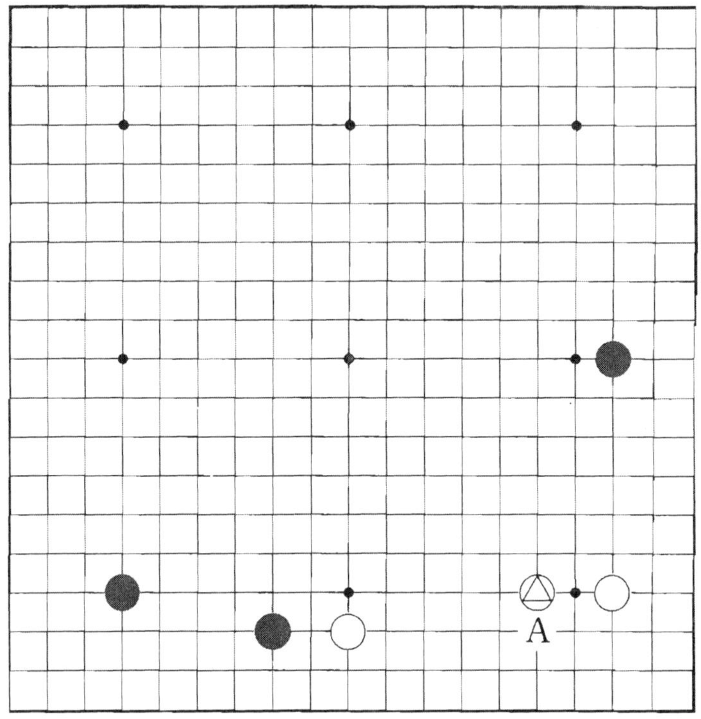

黑번

한칸 굳힘에서 화점아래로 벌린 모양으로 육박하면 침투가 문제가 된다.

이 형에서의 침투는 한칸 굳힘의 약점과 관계되고, △ 이 만약에 A의 日자라면 하변에로의 침투는 별로 생각할 수 없다.

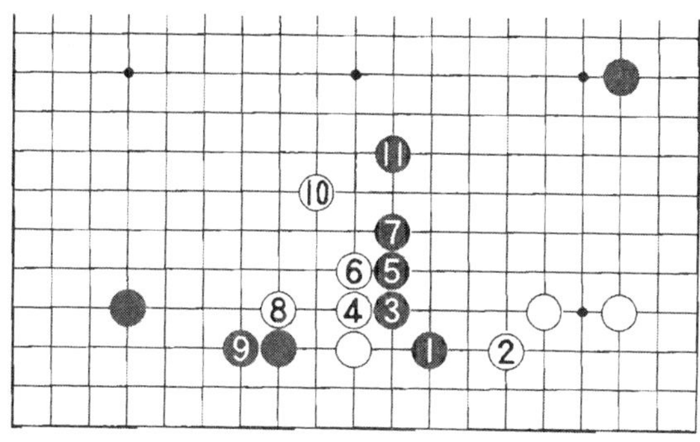

그림 1

그림 1 (뛰기) 1로 침투, 白2로 지키면 이하 중앙에 대한 뛰기가 된다.

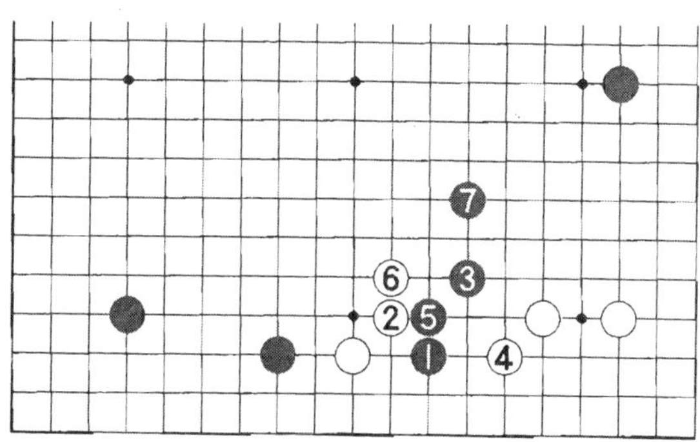

그림 2

그림 2 (방향을 바꾸면) 白2에 黑3으로 진출하여 4가 일단 급소로서 약간 모양이 달라졌다.

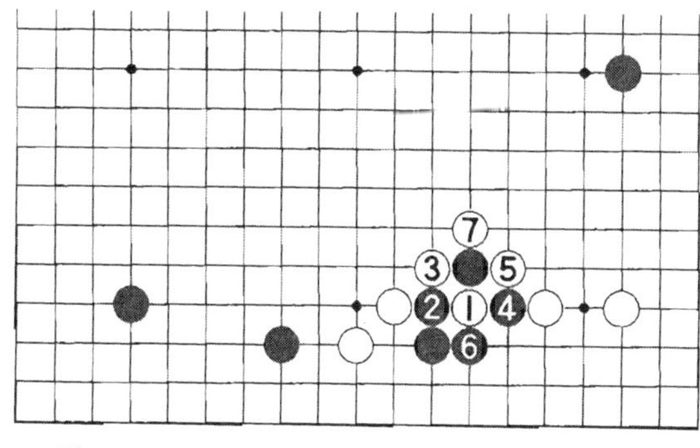

그림 3 *

그림 3 (맥) 黑의 日字에 건너 붙이는 것이 맥이다. 白7까지의 봉쇄는 상용의 것이다.

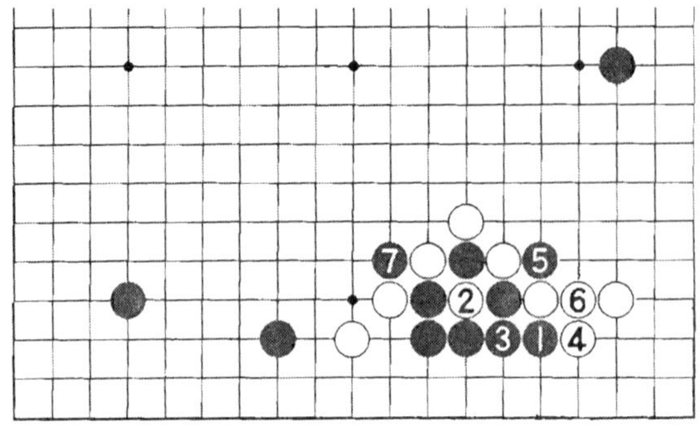

그림 4 *

그림 4 (계속) 앞 그림에 이어 5, 7로 2개처를 끊는다.

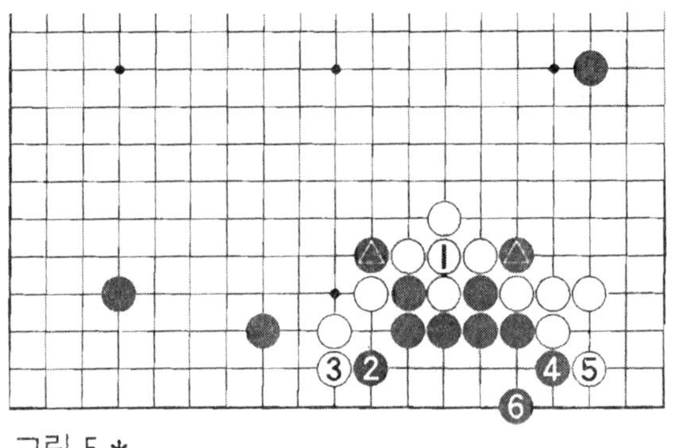

그림 5 *

그림 5 (산다) 6까지로 살 수 있는데 ◬ 두점에는 아직 숨이 남아 있다. 앞으로의 싸움은 미정이다.

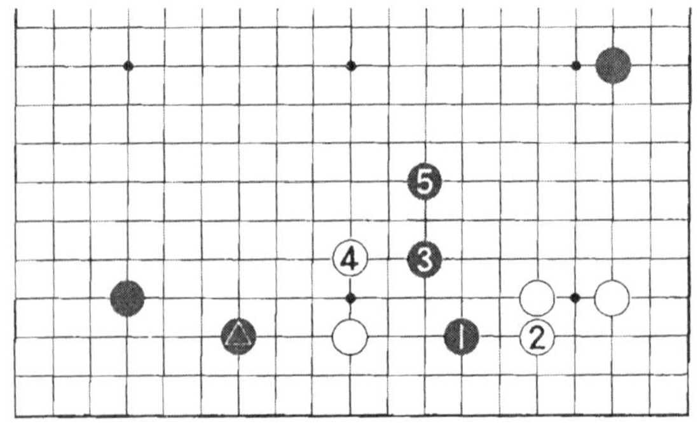

그림 6 *

그림 6 (다른 침투) ◬이 멀면 1쪽에서 침투하는 경우도 있다.

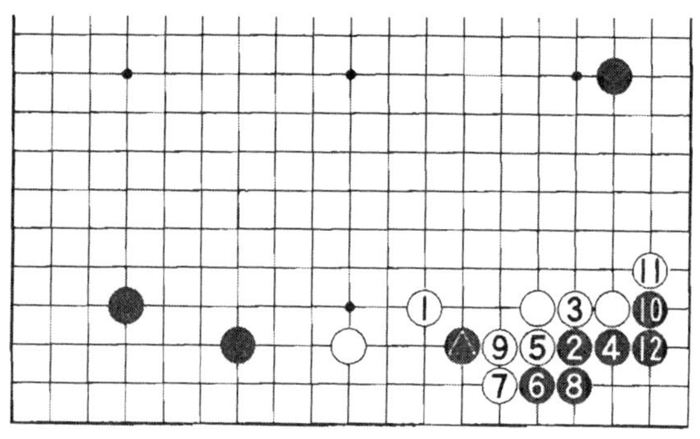

그림 7 *

그림 7 (바꿔치기) ▲의 특색은 한칸 굳힘의 약점을 노려 귀에 대한 바꿔치기를 보고 있다. 예를 들어 白1로 씌우면 黑2에서부터 귀를 도려내고 산다.

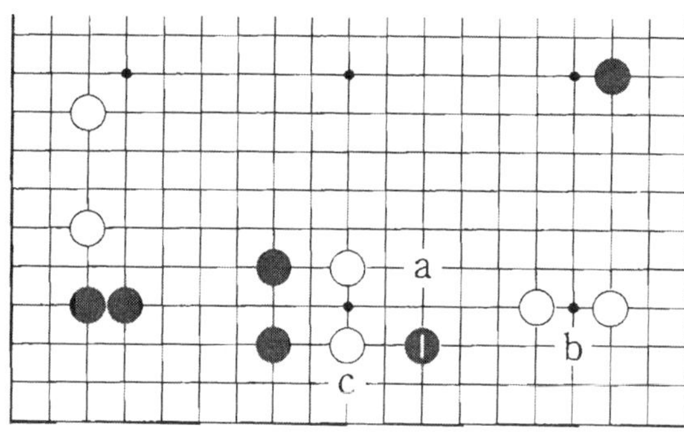

그림 8

포인트

태도 결정은 白측에 있다. 그림 3~그림 5와 같이 살리고 두는가, 혹은 중앙에서 싸울 것인가는 우변 중앙의 상황 여하에 달려 있다.

그림 8 (군임한 침투) 수제가 바뀌었다. 白의 진용은 약간 튼튼해졌지만 그래도 아직 1의 침투가 매섭다. 이 수는 a의 뛰기, b의 바꿔치기 혹은 c의 건너가기를 보고 있으므로 침투를 하고 기회가 있으면 방지하고 있다.

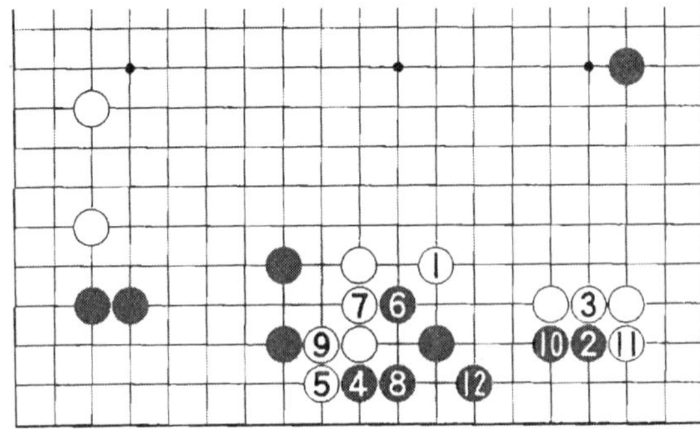

그림 9 *

그림 9 (안정) 白1의 봉쇄라면 안에서 살 수 있다. 2, 4, 6의 수순에 주의한다.

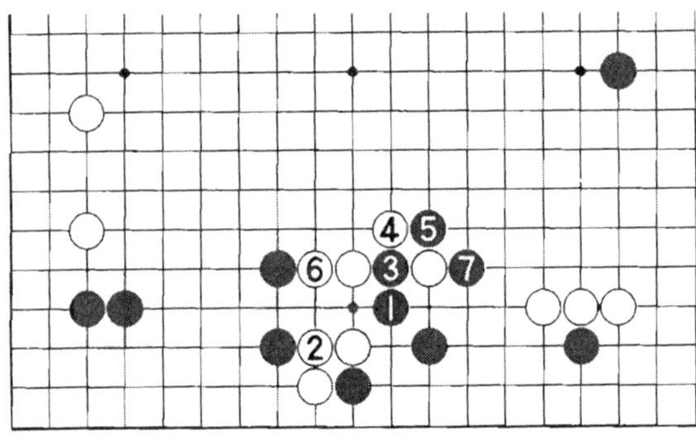

그림 10

그림 10 (파탄) 1에 白2로 버티면 3에서부터 직접 파탄한다.

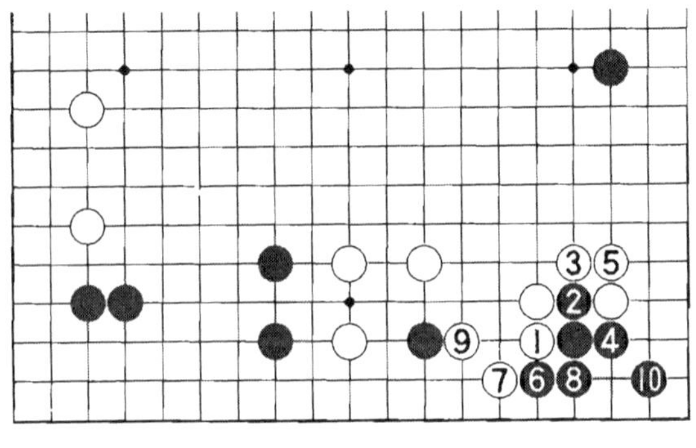

그림 11 *

그림 11 (바꿔치기) 白1로 바깥쪽에서 막으면 간단한 수순으로 귀에서 산다.

제 8 형

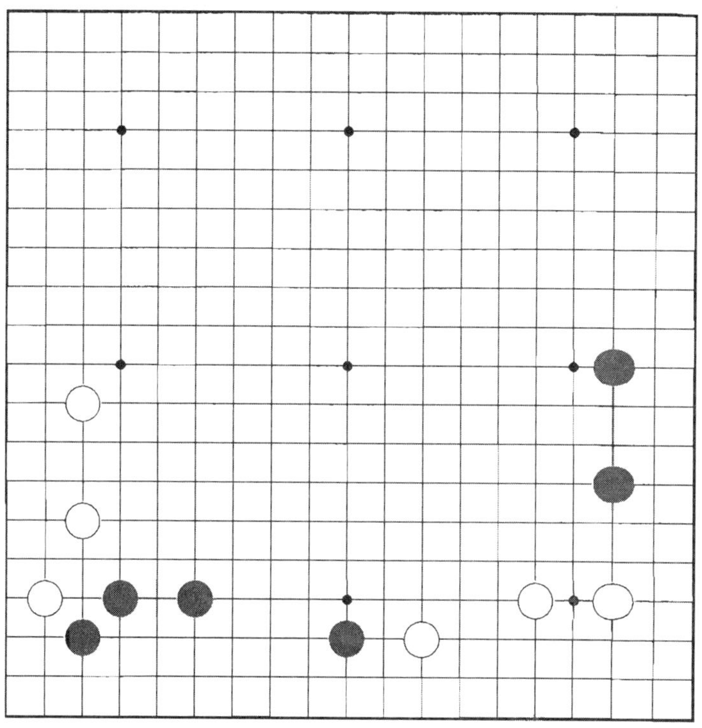

黑번

白의 한칸 굳힘에서부터 目자로 벌린 모양으로 튼튼한 것처럼 보이지만 그림과 같이 좌우에서부터 黑돌이 육박하면 수가 있다.

한칸 굳힘은 위치가 높기 때문에 수가 생기기 쉽다.

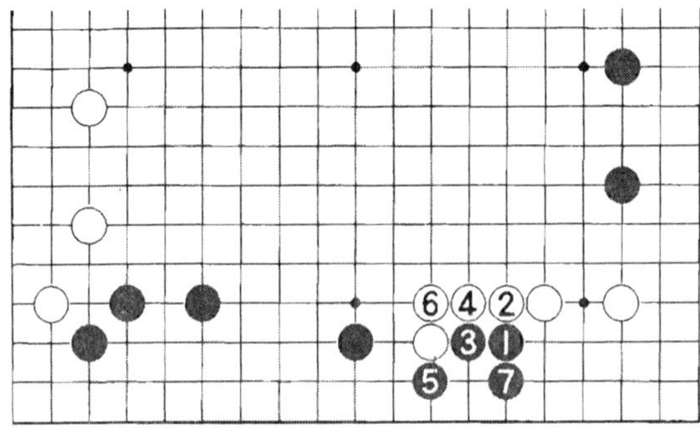

그림 1

그림 1 (도려내기) 1의 점이 침투의 급소로 7까지 黑이 도려냈다.

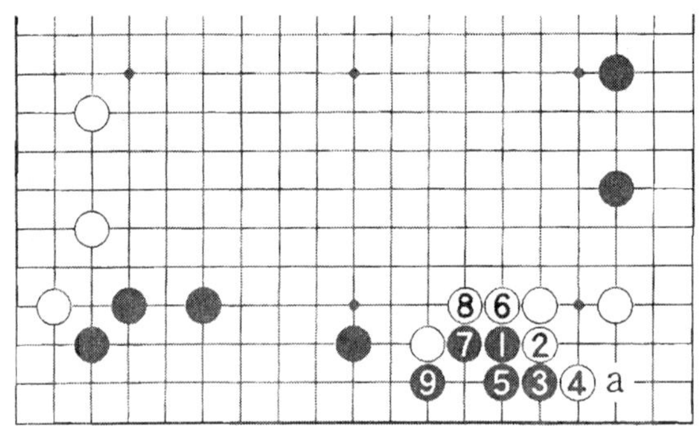

그림 2 *

그림 2 (같은 형태) 白2로 막으면 黑도 즉시 젖힌다. 다음에 黑a의 맛이 남는다.

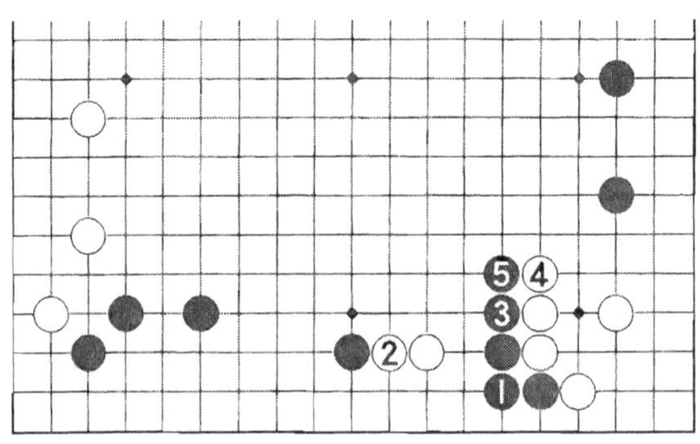

그림 3 *

그림 3 (저항) 白2의 저항은 이 배치에서는 두렵지 않다. 3, 5로 나가는 모양이다.

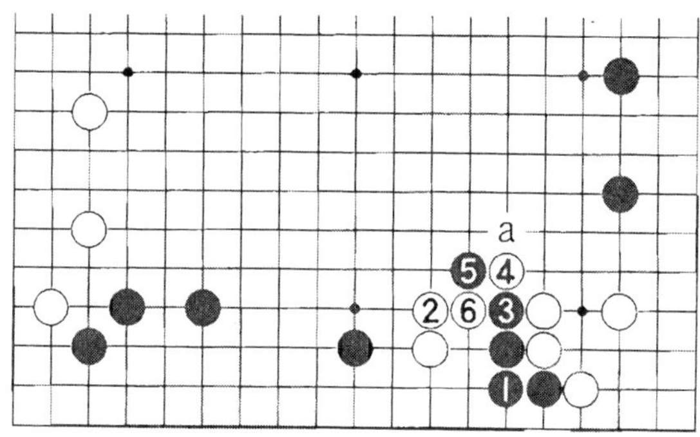

그림 4

그림 4 (강수) 白2의 강수에는 3, 5로 응전한다. 白a는 黑6으로 잇고 6으로 끊는다.

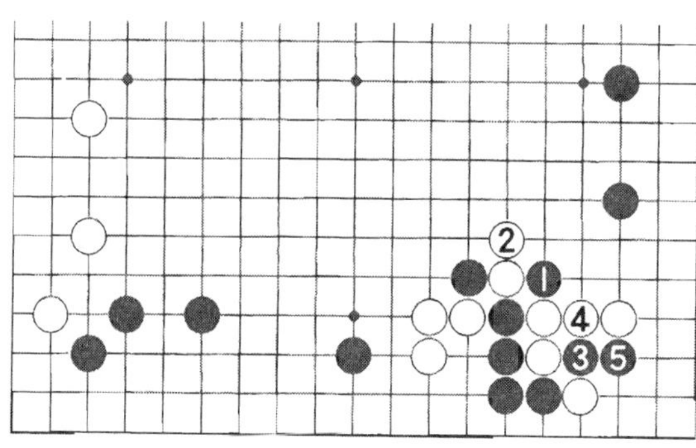

그림 5

그림 5 (귀에 결함) 1, 3으로 2개처를 끊어 黑은 위험하지 않다.

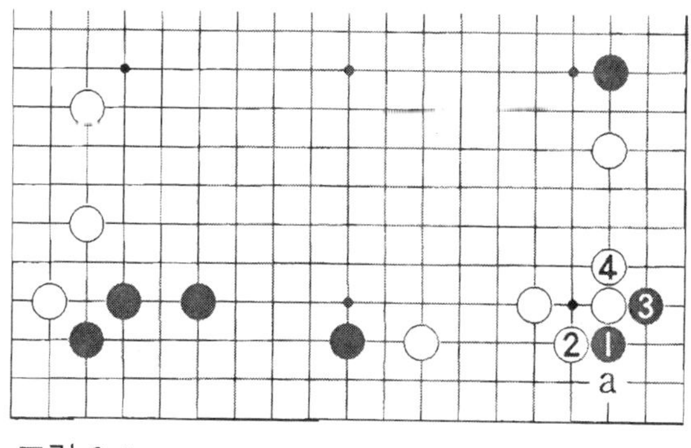

그림 6 *

그림 6 (상황을 살핀나) 모양이 바뀌었다. 이때에는 1, 3도 유력하다. 4다음 黑a가 남는다.

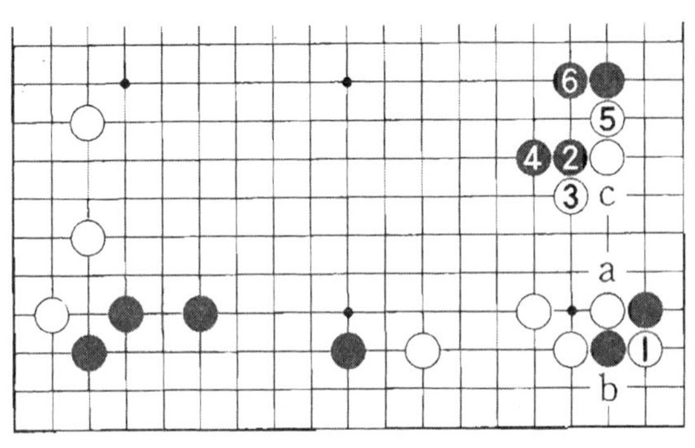

그림 7 *

그림 7 (활용) 白1로 끊는 것이 득이 있고 견실하다. 이때에는 직접 수가 되지 않지만 2, 4의 붙여 뻗기를 선수로 활용할 수 있다. 6다음에 손빼면 黑a, 白b, 黑c가 있다.

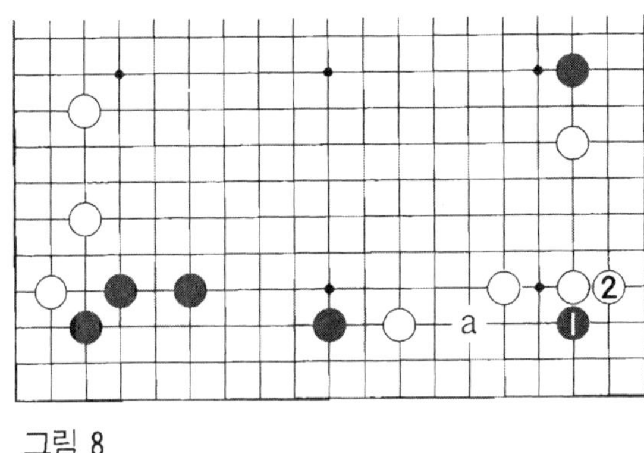

그림 8

그림 8 (맛이 나쁘다) 白2의 내림수는 맛이 나쁘다. 黑a를 두었을 때 1의 돌이 활약할 수 있고, 다른 노림수도 많이 있다.

포인트

그림 2는 중요한 그림이지만 도려낸 댓가로 약간의 두터움을 白에 주고 있다. 이 두터움을 활용할 수 있는 국면이라면 침투가 문제가 될 것이다. 침투를 할 때에는 주변을 충분히 살핀다.

제 9 형

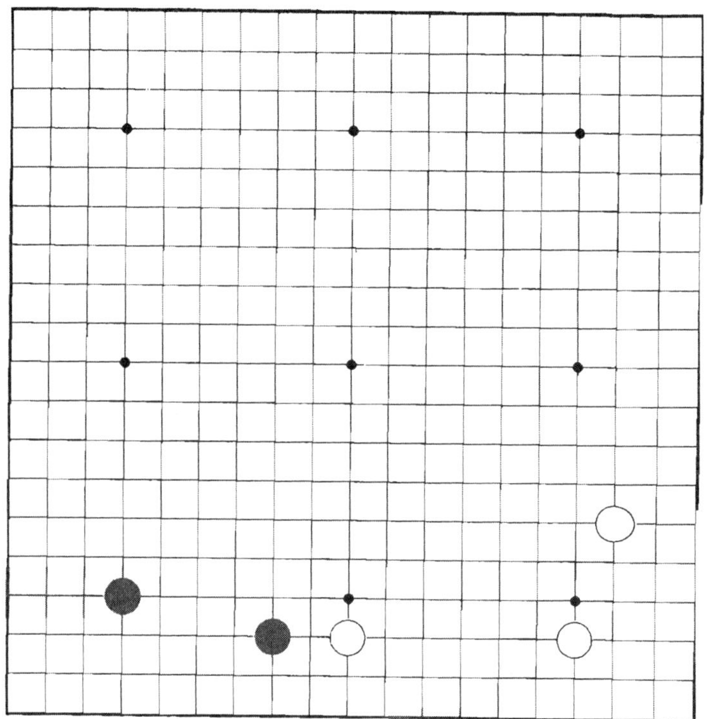

白번

目자 굳힘에서부터 화점 아래로의 벌리기이다. 이에 대한 침투는 역시 육박하였을 때 하는 것이 원칙이다.

그러나 침투 장소는 지금까지와는 다르다. 目자 굳힘의 성질에 주목할 필요가 있다.

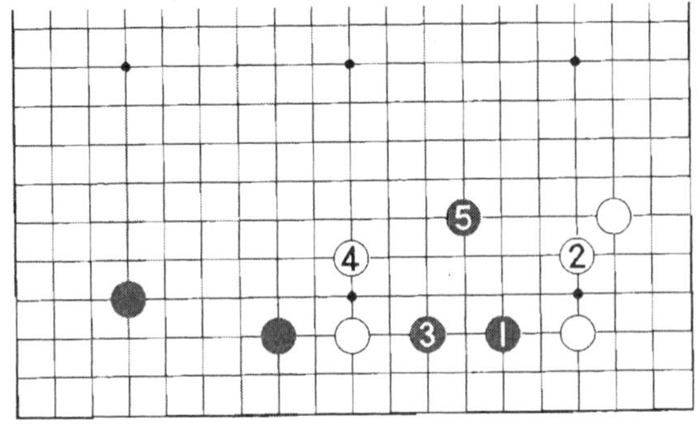

그림 1 (육박) 日자 굳힘에 육박하여 1로 침투하고 싶다. 白2라면 黑3으로 여유가 있다.

그림 1 *

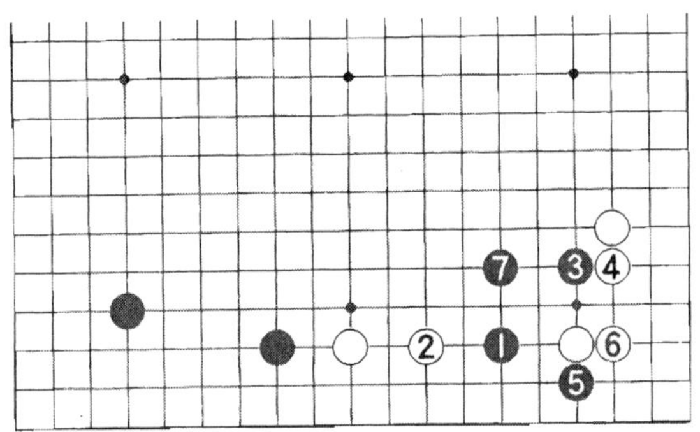

그림 2 (처리) 白2로 육박한 다음의 공방전이 볼만하다. 3, 5, 7로 수순을 밟으며 모양을 갖춘다.

그림 2 *

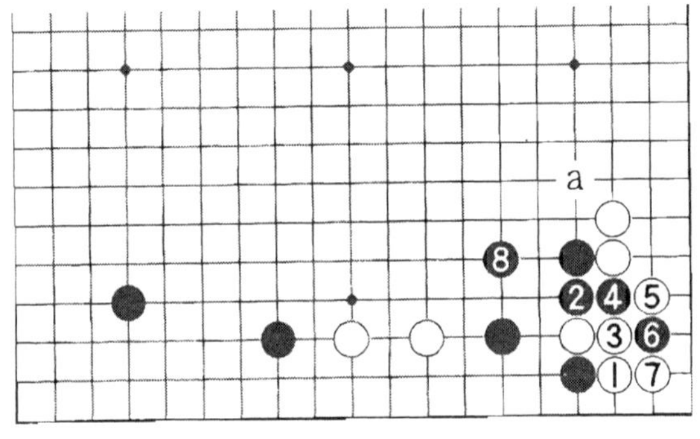

그림 3 (맥) 白1이라면 黑2가 맥이다. 白7이면 8로 구축하고 a를 본다.

그림 3 *

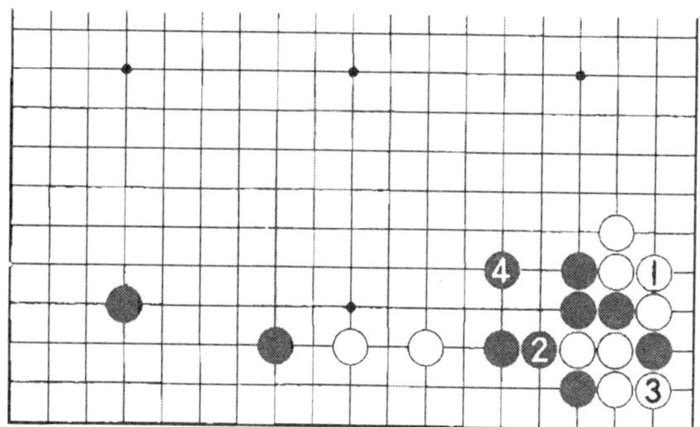

그림 4 *

그림 4 (수순) 黑은 안쪽에서 끊는 것이 중요하고 1의 잇기라면 2, 4로 모양을 갖춘다.

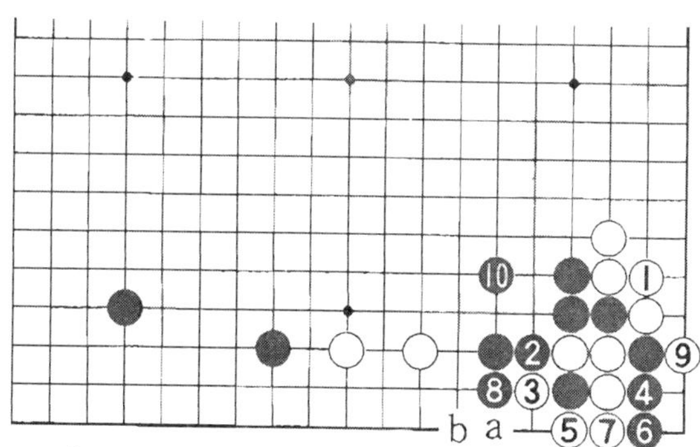

그림 5 *

그림 5 (활용) 白3, 5로 버티는 것은 욕심이고 黑10까지 다음 a나 b를 활용한다.

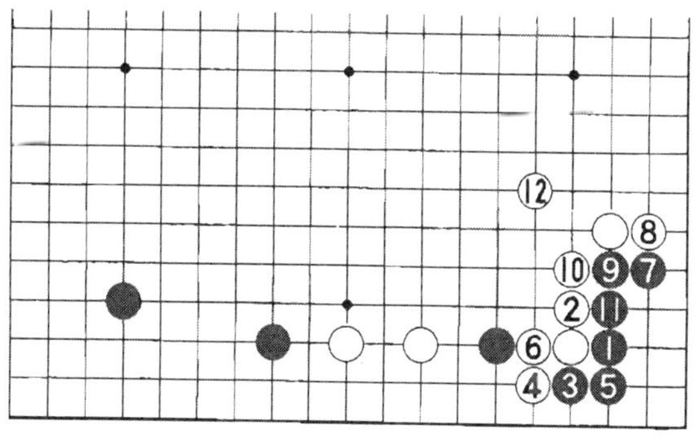

그림 6 *

그림 6 (산디) 직접 黑1로 두는 것도 있는데 귀에 대한 바꿔치기를 지향하고 있다.

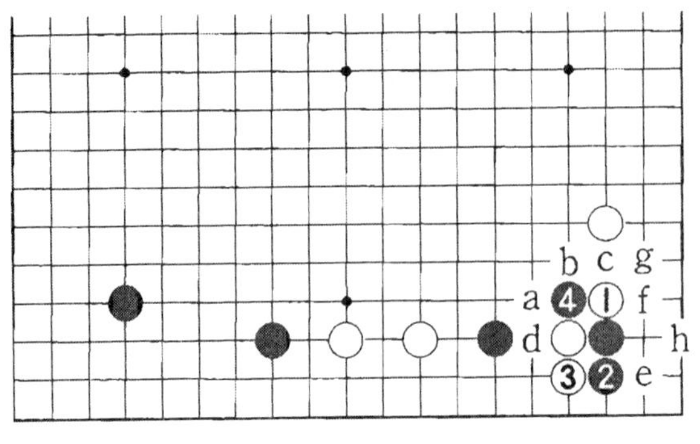

그림 7

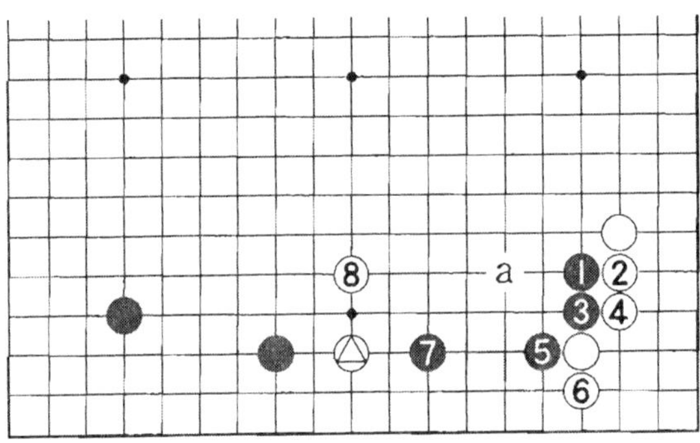

그림 8

그림 7 (변화 다양) 귀의 붙임수에 白1로 버티면 黑도 4로 끊고 黑d는 축머리가 문제이고 白e로 붙이면 黑c, 白f, 黑b, 白g이다. 여기서 조이기를 활용할 수 있다. 黑4로 f에 젖혀 白4로 잇고 黑e, 白g, 黑h라면 살 수 있지만 작다는 것이 불만이다.

포인트

침투하지 않고 1에서 5로 결정해 버리는 수는 모양을 삭감할 때의 수법이다. 黑7은 a로 지키는 경우도 있다.

처음에 黑7에 침투하는 것은 △에 영향을 미치게 하려는 수법이나 기분으로서는 역시 目자 굳힘의 배를 노리고 싶다. 또, 이 원칙은 일반론에 지나지 않는다.

제 10 형

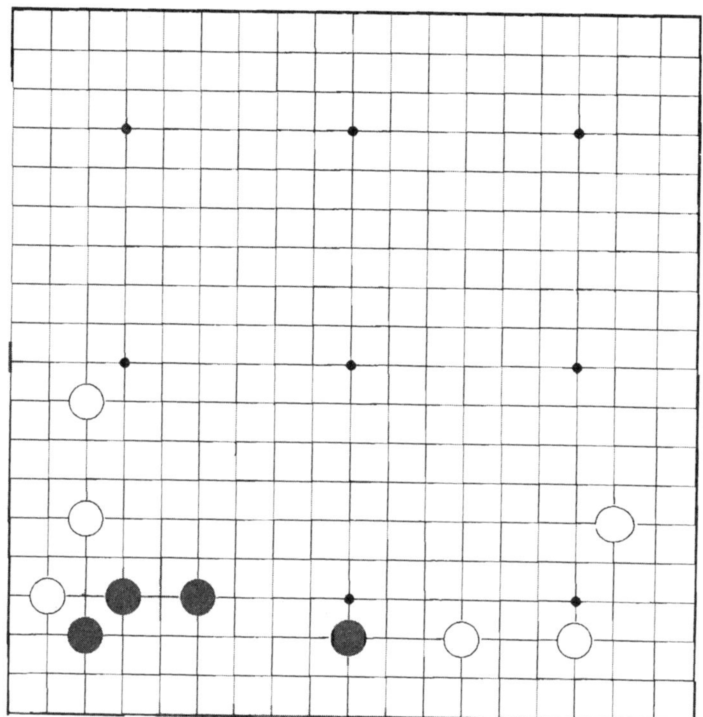

黑번

目자 굳힘에서부터 두칸으로 벌린 구축도 매우 실전적인 것이 될 것이다.

침투라고 할까 삭감이라고 할까?

이 모양에 대한 교란은 협소한 장소인만치 점수가 요구된다. 협소하기 때문에 사활에 주의하지 않으면 안 되며, 살아도 좋은가의 여부는 주변의 상황에 따른다.

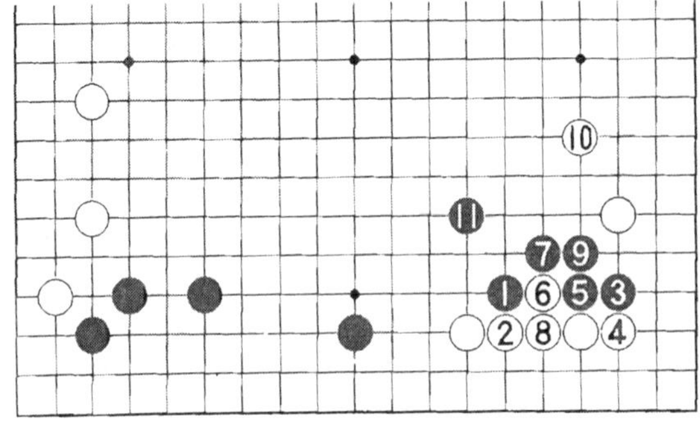

그림 1 *

그림 1 (조화) 침투에는 원군이 필요하다. 1의 어깨짚기부터 3이 이 모양에서의 조화이다.

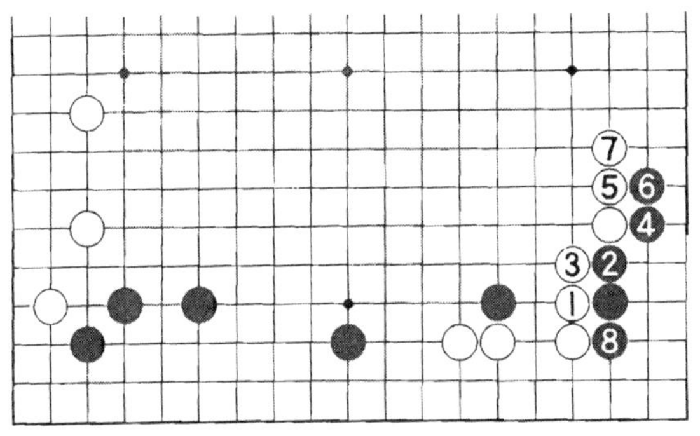

그림 2 *

그림 2 (도려내기) 白1, 3으로 막으면 귀에서의 안정이 용이하다.

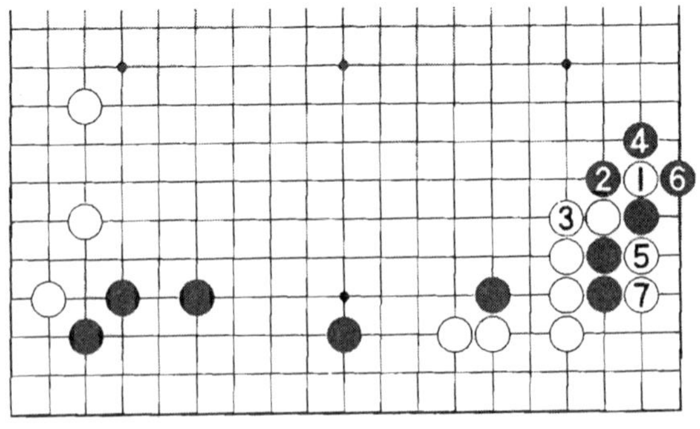

그림 3 *

그림 3 (성과) 白1의 2단 젖히기는 白7까지 선수로 성과를 거두었다.

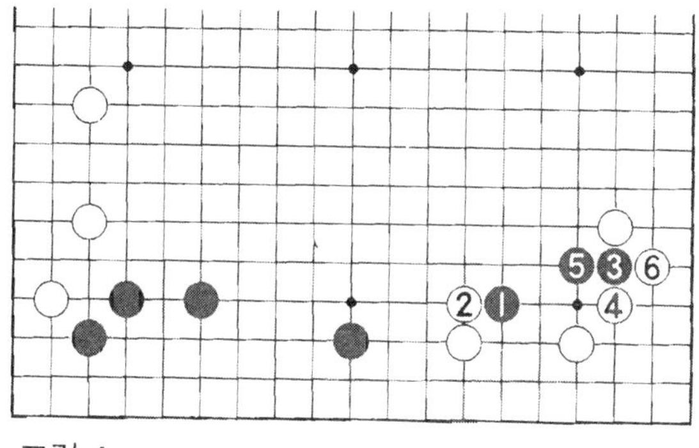

그림 4

그림 4 (정수) 白2의 저항이라면 黑4는 위험하다. 3의 붙임수부터 착수한다.

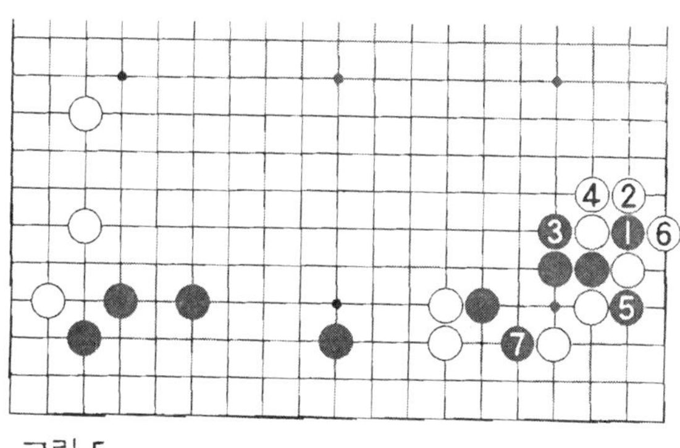

그림 5

그림 5 (분단) 1의 끊기에서부터 7까지, 白진을 분단시켰다.

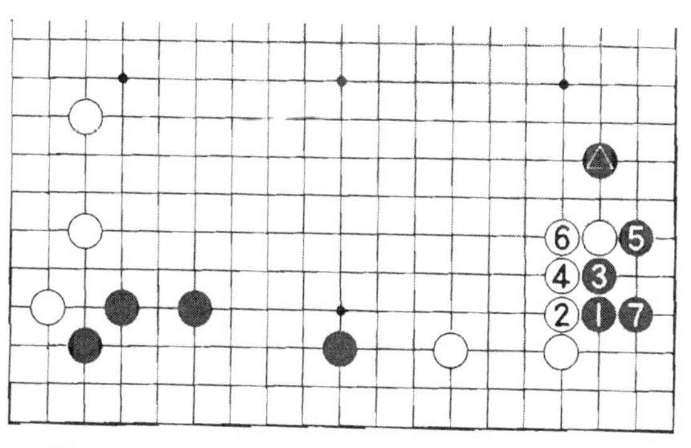

그림 6

그림 6 (평범) ▲이 육박하고 있을 때에는 직접 1의 침투가 성립한다.

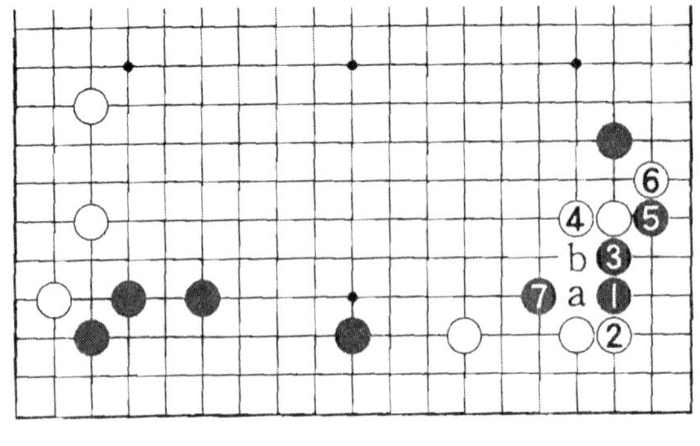

그림 7

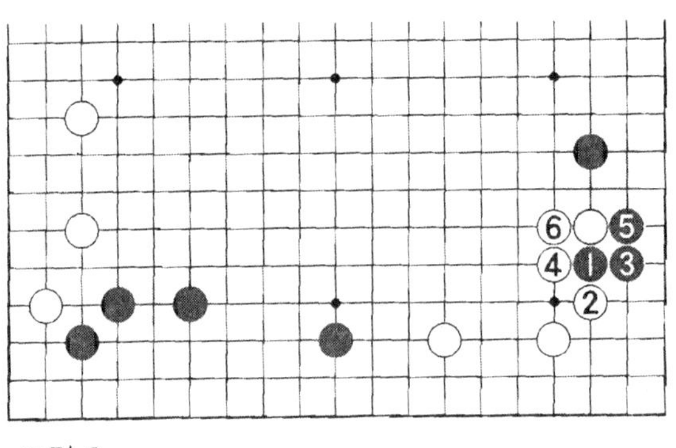

그림 8

그림 7 (싸움) 白은 2로 누르는 것이 유리하다. 7까지라면 앞을 예상할 수 없는 싸움으로 3을 a로 밀어 올리고 白7, 黑b의 유형은 나쁘다. 또한 3이하 직접 움직이지 않고 黑4의 머리 붙임수도 유력하다.

그림 8 (끝내기) 黑1의 안쪽 붙임수는 다소의 도려내기를 지향하고 있다.

白6정도로 黑은 만족할 수 있을까?

포인트

그림 1의 黑1, 3의 수가 중요하다. 단, 그림과 같은 싸움이 벌어져도 좋은가의 여부는 보증할 수 없다.

협소하고, 어느 정도 튼튼한 구축에 침투할 때에는 주변의 관찰이 필요하다.

제 11 형

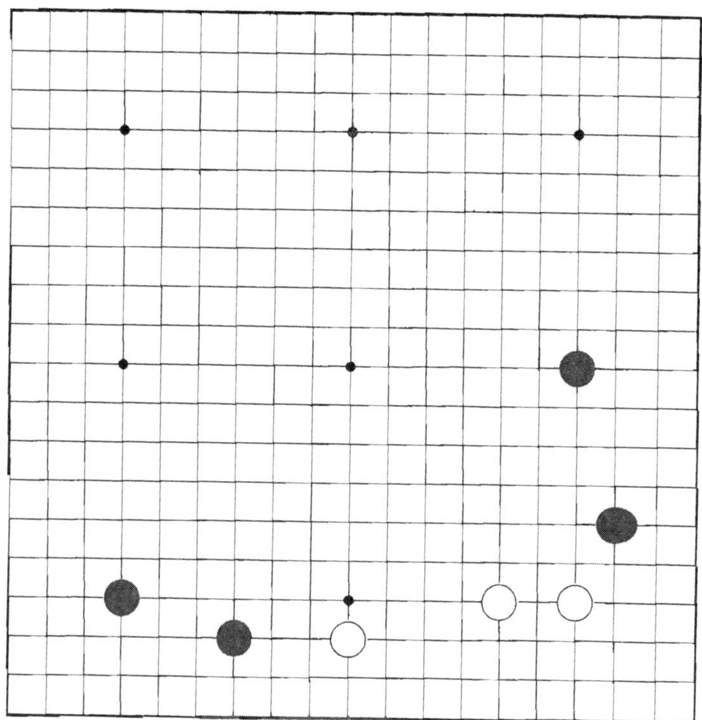

黑번

白의 구축에 대하여 3三 침입을 하는 변화는 이미 제1장에 등상하였다.

이 형에서의 3三 침입은 훌륭한 한수이다.

그러나 여기서는 변의 침투나 삭감을 주제로 삼고 있다. 침투하는 자리는 제1감으로 즉시 알 수 있지만, 다음의 변화는 제법 다채롭다.

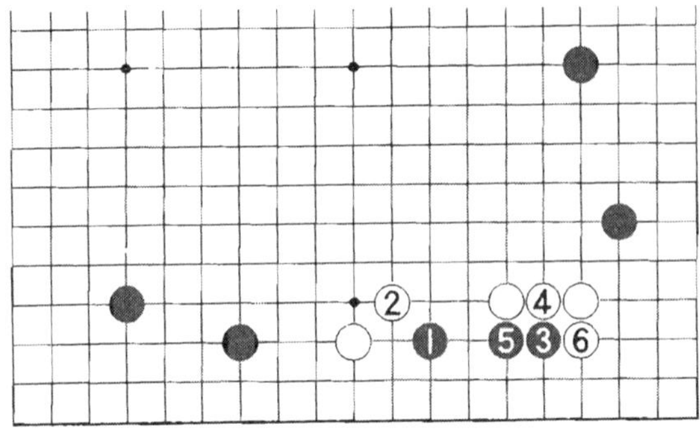

그림 1 *

그림 1 (들여다 보기) 1로 침투하고 白2라면 3의 들여다 보기로 활로를 찾아낸다.

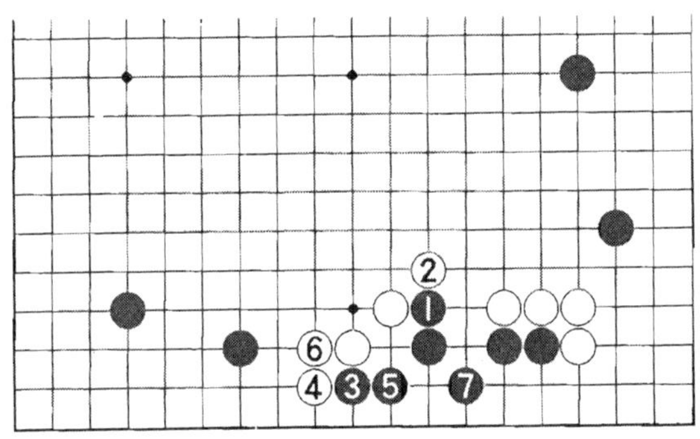

그림 2 *

그림 2 (두터움의 문제) 黑7까지 살고 白의 두터움이 위력을 발휘할 것인가의 여부가 문제이다.

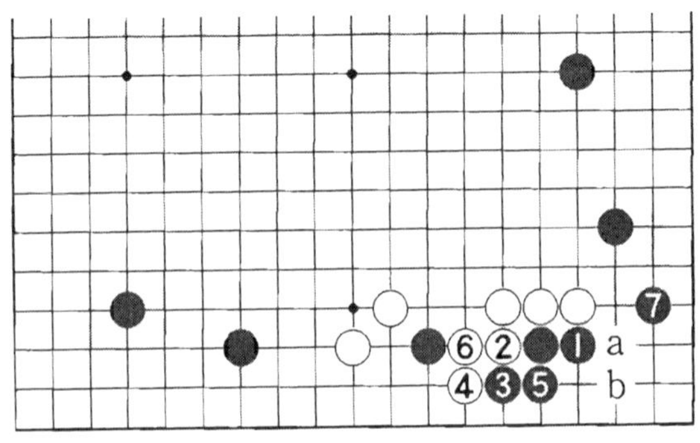

그림 3 *

그림 3 (건너가기) 黑1쪽으로 길 수도 있으며 黑7은 멋진 건너가기이다. 白a이면 黑b이다.

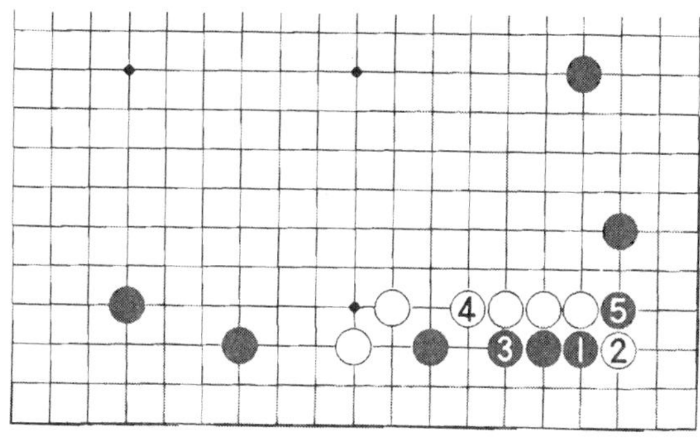

그림 4

그림 4 (버티기) 白2로 버틴다. 黑3을 두고 나서 5로 끊는다.

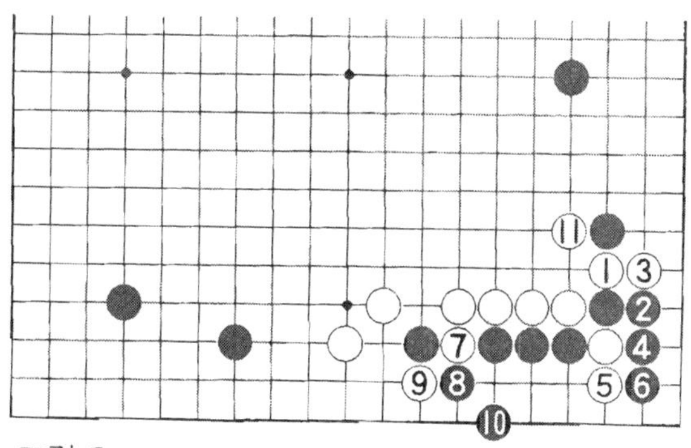

그림 5

그림 5 (白이 유리하다) 앞 그림에 이어 白11의 근처까지면 黑이 좋지 않다.

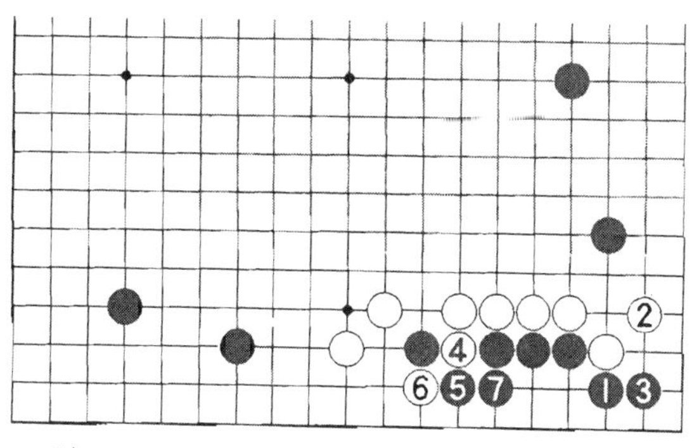

그림 6

그림 6 (일책) 그림 4의 黑5를 1로 젖히고 이하 7정도까지가 보통이다. 白의 두터움이 문제이다.

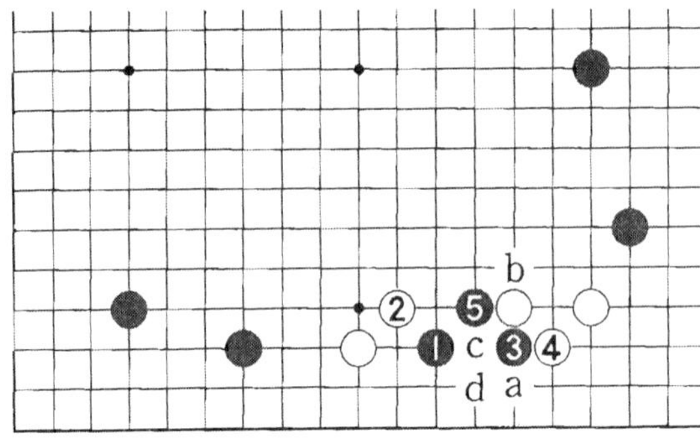

그림 7

그림 7 (패) 黑3, 5는 패를 노리는 특수 전법으로 白a, 黑b, 白c, 黑d의 주문이다.

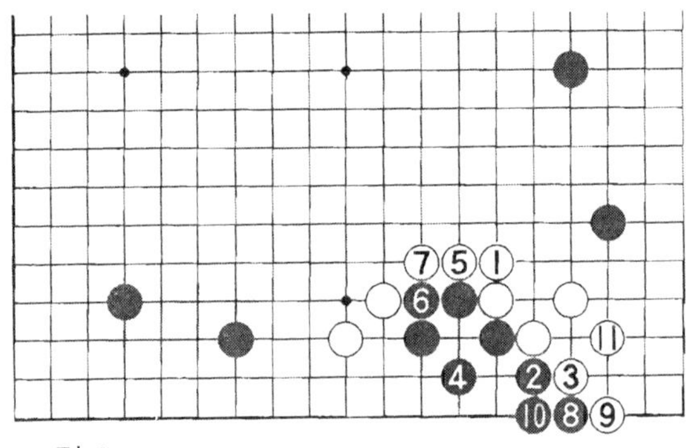

그림 8

그림 8 (살린다) 단, 白은 1이하 평이하게 살려도 두텁다. 黑이 불만이다.

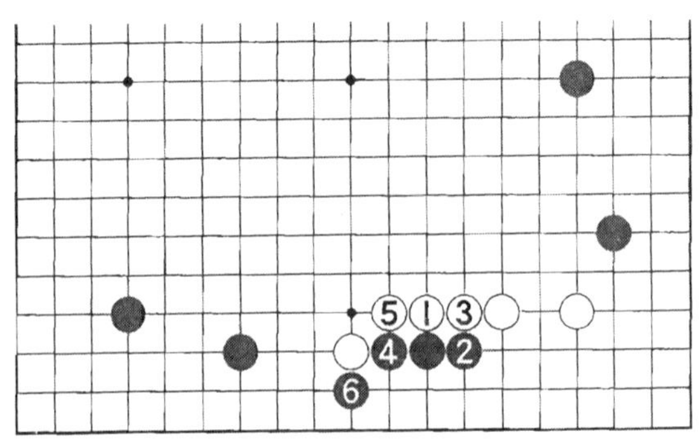

그림 9 *

그림 9 (도려내기) 白1에 붙이고 2, 4, 6 이라면 평이한 진행이다.

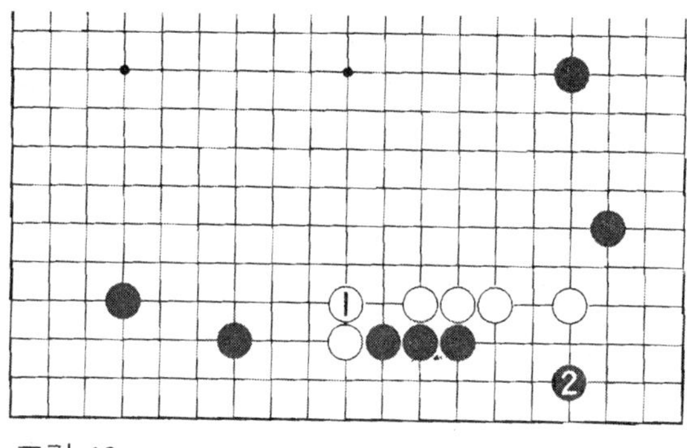

그림 10

그림 10 (산다) 白1로 버텨보아도 黑2로 크게 미끄러지고 산다.

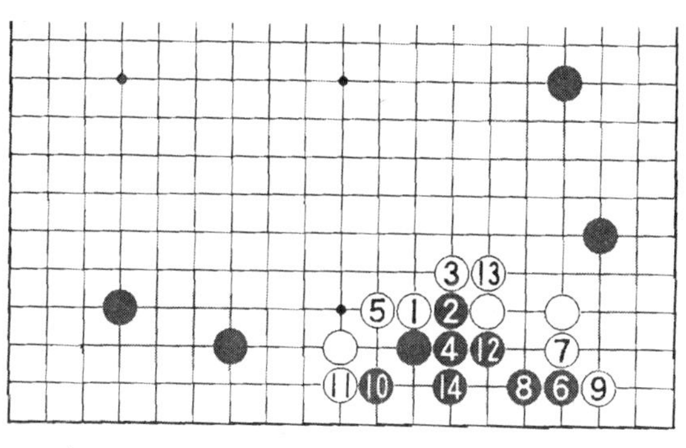

그림 11

그림 11 (끼우기) 黑2로 끼운다. 그러나 黑14까지 봉쇄된다.

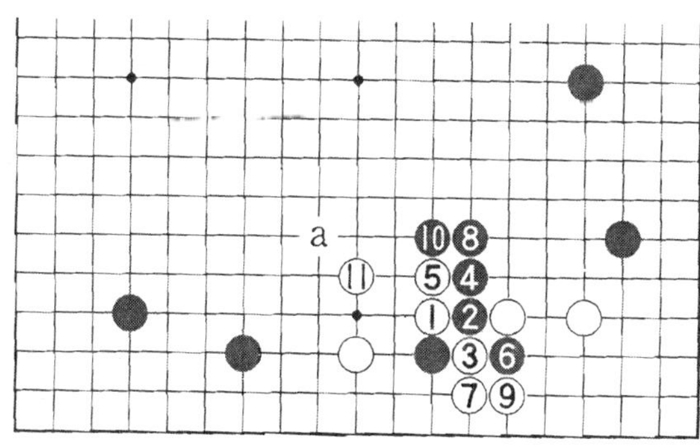

그림 12

그림 12 (白의 실리) 白3의 아래쪽 끊기라면 白의 실리 대 黑의 두터움이다. 11다음 黑a 등이 유력하다.

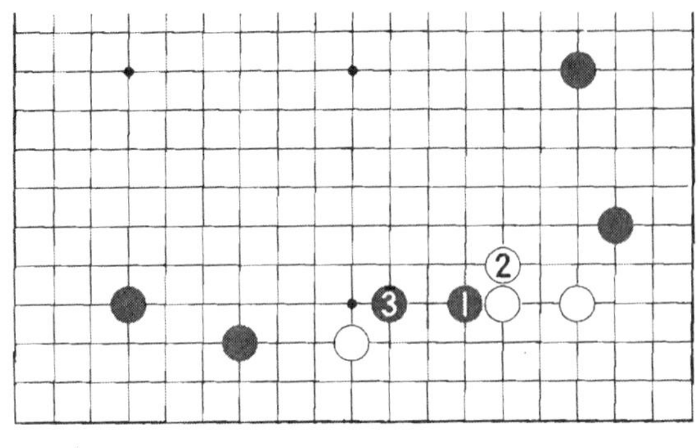

그림 13 *

그림 13 (삭감) 이상은 침투였는데 黑1의 배붙이기는 삭감의 수단이다. 白2의 서기가 가장 보통으로서, 黑3의 어깨짚기부터 중앙으로 나가는 싸움으로 돌입할 것이다.

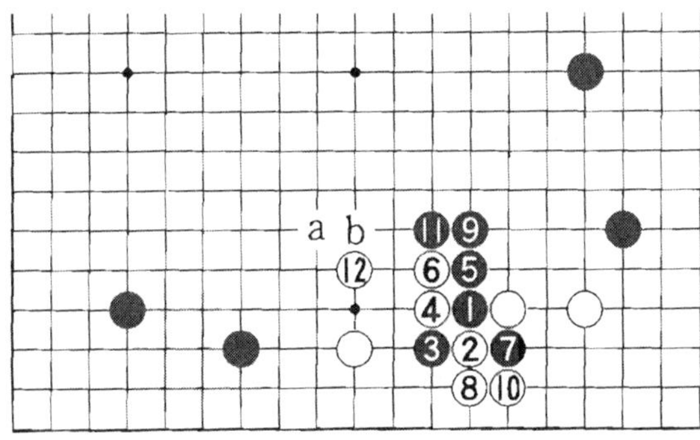

그림 14 *

그림 14 (집중시) 실리를 중히 여긴다면 白2의 아래쪽 젖히기로 이하의 정석은 그림 12와 같다. 黑a의 진출이나 b의 붙임수로 중앙이 부푸는 국면에서는 白2의 아래쪽 젖히기는 의문시 된다.

포인트

이 형에서의 침투는, 침투를 하면 봉쇄당하는 경우가 많으므로 집을 파괴한 득과 白의 두터움을 잘 비교하지 않으면 안 된다.

주변에 약한 돌이 있는 경우의 침투는 오히려 손해가 된다.

제 12 형

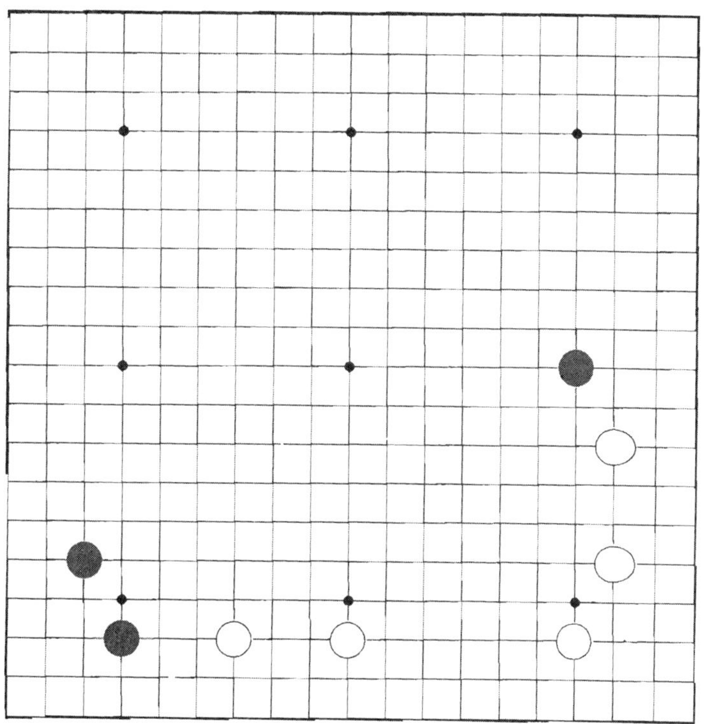

黑번

이런 白의 구축에 대해서는 깊이 침투한다고 해도 별로 득은 없다.

白돌이 3선에 많이 와 있으므로 침투보다는 오히려 삭감이 효과적이다.

그러면 어디서부터 삭감을 시작할 것인가? 삭감의 상투 수단이 있다.

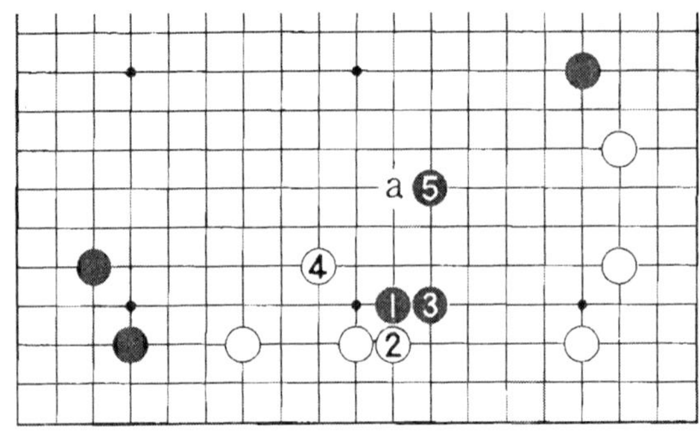

그림 1＊

그림 1 (어깨짚기) 1의 어깨짚기가 삭감의 수단이다. 黑5(또는 a)가 긴요하다.

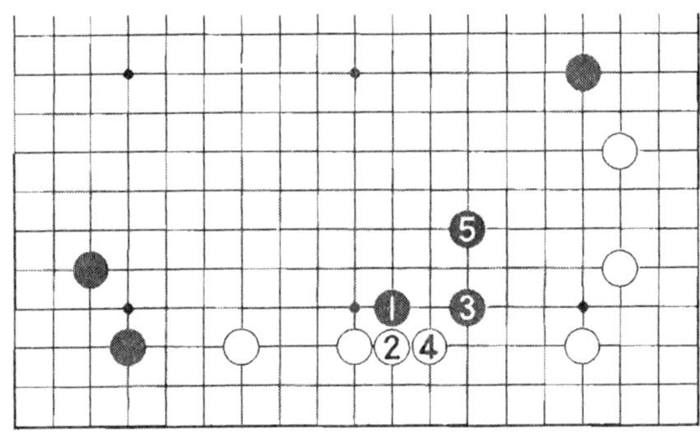

그림 2＊

그림 2 (가볍다) 3의 뛰기는 보다 가벼운 삭감이 된다. 4에는 5가 모양이다.

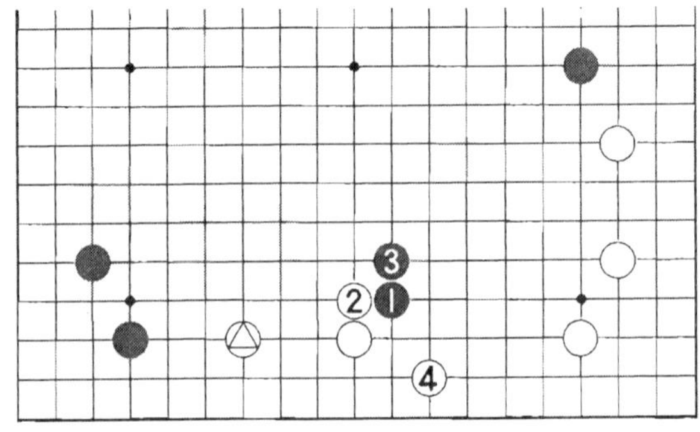

그림 3＊

그림 3 (정석) 白2로 밀어올리면 黑3, 白4가 삭감의 정석이 된다. @의 간격이 좁아 黑이 만족한다.

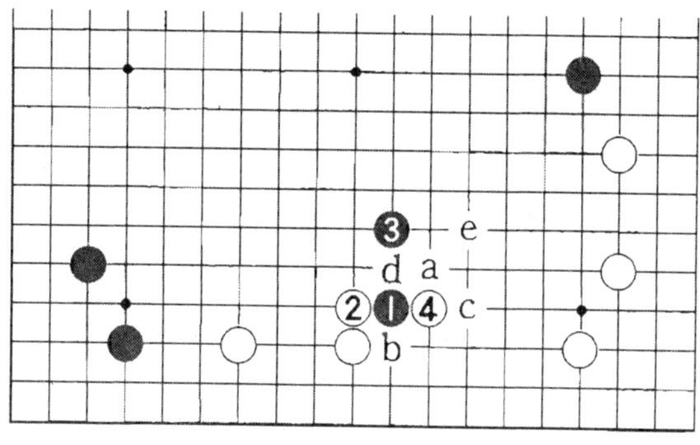

그림 4

그림 4 (목적 달성) 3의 뛰기는 여기서도 가볍고 白4일 때 손을 빼거나 黑a, 白b, 黑c, 白d, 黑e이다.

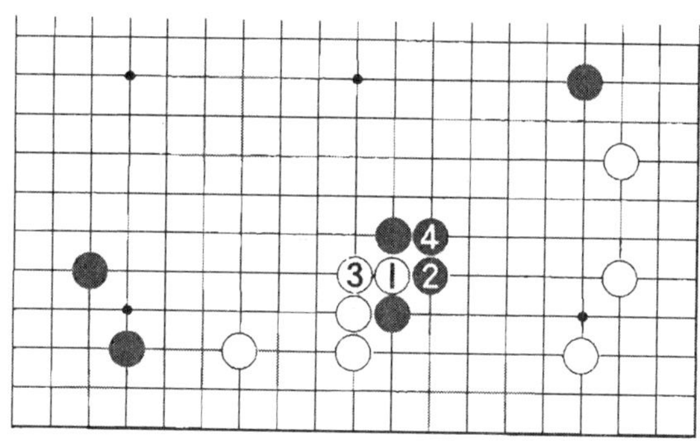
그림 5

그림 5 (튼튼하게) 白1, 3으로 끼우고 이으면 黑4로 위쪽을 이어 튼튼해진다.

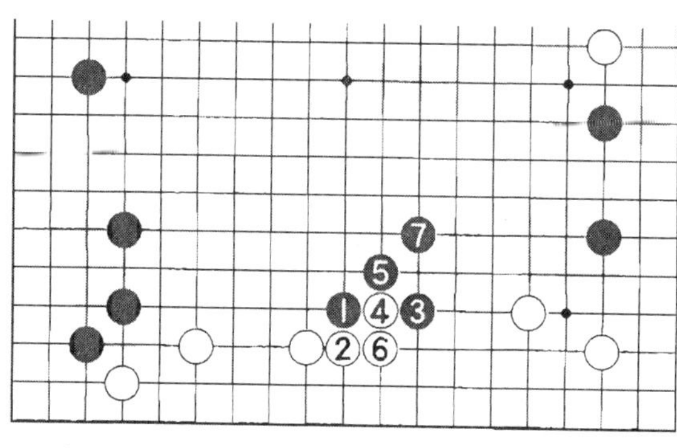
그림 6

그림 6 (삭감) 모양이 바뀌었지만 여기서도 1의 어깨짚기가 적당한 삭감의 수단이 된다.

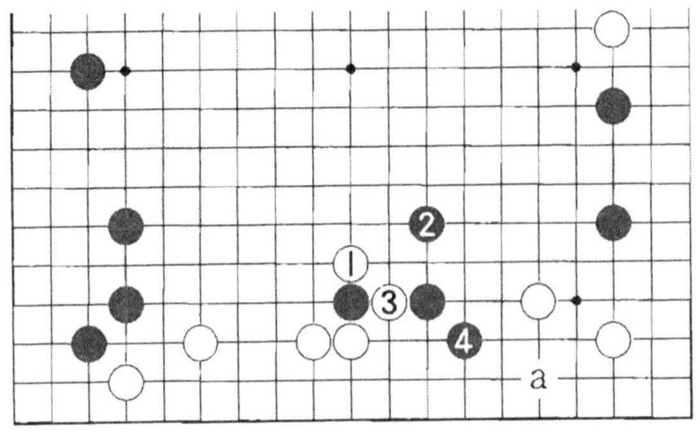

그림 7

그림 7 (순조롭다) 黑의 뛰기에 白1로 끼워 붙히면 黑2로 피한다. 白3에는 黑4가 a의 미끄러지기를 보아 순조롭다.

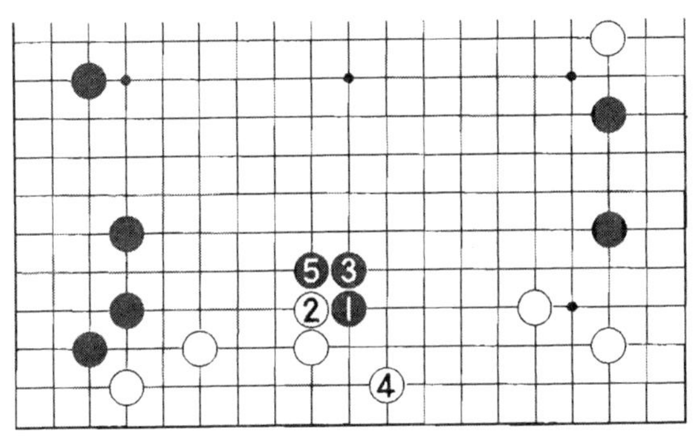
그림 8

그림 8 (중앙을 두텁게) 白2, 4에는 黑5의 꼬부리기가 호점이 되는 경우가 가끔 있다.

포인트

어깨짚기는 삭감 수단의 대표이다. 어깨짚기를 하면 다음에 막기를 보고 있으므로 상대는 손을 뺄 수 없다. 그래서 기기 아니면 밀어 올리기의 수법을 채용하게 되는데 이것으로 자연히 모양을 삭감시키려고 한다.

· 어깨짚기 다음, 뻗기인가 뛰기인가는 모양의 규모 및 강도에 따라 결정해야 한다.

제 13 형

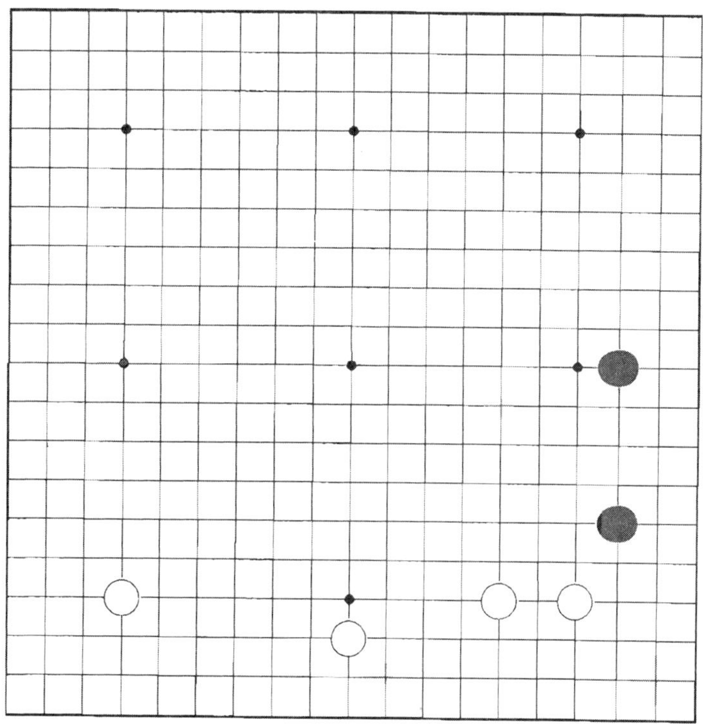

黑번

하변의 白 모양은 산만하고 초점이 뚜렷하지 않다. 침투나 걸치기 등 여러 가지 방법이 있을 것 같지만 여기서는 삭감에만 초점을 맞추기로 한다.

만약에 삭감을 한다면 어디서부터 착수하는게 좋을까?

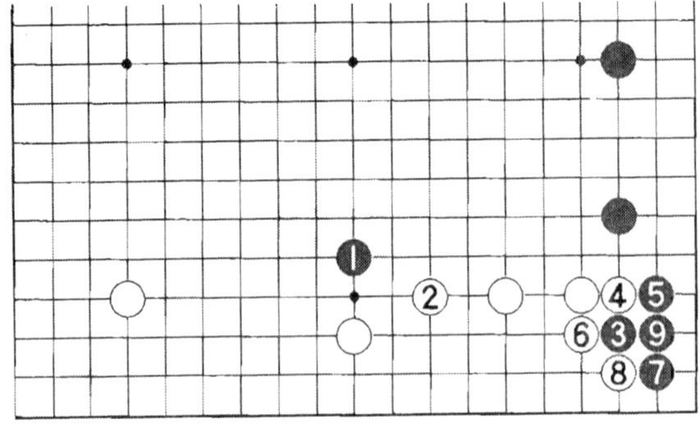

그림 1＊

그림 1 (씌우기) 1의 모자가 유력한 삭감으로 白2로 받으면 黑3이 순조롭다.

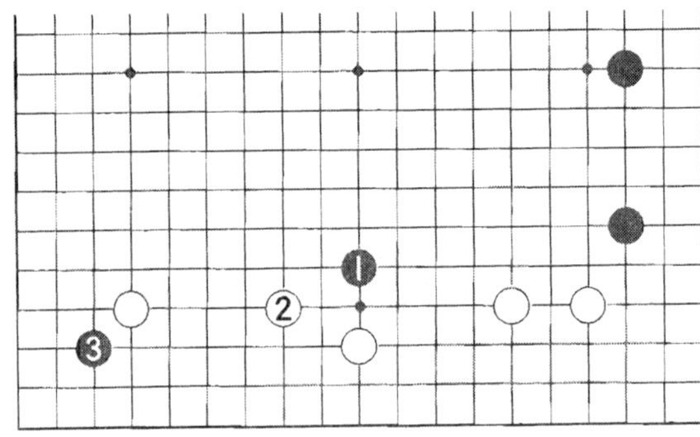

그림 2＊

그림 2 (효과적) 白2쪽이라면 역시 黑3의 3三으로 단순한 3보다도 黑1, 3이 효과적이다.

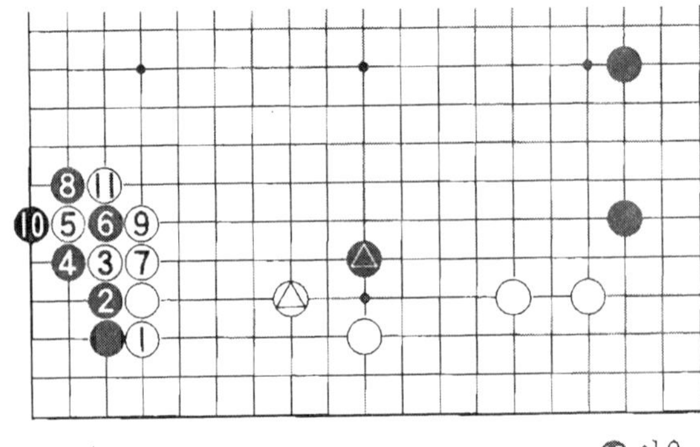

그림 3　　⓬ 이음

그림 3 (능률적) 白1이하는 상정도이다. 이렇게 되었을 때, ▲, △의 교환이 활용된 모습이다.

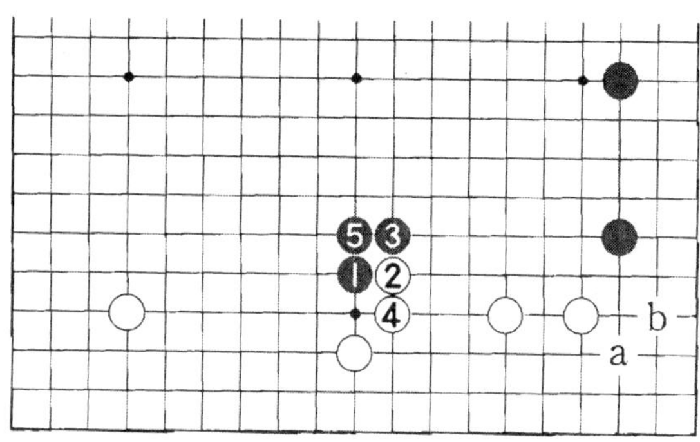

그림 4

그림 4 (굳힌다) 白2, 4는 黑을 굳힌다. 黑a(白b)가 커진다.

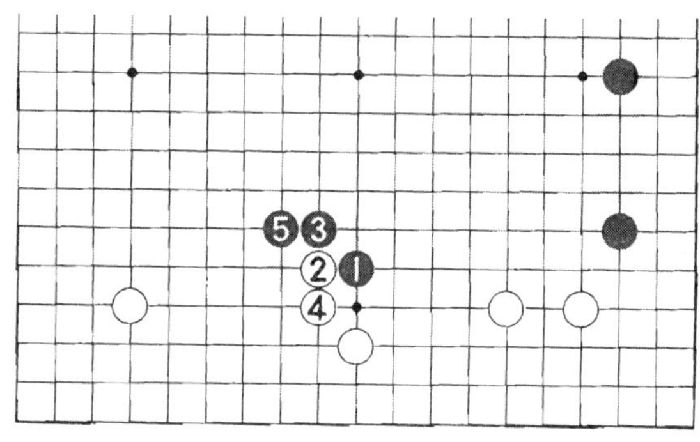

그림 5

그림 5 (두기 어렵다) 白2, 4도 黑을 튼튼히 하여 두기가 어려운 수법이다.

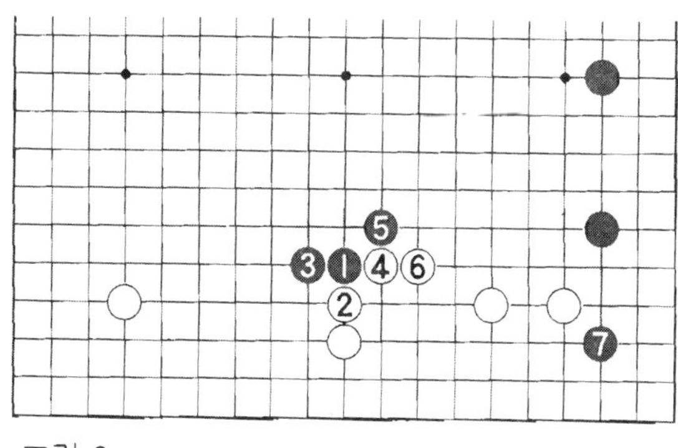

그림 6

그림 6 (속수) 白2의 부딪치기도 마찬가지이다. 白4, 6으로 넓혀도 7의 3三이 있다.

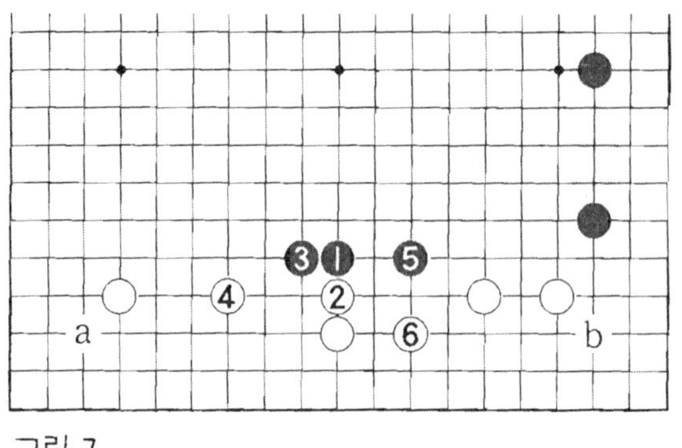

그림 7

그림 7 (괴롭다) 白4, 6으로 변에서 받으면 효과적인 것 같지만 a, b 양쪽이 비어 있어 모두 영역화할 수 없다.

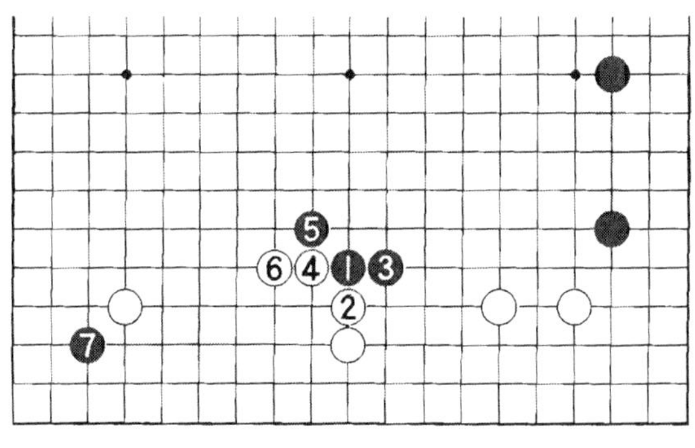
그림 8

그림 8 (오른쪽이냐 왼쪽이냐) 부딪쳐 오면 白4, 6처럼 젖혀 늘고 싶은 국면이다.

역시 黑7의 3三이 큰 침투가 된다.

포인트

이 형에서의 씌우기는 가볍게 모양을 삭감하고 있으며 白이 둘러싼 쪽에 3三 침입을 하려고 한다. 즉, 위쪽의 모양을 제한시키고 아래쪽을 삭감한다. 이 조화는 삭감의 상도라고 할 수 있다.

그림 1과 그림 2는 씌우기에 白이 日자로 받고 있는데 이것은 가장 본격적인 응수이다.

제 14 형

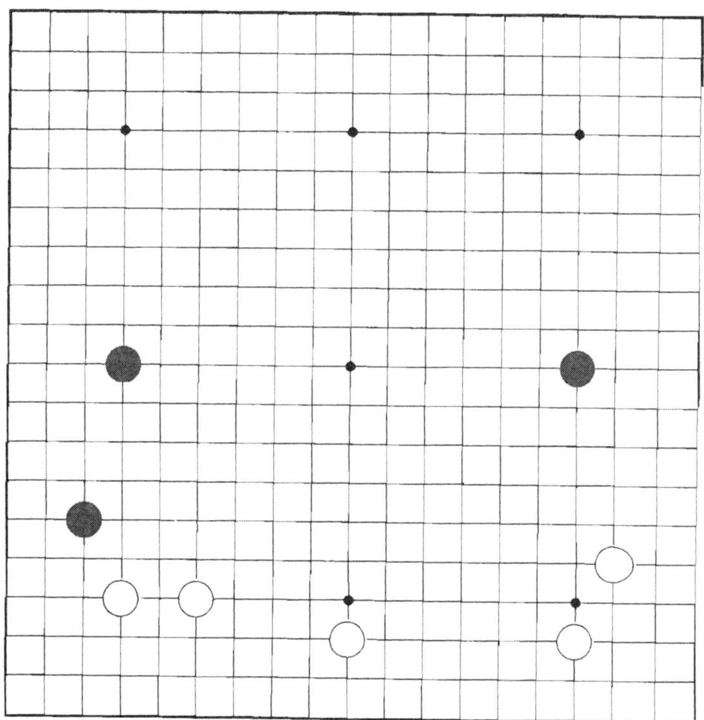

黑번

앞 그림과 비슷하지만, 모양의 일단이 日자 굳힘수로 3三 침투는 왼쪽 귀에서밖에 할 수 없다.

이 모양을 삭감시키려고 할 때, 상식적으로는 역시 씌우기가 떠오른다.

어깨짚기는 별로 좋지 않다.

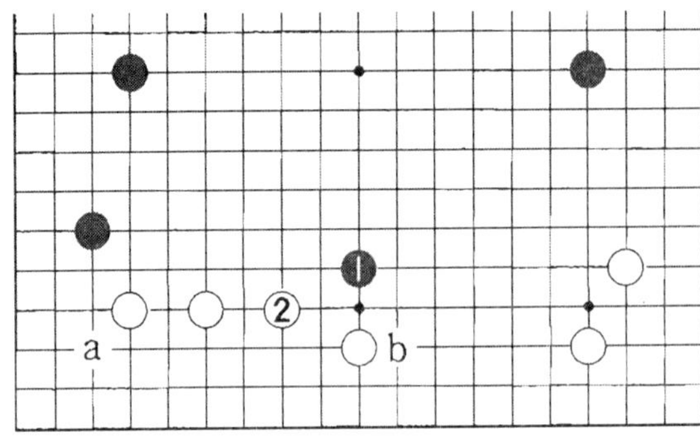

그림 1＊

그림 1 (씌우기) 역시 1이 삭감의 호점으로 白2로 받으면 黑a와 b가 맞보기가 된다.

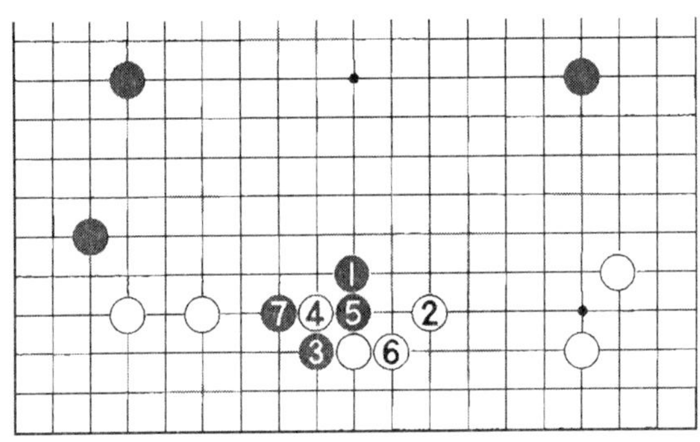

그림 2

그림 2 (붙임수) 白2쪽을 받으면 3으로 붙이고 싶다. 白4는 축머리가 문제이다.

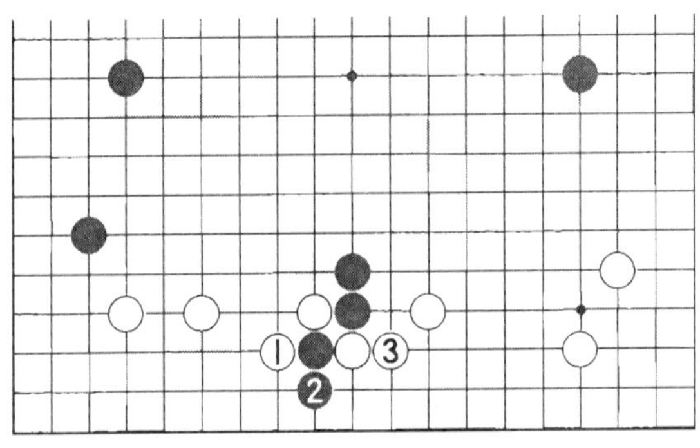

그림 3＊

그림 3 (강수) 白1에서부터 3으로 둘지도 모른다. 이 강수에 어떻게 응수할까?

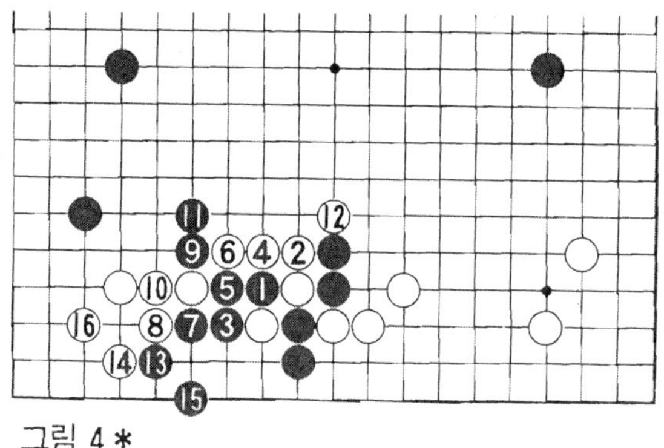

그림 4 *

그림 4 (편안히 산다) 黑1, 3으로 단수를 치고 白2이하로 봉쇄하여도 黑15까지 편안히 살 수 있다.

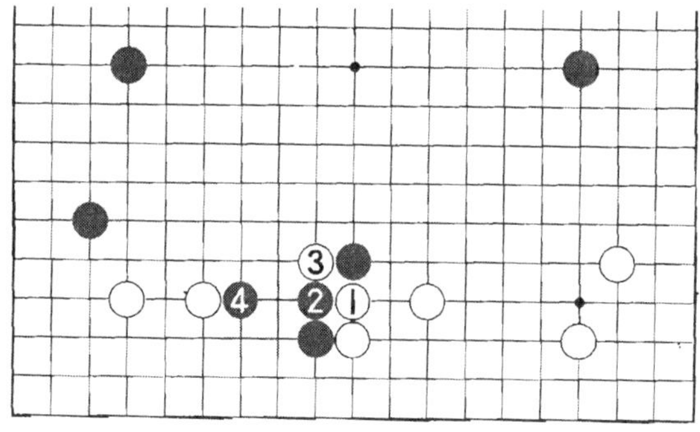

그림 5 *

그림 5 (강인) 1, 3의 끊기는 두렵지 않다. 黑4의 수로 타개할 수 있다.

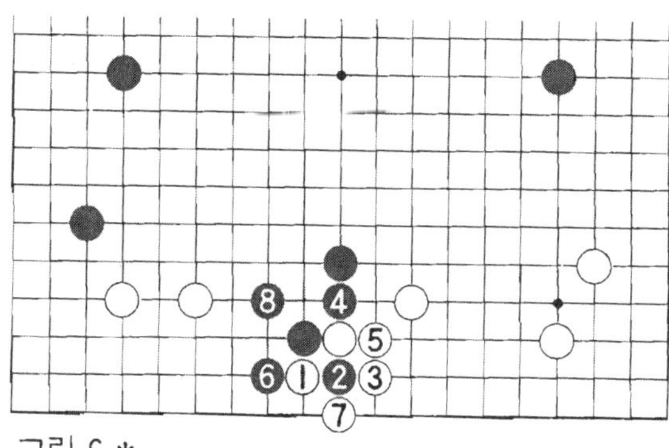

그림 6 *

그림 6 (평온) 白1로 받으면 부드럽다. 黑8까지 일단락된다.

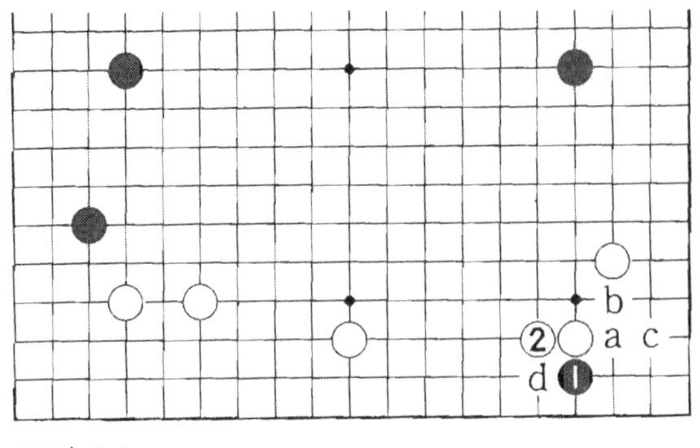

그림 7＊

그림 7 (아래쪽 붙임수) 이상과는 별도로 1의 아래쪽 붙임수도 유력하다. 白2라면 黑a, 白b, 黑c나 黑d로 나오기가 남는다.

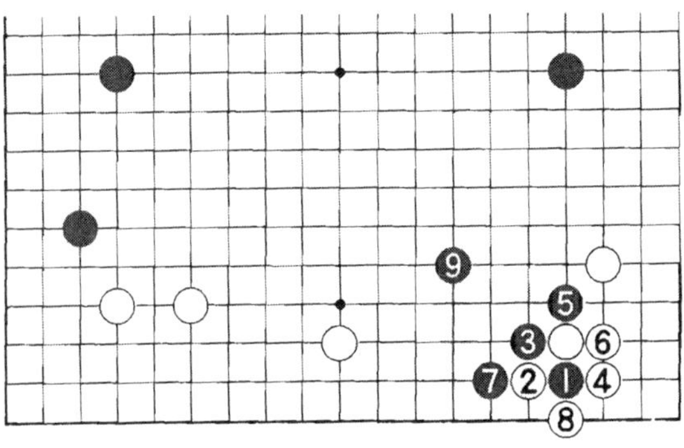

그림 8＊

그림 8 (처리) 白2에는 黑3이하로 처리하면서 삭감한다.

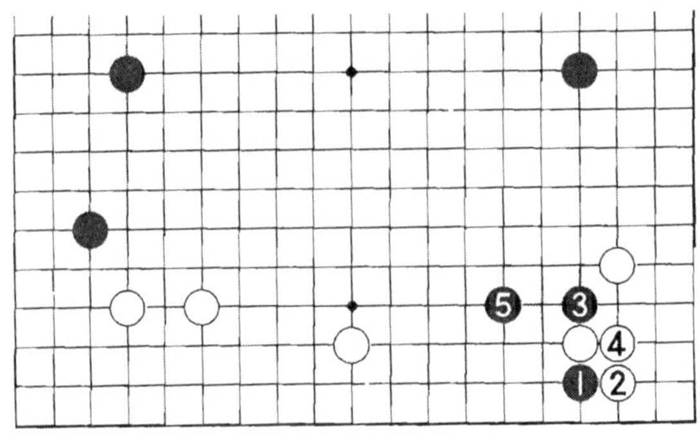

그림 9＊

그림 9 (가볍다) 白2의 안쪽 막기에는 3, 5가 가벼운 삭감이 된다.

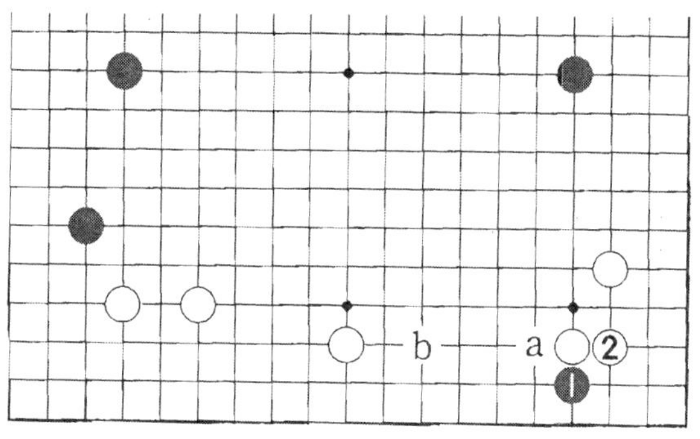

그림 10 *

그림 10 (움직임) 白2의 끌기에는 장래나 아니면 지금 당장 黑b로 움직인다. 이 그림은 삭감이라기보다 침투에 가깝다.

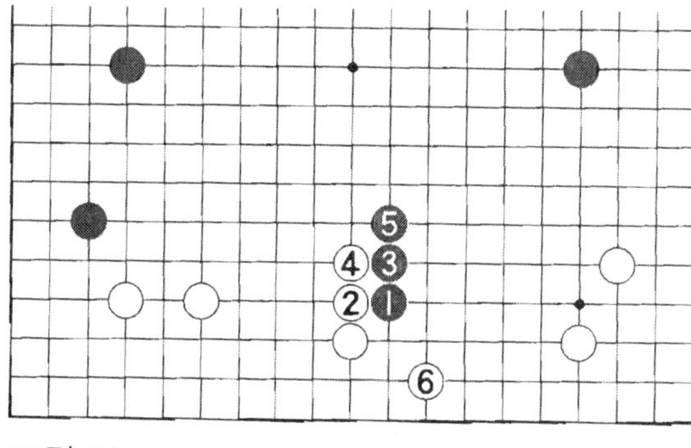

그림 11

그림 11 (白의 좋음) 어깨짚기는 이 배치에서는 좋지 않다. 白2, 4의 벽과 왼쪽의 구축이 좋으며 삭감이 잘 되지 않을 것이다.

포인트

씌우기는 앞의 형과 같지만 그림 7~그림 10의 붙임수가 여기서는 주목할만 하다.

그림 7이라면 일단 손빼기도 가능하다. 귀에서의 살기는 20집 정도의 큰 수이나 지금 당장 살 필요는 없다. 중앙의 모양이 결정되고 가장 효과적인 순간에 사는 것이다. 또한 이 그림의 d의 기기는 싸움을 품고 있는데 그 시기가 어렵다.

제 15 형

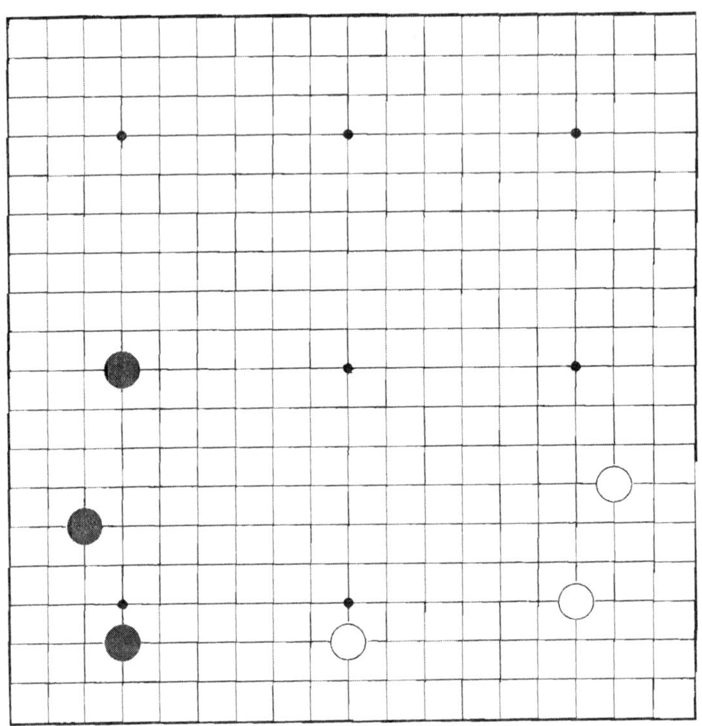

黑번

서로가 모양을 편 국면으로서 당연히 다음과 같은 생각을 할 수 있다.

1. 상대의 모양을 삭감하고 싶다.

2. 자기 모양을 넓히고 싶다.

이 희망을 들어줄 수 있는 좋은 수단이 있을까?

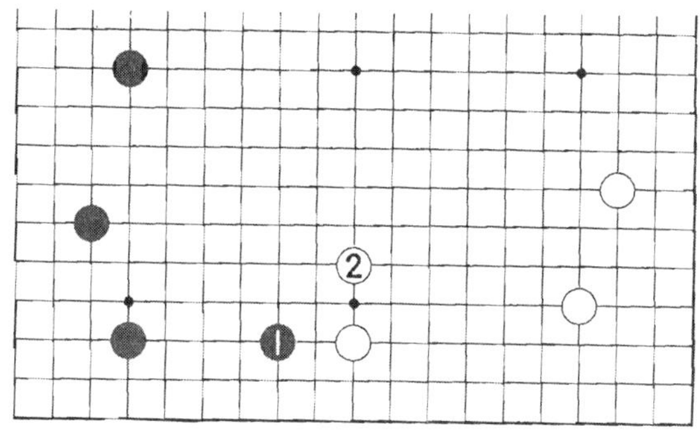
그림 1

그림 1 (보통) 1의 육박, 白2의 뛰기가 훌륭한 수단이다.

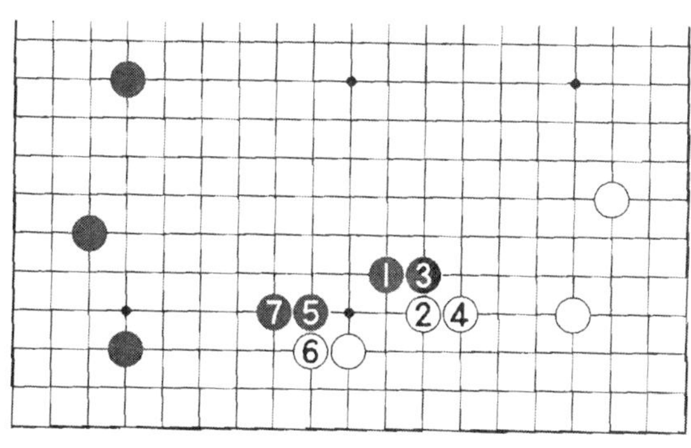
그림 2 *

그림 2 (주문) 黑1로 한칸 옆의 씌우기를 한다. 白2이하 黑7이 주문이었다.

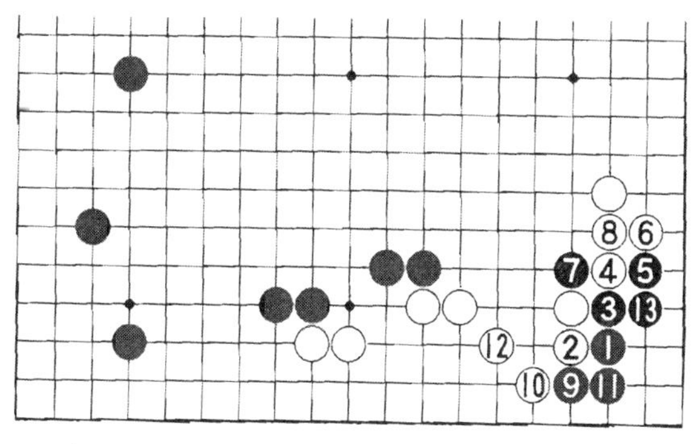
그림 3

그림 3 (3三) 白집은 굳었지만 아직도 3三으로 침투할 여지가 남아 있다.

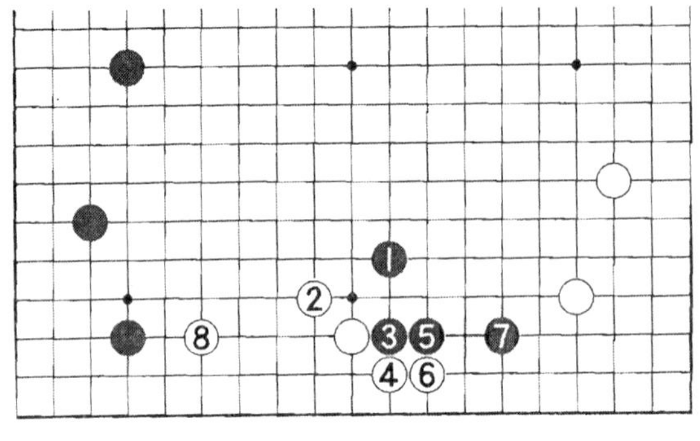

그림 4 *

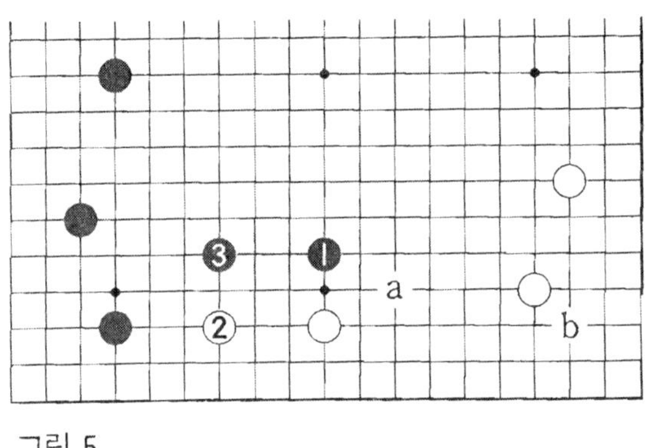

그림 5

그림 4 (반발) 그림 2는 黑의 주문이므로 白도 2로 반발할 것이다. 쌍방이 기세의 진행으로서 白8까지 예상된다.

그림 5 (씌우기) 욕심을 내어 한칸 옆으로 비키지 않고 1의 씌우기라면 온당하다. 白a로 받는 것은 역시 黑b가 순조롭기 때문에 白2, 黑3으로 씌우고 재미있는 진행이 된다.

포인트

변화도에 대한 소개는 이것으로 그치겠지만 그림 2의 주문이 그대로 실현될 수 있다면 이 배치에서는 우선 만족할 것이다. 그러나 만약에 상대가 기력이 뛰어나다면 그림 4처럼 반발한다. 이것이 삭감을 둘러싼 싸움이다.

제 16 형

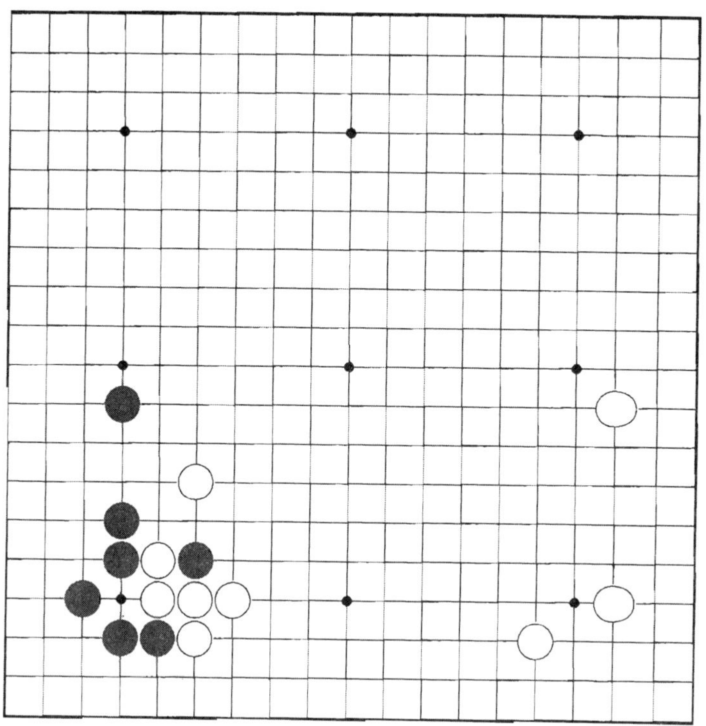

黑번

이런 지대한 모양은, 도대체 어디서부터 착수해야 할지 알 수 없다.

아마도 이 부분만을 보고 정해는 말할 수 없다. 그러므로 유력한 삭감의 수만을 찾기로 한다. 중요한 곳은 어디이며 넓은 자리는 어디인가? 삭감하는 측도 좁은 장소가 아니라 넓은 자리를 지향하고 있다.

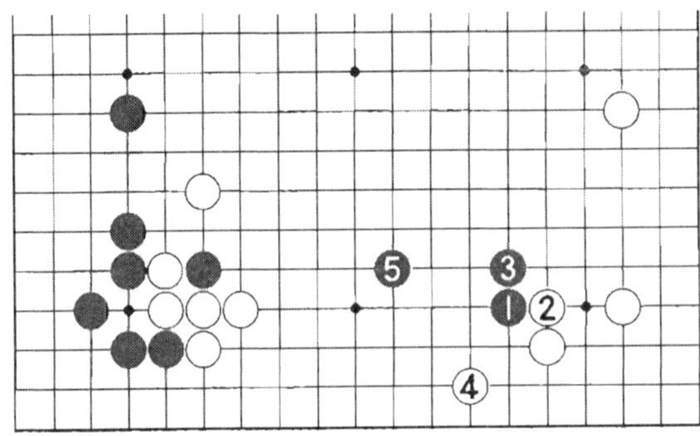

그림 1 *

그림 1 (어깨짚기) 여기에 1로 어깨짚기가 재미있다.

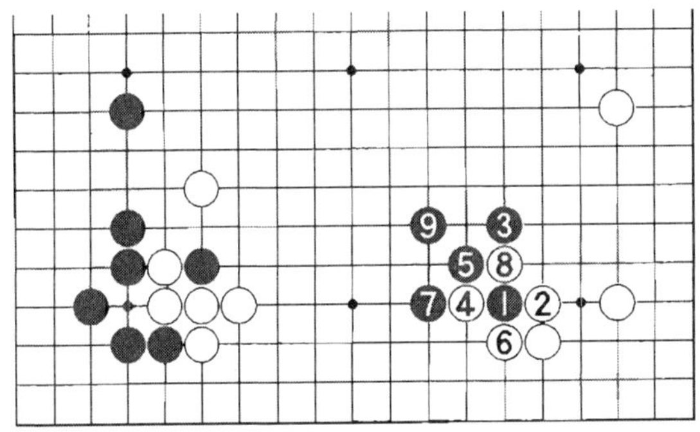

그림 2 *

그림 2 (정형) 3도 가볍다. 4에는 5이하로 모양이 생긴다. 다음은 공격이 문제이다.

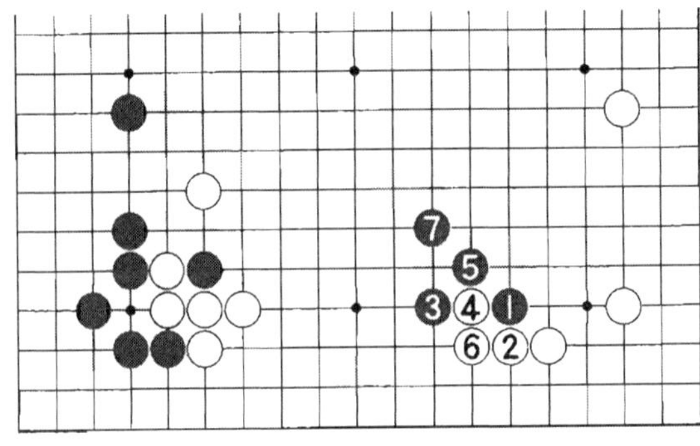

그림 3 *

그림 3 (가볍다) 2의 밀기라면 3으로 뛸 것이다. 7까지 일단 모양을 갖춘다.

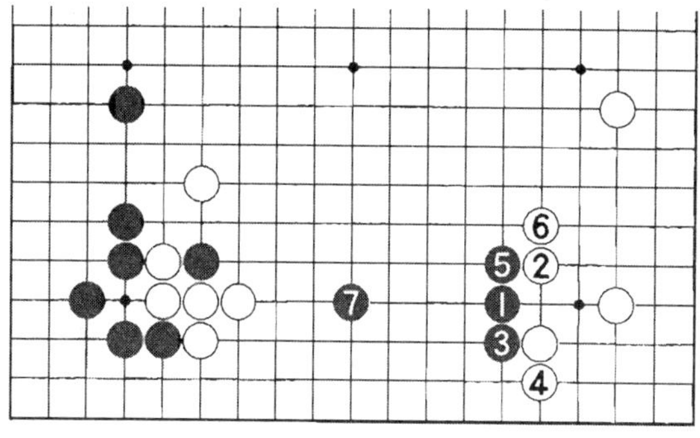

그림 4

그림 4 (간명) 白2는 오히려 의문이다. 7까지 중요한 하변에 근거를 잡으면 공격이 안될 것 같다.

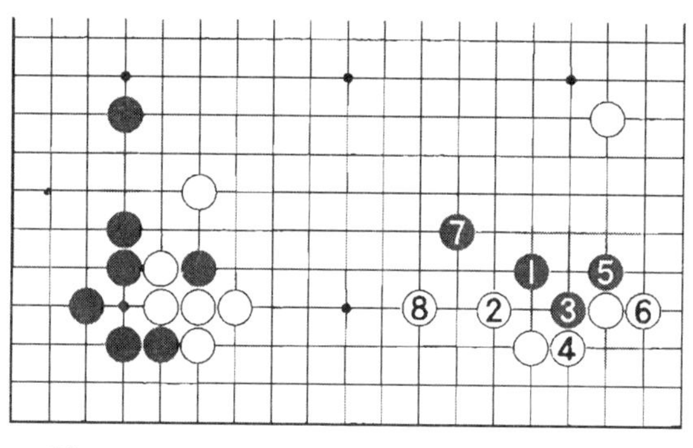

그림 5

그림 5 (문제) 1은 문제이다. 白2로 큰 하변을 영역화할 것이다.

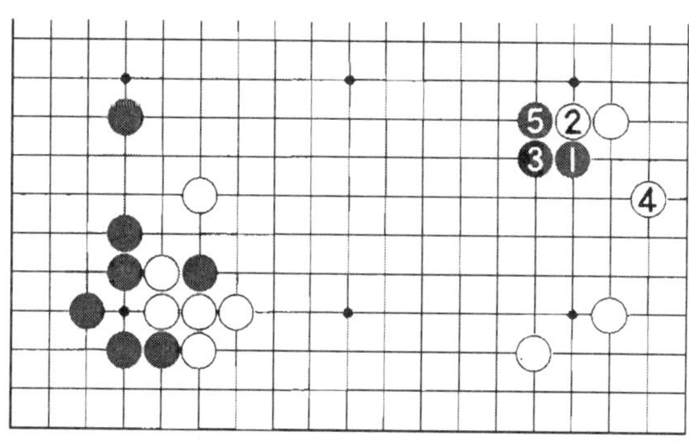

그림 6

그림 6 (따분하다) 1의 어깨짚기는 따분하다. 모양의 중심에 향하고 있지 않다.

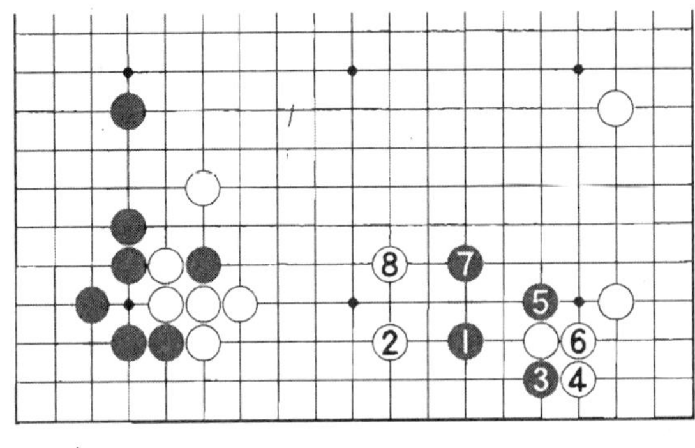

그림 7

그림 7 (두렵다) 깊이 침투하는 것은 과연 두려울 것이다. 黑1로 안정하면 좋은데 이 다음에 공격을 받을 것 같다. 중앙에서 상변까지 나쁜 영향이 미칠지도 모른다.

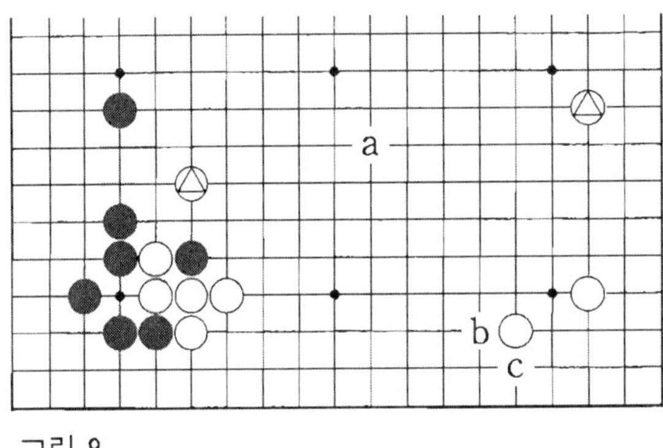

그림 8

포인트

그림 8 (넓은 자리) 큰 모양을 삭감할 때에는 모양의 끝머리나 양날개의 대각선상이 좋다고 하는 사고 방식이 있다. 이 경우, △이 대각선상은 a근처가 된다. 그러나 이 큰 모양은 아직 약점이 있으므로 더욱 깊숙히 삭감하고 싶다.

비단 그림 1 뿐만 아니라, 그림 8의 b나 c로 붙이고 국면을 살펴볼 수 있다.

b도 c도 a근처의 삭감과 관계되고 있다.

제 17 형

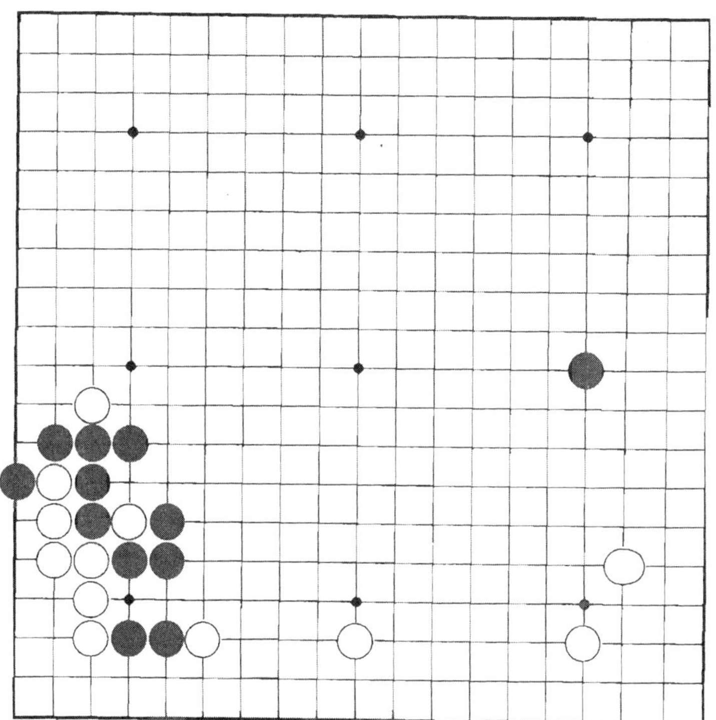

黑번

앞의 형은 막연한 문제였지만 이번에는 매우 뚜렷한 것 같다.

白 모양에 어떻게 임할 것인가? 좌하에 대기하고 있는 黑의 두터움을 최대한으로 활용하기 바란다.

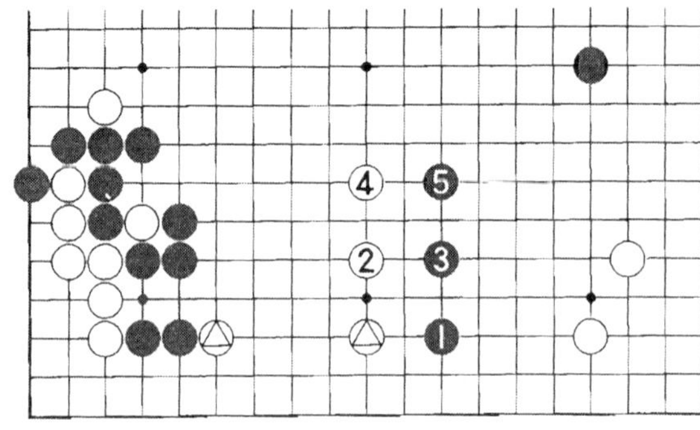

그림 1 ＊

그림 1 (침투) 黑1로 침투한다. △을 공격하고 계속 뛰기라면 유리하다.

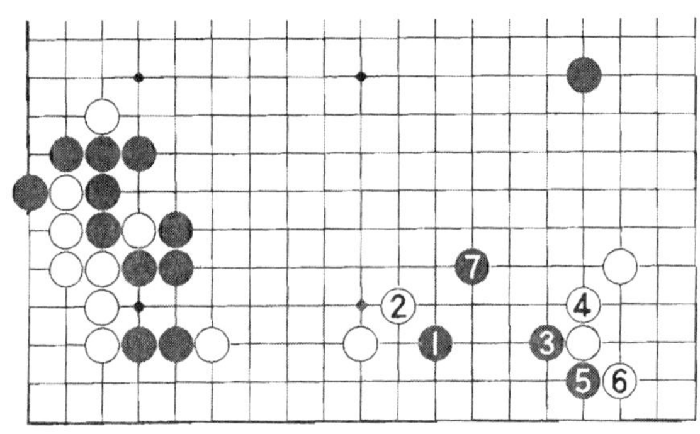

그림 2 ＊

그림 2 (공세) 白2를 두면, 3이하는 상용의 수로 黑은 공세를 취한다.

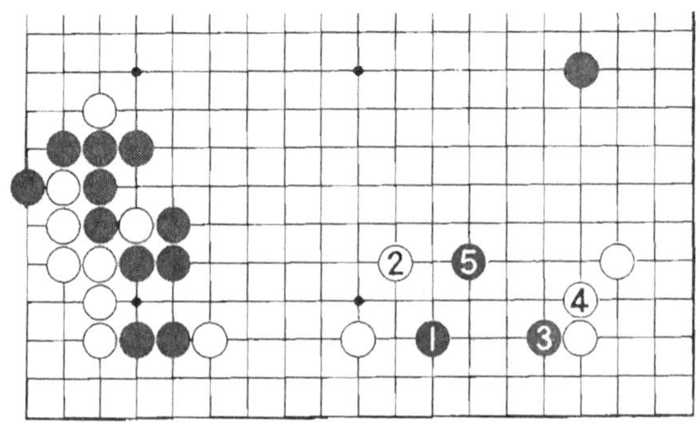

그림 3 ＊

그림 3 (노림수) 白2의 日자라면 3, 5다음에 노림수가 있다.

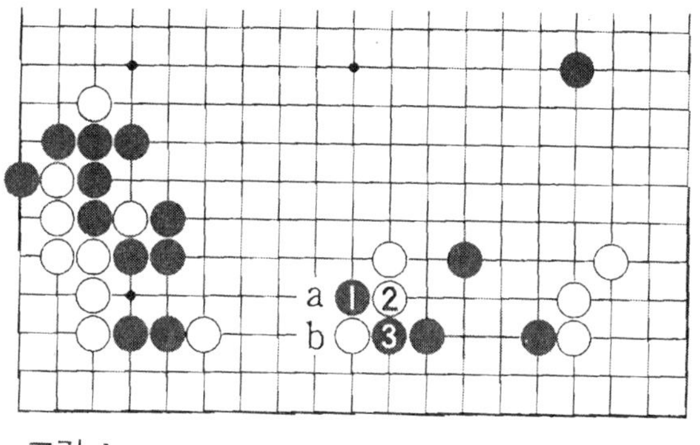

그림 4

그림 4 (강렬하다) 여기서 노림은 1의 건너 붙이기이다. 3다음 白a로 포위할 수 없고 b의 끊기는 고전이다. 白에는 응수가 없다.

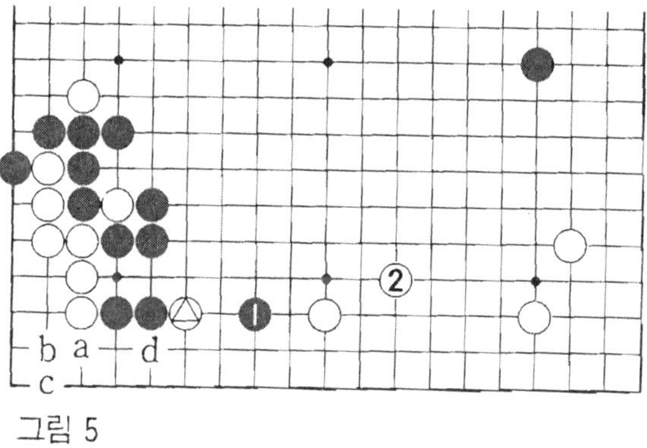

그림 5

그림 5 (어리석다) 가장 따분한 것은 1의 침투이다. △만을 잡으려고 하면 매우 작고 白2로 구축하면 순조롭다. 귀는 黑a, 白b, 黑c의 패, 또는 黑a, 白b, 黑d의 내림수를 활용할 수 있으므로 1은 더욱더 따분한 수가 된다.

포인트

모든 발상은 좌하의 두터움을 어떻게 살리는가에 달려 있다. 두터움을 최대한으로 살리기 위해 그림 1의 1로 침투를 하면 오히려 白이 약하다.

제 18 형

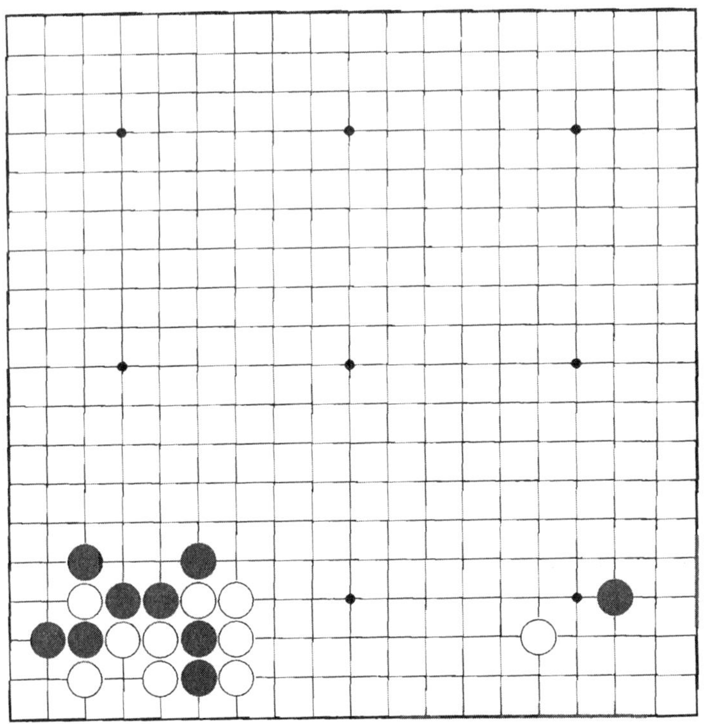

黑번

하변의 白이 두텁다는 것을 고려하고 작전을 세운다.

침투를 하든가, 아니면 멀리서부터 삭감하든가 중에서 하나를 결정하지 않으면 안 된다.

"두터움에 가까이 하지 말라"는 격언을 상기하라.

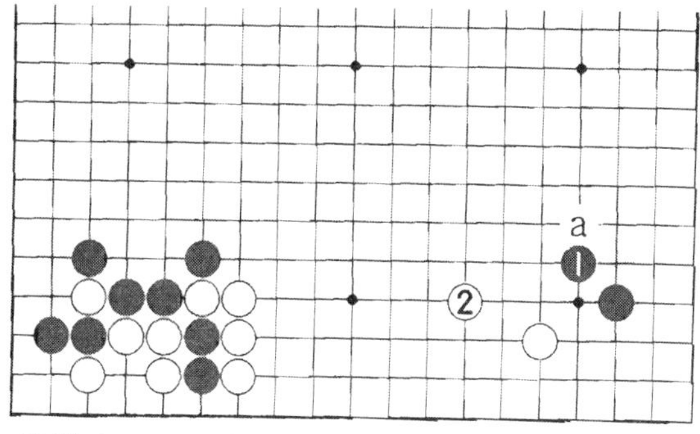

그림 1 *

그림 1 (정착) 黑1이 정착으로서 白2로 지키는 것이 적당하다. 1은 a도 있다.

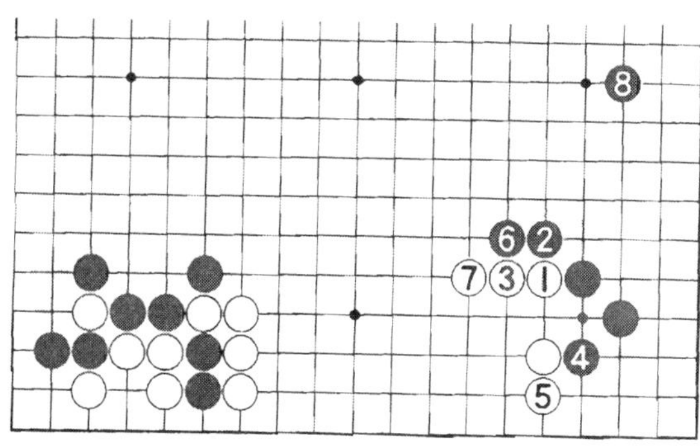
그림 2

그림 2 (붙임수) 그림 1의 白2로는 1의 붙임수도 있을 것이다. 黑8까지 일단락 된다.

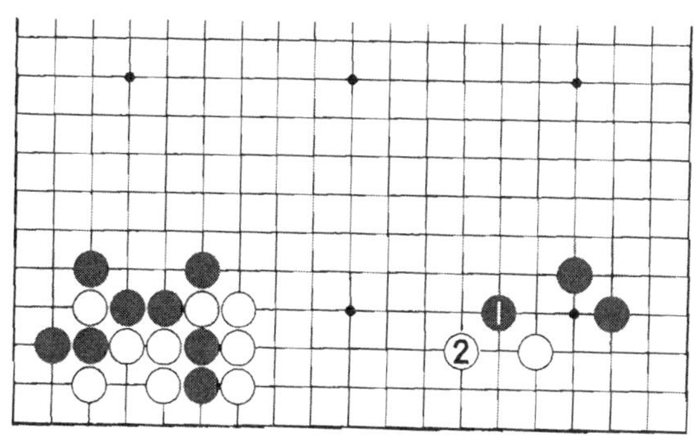
그림 3

그림 3 (괴롭다) 白이 대비를 생략하면 黑1의 씌우기가 기분좋다. 白2는 위치가 낮아 괴롭다.

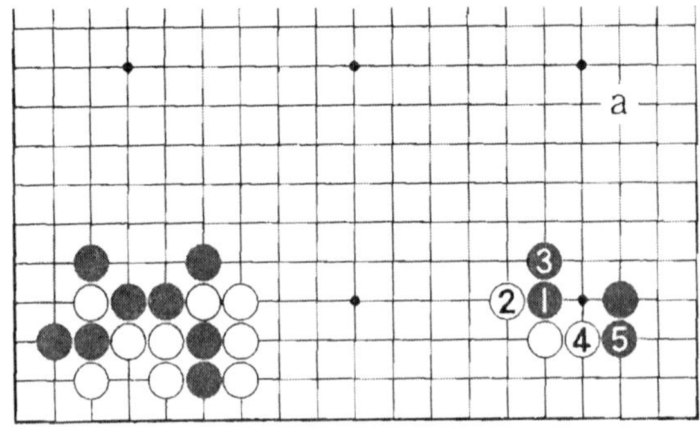

그림 4＊

그림 4 (재미있다) 1, 3의 붙여 뻗기도 재미있다. 하변은 굳혀주고 a방면을 차지하려는 뜻이다.

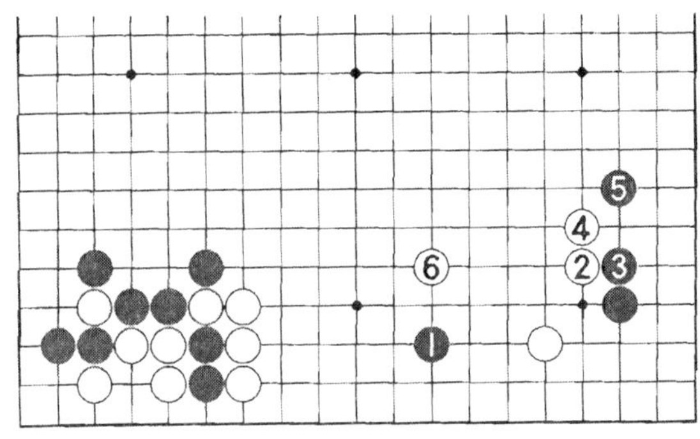

그림 5

그림 5 (대악수) 안 되는 것은 1의 협공으로 2, 4에서부터 6으로 죽는다.

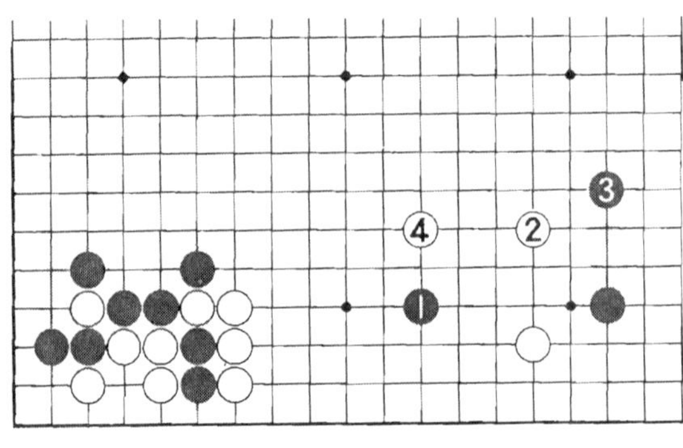

그림 6

그림 6 (고전) 1로 높이 협공하여도 白 2, 4로 고전이다.

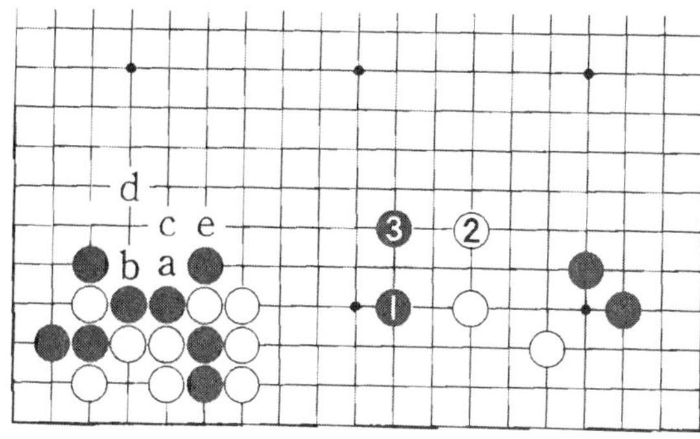

그림 7

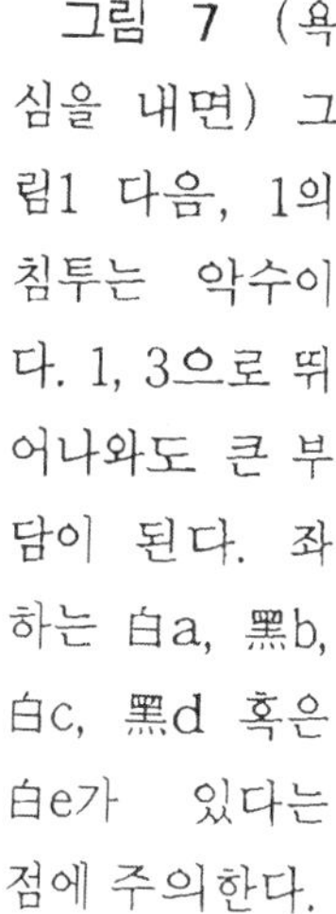

그림 7 (욕심을 내면) 그림1 다음, 1의 침투는 악수이다. 1, 3으로 뛰어나와도 큰 부담이 된다. 좌하는 白a, 黑b, 白c, 黑d 혹은 白e가 있다는 점에 주의한다.

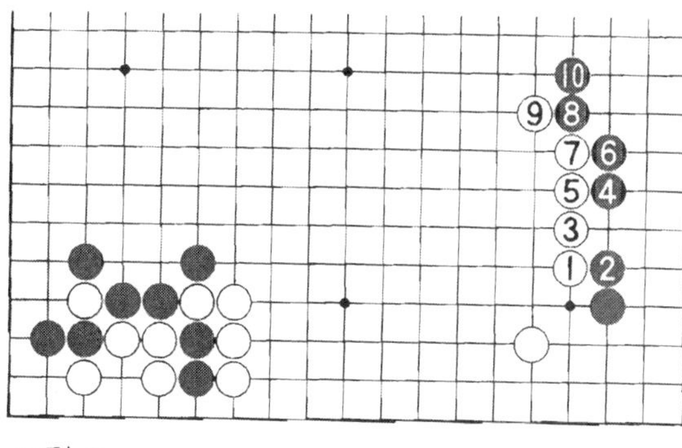

그림 8

그림 8 (넓힌다) 白이 먼저 둔다면 1, 3으로 넓힌다.

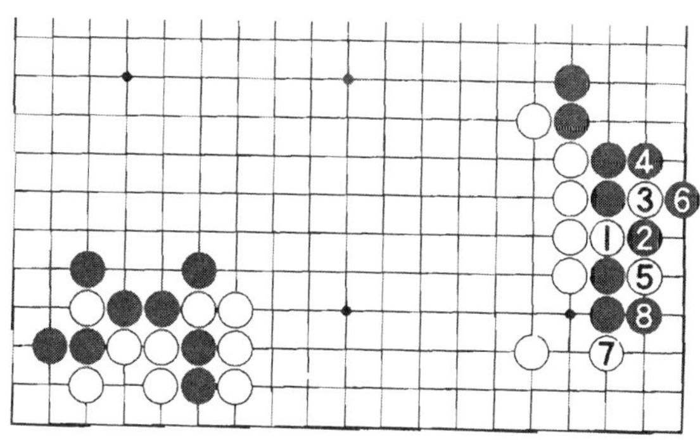

그림 9

그림 9 (활용) 계속해서 白1이하 선수로 활용하는 것이 크다.

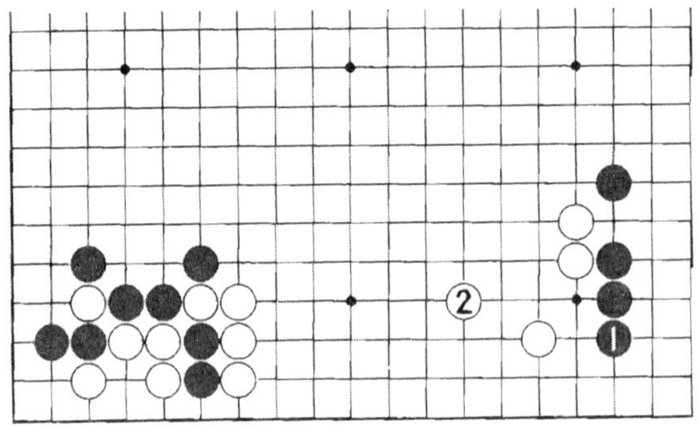

그림 10 *

그림 10 (활용) 그림 8의 白5이하를 결정하지 않고 있는 경우에는 黑1이 냉정한 수단이다. 그러면 白도 2로 대비하는 정도이다.

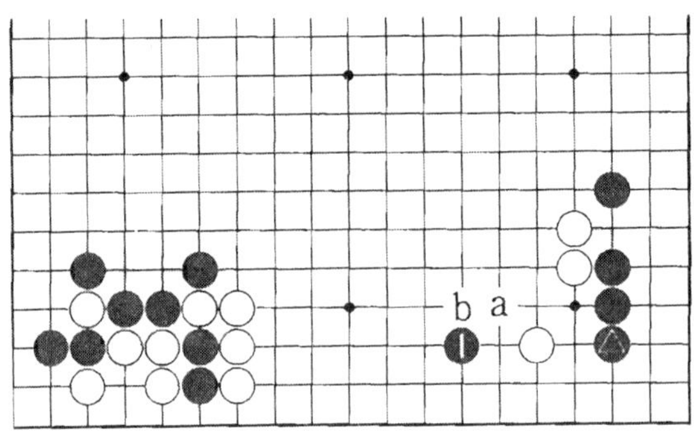

그림 11

그림 11 (강렬하다) 앞 그림의 白2로 대비하지 않으면 黑1의 침투가 강렬하다. ◬의 내림수가 있기 때문이다. 白a는 黑b로 밀어 올린다.

포인트

두터움에 가까이 하지 말라는 이 격언이 이 형에 딱 어울린다. 白의 두터운 하변은 굳혀주지 않으면 안 된다. 그런 뜻에서 그림 1의 ㅁ자 굳힘수는 좋은 수법이다.

그림 1, 그림 4는 하변에 착수할 수 없으며 우변을 넓히려는 뜻이다. 이것이 두터움과 모양의 의미를 잘 알 수 있는 현명한 수법이다.

必勝바둑강좌 3

모양의 첨투 삭감

- 著者 / 日本棋院
- 校閱 / 沈宗植
- 編譯者 / 一信 · 圍碁書籍編纂會
- 發行者 / 南 溶
- 發行所 / 一信書籍出版社

121-110 서울 마포구 신수동 177-3
등록 : 1969. 9. 12. NO. 10-70
전화 : 영업부 703-3001~6
편집부 703-3007~8
FAX 703-3009

값 7,000원